本书系国家自然科学基金面上项目(批准号：41571524)和国家自然科学基金青年科学基金项目(批准号：71903068)阶段性成果。

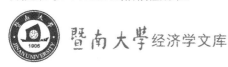

暨南大学经济学文库

中国城市生态效率的空间溢出及其驱动机制研究

Study on Spatial Spillover of Urban Eco-Efficiency and

Its Driving Mechanisms in China

余燕团 著

经济管理出版社

ECONOMY & MANAGEMENT PUBLISHING HOUSE

图书在版编目（CIP）数据

中国城市生态效率的空间溢出及其驱动机制研究 / 余燕团著. —北京：经济管理出版社，2020.6

ISBN 978-7-5096-7198-6

Ⅰ.①中…　Ⅱ.①余…　Ⅲ.①城市经济—生态经济—研究—中国　Ⅳ.①F299.21

中国版本图书馆 CIP 数据核字（2020）第 100655 号

组稿编辑：李红贤
责任编辑：李红贤　杨　娜
责任印制：黄章平
责任校对：陈　颖

出版发行：经济管理出版社
　　　　　（北京市海淀区北蜂窝 8 号中雅大厦 A 座 11 层　100038）
网　　　址：www. E-mp. com. cn
电　　　话：（010）51915602
印　　　刷：三河市延风印装有限公司
经　　　销：新华书店
开　　　本：720mm×1000mm /16
印　　　张：13.5
字　　　数：245 千字
版　　　次：2020 年 7 月第 1 版　　2020 年 7 月第 1 次印刷
书　　　号：ISBN 978-7-5096-7198-6
定　　　价：68.00 元

序

在高质量发展阶段，不能单纯地追求经济发展的高速度，更不能以牺牲环境为代价换取经济增长，而是要追求更高效率、更绿色可持续和更和谐的增长。在资源耗竭和环境问题日益凸显的背景下，生态文明建设已经上升到国家战略高度。作为可持续发展研究的前沿领域，生态效率的研究方兴未艾，研究内容和视角不断被拓展。生态效率的协同提升意味着区域在资源、环境和经济方面的全面协调可持续发展，而生态效率的区域分化不仅与国家"十三五"规划的"协调"和"绿色"发展理念背道而驰，而且不利于实现"美丽中国"的宏伟目标。生态效率的空间溢出是生态环境问题的突出特征，研究城市生态效率的空间溢出及其驱动机制问题，对于提升中国城市的生态效率、推动中国经济社会的可持续发展和绿色发展具有重要的现实意义。余燕团博士的著作《中国城市生态效率的空间溢出及其驱动机制研究》是其在攻读博士期间研究成果的总结和凝练，是其多年对生态效率研究的理解和思考。在生态文明和"美丽中国"建设的理念下，本著作非常及时地提供了一些评价城市层面生态效率的方法，可以为实现我国生态文明建设提供方法借鉴。

该书提出并运用非凸共同前沿数据包络分析方法进行效率测度，基于空间计量经济学前沿理论与方法，测度和分析生态效率空间溢出及其地区差异，深入研究城市生态效率空间溢出的四条驱动路径（经济交往、交通发展、区域创新和环境规制）、两种驱动力量（高位压力和低位吸力）和四类驱动效应（"见贤思齐"效应、"不思进取"效应、"占优更进"效应和"见劣自缓"效应）。利用联立方程组似不相关回归方法、交互效应模型和中介效应模型对生态效率空间溢出的驱动机制和理论假说进行了实证检验，分析不同城市类型和城市规模下生态效率空间溢出的变化情况和有效作用边界，并基于理论和实证结果提出了相关的政策建议。总体而言，该书既有理论深度又有很强的实践意义，具有以下几个典型特点：

第一，注重方法创新。一方面，在生态效率的测度方法中，学者们逐渐意识到异质性技术在测算效率过程中的重要性，并拓展了已有测度效率的数据包络分析（Data Envelopment Analysis，DEA）模型。其中的一个拓展方向是在传统 DEA 模型中引入共同前沿技术以获得更加全面、准确的测度结果。然而，已有研究构造的共同前沿大多数都是凸的，凸共同前沿不仅会出现共同前沿面上有些决策处理单元效率值被低估的现象，还会得到共同技术比大于 1 的错误结果。因此，该书进一步将凸共同前沿拓展到非凸共同前沿的情形，即同时考虑非凸共同前沿和非期望产出的超效率 SBM 模型（DDF 模型），使生态效率的测度结果更加精确。另一方面，不少文献利用空间计量经济模型研究效率或生产率的空间溢出效应，但均缺乏对效率空间溢出的量化测度。部分学者注意到了邻近区域经济发展对本地经济发展的影响，但未考虑资源环境约束。该书对城市生态效率空间溢出（包括对称空间溢出和非对称空间溢出）的测度方法进行了详细地介绍，并进一步研究生态效率空间溢出影响本地生态效率提升的理论机制。

第二，注重系统性研究。该书在多维异质性视角下，从多个层面、多个角度对城市生态效率及其空间溢出的驱动机制进行了系统的研究。对生态效率的空间溢出驱动机制这一亟待研究的问题，从经济交往、交通发展、区域创新和环境规制四个方面出发，构建理论和实证分析架构，运用探索性空间数据分析、计量模型检验等方法全面、系统地研究区域生态效率的空间溢出驱动机制，并从城市层面利用大样本数据实证检验各驱动因素对生态效率空间溢出的作用方向和作用强度。这是本书重要的特点之一。

第三，理论与实证相结合。一方面，该书不仅分析了生态效率及其空间溢出的理论内涵和驱动机制，而且给出了测度方法，并进行了细致的实证研究和严格的计量检验。另一方面，该书在考察生态效率的驱动机制时，先进行理论机制分析，再进行机制检验，研究逻辑系统且清晰。

生态文明建设和生态环境保护已成为国家战略，但要全面实现可持续发展和全力打好污染防治攻坚战却殊为不易，特别是在经济转向高质量发展阶段，需要克服重重阻力和障碍，推动绿色发展，实现和谐共赢。《中国城市生态效率的空间溢出及其驱动机制研究》一书以现实问题为导向，在生态效率及其空间溢出的测度方法、生态效率空间溢出的驱动机制和实证发现等方面均具有较强的参考意义，书中内容详实、观点新颖、可读性强和信息含量高，该书的完成对于推进新时代生态文明建设具有重要的参考价值，为正确处理资源利用、经济发展与环境保护的关系指明了方向。本书是一部非常好的讨论生态效率测算的理论著作，同时也是针对我国城市层面生态效率测度的实证分析著作，推荐学界同仁阅读。

2020 年 5 月

前　言

　　本书在对国内外既有文献的相关研究进行综述分析的基础上，首先，将凸共同前沿拓展到非凸共同前沿，并利用改进的数据包络分析模型测度了中国2003~2016年251个地级及以上城市的生态效率，对城市生态效率的时空演化进行初步观察。其次，基于空间计量经济学前沿理论与方法，测度和分析生态效率空间溢出及其地区差异，深入分析了空间溢出条件下的生态效率收敛性以及空间作用等特征。再次，借鉴相关理论，深入研究了城市生态效率空间溢出的四条驱动路径，即通过经济交往、交通发展、区域创新和环境规制的路径和机制驱动生态效率空间溢出（包括对称和非对称）；两种驱动力量，即相对本地城市而言，邻近城市的生态效率处于高位（低位），这种差距会对本地城市形成一种向上的压力（向下的吸力），从而形成高位压力（低位吸力）；四类驱动效应，即"见贤思齐"效应、"不思进取"效应、"占优更进"效应和"见劣自缓"效应。最后，利用联立方程组似不相关回归方法、交互效应模型和中介效应模型对生态效率空间溢出的驱动机制和理论假说进行了实证检验，分析了不同城市类型和城市规模下生态效率空间溢出的变化情况和有效作用边界，并基于理论和实证结果提出了相关的政策建议。

　　本书得到如下主要结论：

　　（1）研究样本期间，生态效率呈现先降后升的 U 型变化趋势，而且具有显著的区域异质性，与中西部城市、非重点城市、资源型城市和非两控区城市相比，东部城市、重点城市、非资源型城市和两控区城市的生态效率跨期增长更加明显。

　　（2）生态效率空间溢出的高位压力和低位吸力具有显著的地区差异性，且不同城市生态效率空间溢出高位压力的核密度曲线形态表现为对称分布，而生态效率空间溢出低位吸力的核密度曲线形态表现为左偏分布。尽管整体城市间生态效率的空间溢出的差距有所扩大，但区域内部不同城市之间的生态效率空间溢出差距却在逐步减小。不考虑空间溢出时，城市生态效率具有阶段性的 σ

收敛和 γ 收敛特征，考虑空间溢出条件后，城市生态效率具有显著的俱乐部 β 收敛特征。生态效率跨期增长更快的重点城市和非资源型城市反而具有更慢的生态效率收敛速度。此外，基于两区制空间 Durbin 模型验证空间溢出对区域生态效率的提升效应，邻近城市生态效率的正向溢出对本地城市生态效率的提升作用更加明显。同样地，分样本估计结果显示，重点城市和两控区城市的邻近生态效率正向溢出越大，越有利于本地城市生态效率的提升，但是邻近城市生态效率的正向溢出对东部城市和中西部城市的生态效率提升并不显著。

（3）基于经济交往驱动城市生态效率空间溢出的实证检验结果发现，经济交往对生态效率提升的影响具有显著的城市特征异质性和城市规模异质性，具体地，经济竞争显著抑制了城市生态效率的提升，经济合作则显著促进了城市生态效率的提升。此外，经济交往对邻近城市生态效率空间溢出的高位压力具有显著的抑制作用，对低位吸力具有显著的促进作用，且经济交往对邻近城市生态效率空间溢出的作用具有明显的距离效应和显著的区域异质性。影响机制方面，邻近城市生态效率对称空间溢出的高位压力和低位吸力对本地城市生态效率的提升分别具有抑制和促进作用，即表现为"不思进取"效应和"占优更进"效应，而非对称空间溢出的高位压力和低位吸力对本地城市生态效率的提升作用有限。

（4）基于交通发展驱动城市生态效率空间溢出的实证检验结果发现，交通发展对生态效率提升具有显著的促进作用，且交通发展对生态效率提升的影响幅度具有明显的距离效应。研究结果还表明，高速铁路发展显著促进了生态效率低位吸力对生态效率的影响，但抑制了生态效率高位压力对生态效率的影响，不同的稳健性检验下，这一结论均显著成立。

（5）基于区域创新驱动城市生态效率空间溢出的实证检验结果发现，区域创新水平显著提升了城市生态效率，而且区域创新对城市生态效率的提升作用随城市规模的扩大而增强。基于全样本考察区域创新影响城市生态效率对称空间溢出的估计结果显示，区域创新对邻近城市生态效率对称空间溢出的高位压力具有显著的负向影响，而对对称空间溢出的低位吸力具有显著的正向影响。邻近城市生态效率对称空间溢出的高位压力和低位吸力对本地城市生态效率的提升分别具有抑制和促进作用，且具有明显的距离效应，其影响强度符合随距离的增加而衰减的规律。基于分样本考察区域创新影响城市生态效率对称空间溢出的估计结果显示，区域创新对邻近城市生态效率空间溢出的影响方向和幅度具有显著的区域异质性。

（6）基于环境规制驱动城市生态效率空间溢出的实证检验结果发现，环境规制程度的提高显著提升了城市生态效率，且具有明显的城市特征异质性和城市规模异质性。基于全样本考察环境规制影响城市生态效率空间溢出的估计结果显示，环境规制对邻近城市生态效率对称空间溢出的高位压力具有显著的正向影响，而对对称空间溢出的低位吸力正向影响的显著性较弱。邻近城市生态效率对称空间溢出的高位压力和低位吸力对本地城市生态效率的提升分别具有抑制和促进作用，且具有明显的距离效应。环境规制对邻近城市生态效率非对称空间溢出的高位压力具有显著的负向影响，而对非对称空间溢出的低位吸力影响不显著。基于分样本考察环境规制影响城市生态效率空间溢出的估计结果显示，环境规制对邻近城市生态效率空间溢出的影响方向和幅度具有显著的区域异质性。而邻近城市生态效率空间溢出的高位压力和低位吸力对不同城市生态效率的提升均显著表现为高位抑制和低位促进，即邻近城市生态效率越低于本地城市生态效率，越有利于本地城市生态效率提升。

最后，文章基于上述研究结论与中国生态环境的现状，从以高质量协调为区域发展导向、倡导竞争基础上的合作、发挥高铁城市的增长极作用、激励区域创新提升的内生动力机制、加强环境规制合作和联防联控力度多个方面出发，提出了若干具体、可行的城市生态效率提升的政策建议。

目　录

第一章　绪论 ……………………………………………………………… 1

第一节　研究背景及研究意义 ……………………………………… 1
一、研究背景 ……………………………………………………… 1
二、研究意义 ……………………………………………………… 3
第二节　文献综述 ………………………………………………… 4
一、关于生态效率的文献综述 …………………………………… 4
二、关于空间溢出效应的文献综述 ……………………………… 9
第三节　研究内容及研究思路 …………………………………… 12
一、研究内容 …………………………………………………… 12
二、研究思路 …………………………………………………… 14
第四节　可能的创新点 …………………………………………… 16

第二章　生态效率的测度方法与时空演化 …………………………… 18

第一节　生态效率的概念界定与测度方法 ……………………… 18
一、生态效率的概念与内涵 …………………………………… 18
二、异质性群组的划分 ………………………………………… 19
三、生态效率的测度方法 ……………………………………… 20
第二节　生态效率的测度结果与时空演化 ……………………… 27
一、样本选取和投入产出变量 ………………………………… 27
二、生态效率的测度结果 ……………………………………… 31
三、生态效率的时空演化 ……………………………………… 36
本章小结 …………………………………………………………… 37

第三章　生态效率空间溢出的测度与差异化分析 …………………… 38

第一节　生态效率空间溢出的测度过程 ………………………… 38

　　一、对称空间溢出和非对称空间溢出 ·············· 39

　　二、空间权重矩阵设定 ···························· 40

　第二节　生态效率空间溢出的测度结果 ·············· 42

　第三节　生态效率的收敛特征：基于空间溢出的解释 ··· 51

　　一、生态效率收敛的检验方法 ···················· 52

　　二、数据来源与变量说明 ························ 55

　　三、结果分析 ·································· 55

　第四节　空间溢出对区域生态效率的提升效应分析 ····· 70

　本章小结 ······································ 73

第四章　生态效率空间溢出驱动机制的理论分析 ·········· 75

　第一节　生态效率空间溢出驱动机制的概念框架 ······· 75

　第二节　生态效率空间溢出的驱动机理分析 ··········· 78

　　一、经济交往驱动生态效率空间溢出的机制 ········ 78

　　二、交通发展驱动生态效率空间溢出的机制 ········ 79

　　三、区域创新驱动生态效率空间溢出的机制 ········ 81

　　四、环境规制驱动生态效率空间溢出的机制 ········ 83

　本章小结 ······································ 84

第五章　经济交往驱动生态效率空间溢出的实证研究 ······ 85

　第一节　引言 ·································· 85

　第二节　模型、数据与变量 ······················ 87

　　一、计量模型设定 ···························· 87

　　二、数据来源与变量说明 ························ 88

　第三节　实证结果分析 ·························· 90

　　一、经济交往对生态效率的影响 ·················· 90

　　二、经济交往影响生态效率空间溢出的实证检验：全样本观察 ······ 94

　　三、经济交往影响生态效率空间溢出的实证检验：分组观察 ····· 103

　本章小结 ······································ 119

第六章　交通发展驱动生态效率空间溢出的实证研究 ······ 121

　第一节　引言 ·································· 121

第二节　模型、数据与变量 ‥‥‥‥‥‥‥‥‥‥‥‥‥‥‥‥ 123

　　一、计量模型设定 ‥‥‥‥‥‥‥‥‥‥‥‥‥‥‥‥‥‥ 123

　　二、数据来源与变量说明 ‥‥‥‥‥‥‥‥‥‥‥‥‥‥ 123

第三节　实证结果分析 ‥‥‥‥‥‥‥‥‥‥‥‥‥‥‥‥‥‥ 125

第四节　稳健性检验 ‥‥‥‥‥‥‥‥‥‥‥‥‥‥‥‥‥‥‥ 129

本章小结 ‥‥‥‥‥‥‥‥‥‥‥‥‥‥‥‥‥‥‥‥‥‥‥‥ 137

第七章　区域创新驱动生态效率空间溢出的实证研究 ‥‥‥‥‥ 139

第一节　引言 ‥‥‥‥‥‥‥‥‥‥‥‥‥‥‥‥‥‥‥‥‥‥ 139

第二节　模型、数据与变量 ‥‥‥‥‥‥‥‥‥‥‥‥‥‥‥‥ 140

　　一、计量模型设定 ‥‥‥‥‥‥‥‥‥‥‥‥‥‥‥‥‥‥ 140

　　二、数据来源与变量说明 ‥‥‥‥‥‥‥‥‥‥‥‥‥‥ 141

第三节　实证结果分析 ‥‥‥‥‥‥‥‥‥‥‥‥‥‥‥‥‥‥ 142

　　一、区域创新对生态效率的影响 ‥‥‥‥‥‥‥‥‥‥‥ 142

　　二、区域创新影响生态效率空间溢出的实证检验：全样本

　　　　观察 ‥‥‥‥‥‥‥‥‥‥‥‥‥‥‥‥‥‥‥‥‥‥ 144

　　三、区域创新影响生态效率空间溢出的实证检验：分组观察 ‥‥‥ 147

本章小结 ‥‥‥‥‥‥‥‥‥‥‥‥‥‥‥‥‥‥‥‥‥‥‥‥ 150

第八章　环境规制驱动生态效率空间溢出的实证研究 ‥‥‥‥‥ 151

第一节　引言 ‥‥‥‥‥‥‥‥‥‥‥‥‥‥‥‥‥‥‥‥‥‥ 151

第二节　模型、数据与变量 ‥‥‥‥‥‥‥‥‥‥‥‥‥‥‥‥ 153

　　一、计量模型设定 ‥‥‥‥‥‥‥‥‥‥‥‥‥‥‥‥‥‥ 153

　　二、数据来源与变量说明 ‥‥‥‥‥‥‥‥‥‥‥‥‥‥ 153

第三节　实证结果分析 ‥‥‥‥‥‥‥‥‥‥‥‥‥‥‥‥‥‥ 155

　　一、环境规制对生态效率的影响 ‥‥‥‥‥‥‥‥‥‥‥ 155

　　二、环境规制影响生态效率空间溢出的实证检验：全样本

　　　　观察 ‥‥‥‥‥‥‥‥‥‥‥‥‥‥‥‥‥‥‥‥‥‥ 157

　　三、环境规制影响生态效率空间溢出的实证检验：分组观察 ‥‥‥ 160

本章小结 ‥‥‥‥‥‥‥‥‥‥‥‥‥‥‥‥‥‥‥‥‥‥‥‥ 167

第九章　完善机制、优化溢出以促进城市生态效率提升的对策 ‥‥ 169

第十章　研究结论与展望 ……………………………………… 175

参考文献 ……………………………………………………… 179

后记 …………………………………………………………… 200

第一章

绪 论

第一节 研究背景及研究意义

一、研究背景

长期以来，梯度转移理论和增长极理论指导着中国非均衡区域协调发展。国家期待率先富起来的东部发达地区通过一系列的传递与扩散机制、示范效应和积极的溢出效应，在一定程度上带动相对滞后的中西部地区的经济增长和效率提升；期待中心城市、城市群（圈）发挥积极的溢出效应带动周边城市的发展。近年来，中西部省（市、区）在经济增长速度方面赶上甚至超过了东部省（市、区），但在更重要的生态文明建设和绿色发展方面，一些基于省域层面数据的实证研究却表明，东部地区的生态效率显著高于中西部，且近年来差距呈现扩大趋势（黄建欢等，2014a；汪克亮等，2016a；刘丙泉等，2016；杨佳伟和王美强，2017）。有关生态文明指数（严耕等，2014）、绿色发展指数（李晓西等，2014）和绿色发展效率（王兵和黄人杰，2014）等相关研究也从不同角度印证了前述结果。生态效率的区域分化显然与国家"十三五"规划的"协调"和"绿色"发展理念背道而驰，也暗示着在生态文明建设和绿色发展等方面，东部地区可能未发挥积极的扩散效应，而是存在着反向的回流作用。不仅如此，综合一些文献还发现一个非常值得关注的现象：中部地区不仅在经济发展水平上落后于东部，在经济增长速度方面落后于西部，而且生态效率明显偏低且增长缓慢，令人担忧低梯度地区的经济与效率陷入了"马太效应"的恶性循环之中，形成低梯度陷阱。

前述现象促使人们反思：为何东部地区未带动中西部地区生态效率同步提

升？如何改善这种现象？为此需要研究生态效率区域差异的形成机制和生态效率空间溢出的驱动机制。仅从单个区域本身的发展模式和特征出发难以全面揭示效率差异的成因，非常有必要从整个系统视角出发，考虑区域间的空间交互作用在效率差异的形成中所发挥的影响及其作用机制。具体地，为了获得更全面和稳健的结论，必须进一步从城市层面利用大样本数据考察：哪些区域是效率较高的增长极？效率增长极城市与周边城市在空间溢出方面存在哪些典型特征？生态效率空间溢出的驱动机制是什么？哪些关键因素驱动着区域间的空间溢出？最后，如何调控以促使效率增长极发挥积极的空间溢出效应？这些问题的重要性和紧迫性体现在：第一，中国的生态文明水平指数在全球排名倒数第二（严耕等，2014），与经济总量排名第二形成鲜明对比，因此提升生态效率的任务极为紧迫。第二，较之经济水平落后，生态效率低下的负面影响更严重。低效率意味着资源的严重浪费和环境污染物的大量产生，不仅影响本区域的可持续发展，还将产生空间溢出影响周边区域的发展和居民生活。第三，低生态效率的城市是区域生态文明建设的短板和瓶颈，严重制约着整个区域和中国的生态文明建设，因此必须尽快设法提升。第四，生态效率存在明显的路径依赖特征（黄建欢和许和连，2013），低效率区域单靠自身力量难以转变发展路径。因此需要高效率区域发挥效率增长极和空间溢出作用，带动低效率区域实现提升。

区域生态效率是资源环境双重约束下的区域投入产出效率（Zhang et al.，2008；Huang et al.，2014）。一方面生态效率引起了国内外学者的高度关注。就中国而言，学者们从生态效率的测度方法、时空变化和区域差异以及影响因素等方面进行了大量实证研究，取得了丰富成果。但也存在一些缺憾：大多数文献基于省域层面的数据研究生态效率，样本数量不够多，对省内城市差异考虑不足；少数文献以城市为样本，但只涉及局部区域；测度方法仍待改进，在准确测度效率和全面识别被评价对象的基础上才能给出可靠的实证结果；在城市生态效率的空间溢出及其驱动机制研究方面，几乎处于空白状态，如不加以拓展和完善，就无法为解释和解决前述问题提供理论基础和实证依据。另一方面，尽管城市效率和生产率一直备受关注，但将环境约束引入城市效率分析的文献仍不多见。近年来，一些学者开始实证研究区域效率的空间溢出问题，但要么只是基于省域数据，要么未考虑环境约束，而且在研究溢出效应时侧重于揭示其存在性和方向，很少涉及空间溢出的度量及驱动机制的分析。因此，非常有必要基于新经济地理学、城市经济学和资源环境经济学以及空间计量经济学等学科的理论和方法，利用全国范围内的大样本数据，从更为微观的城市层面考察东、中、西部地区在生态效率方面的区域差异，分析中心城市和相邻地区在生态效率方面的差异，揭示效率增长极城市与周边城市之间的空间交互作用机理，探索生态效率的区域差异的形成机制。此外，值得一提的是，区位条件、资源禀赋、环境政策等因素使得区域生产技术具有异质性（王兵，2013；汪克亮等，2015；汪克亮等，2016；汪克亮等，2017），在效率测度时应该予以考虑，但大多数文献尚未考虑异质性问题。少数文献利用东、中、西等区域分组来考虑异质性技术问题，但因其采用数量有限的省级样本而难以结合禀赋差异进行分组，故仍未完全解决异质性技术问题。因此，充分考虑异质性资源禀赋和区域差异有助于准确测度城市生态效率并分析其空间交互作用，这也是研究中不容忽视的重要方面。

二、研究意义

针对前述亟待解决的理论和实践问题，本书在资源环境双重约束和新常态的背景下，立足中国异质性资源禀赋和环境规制执行偏差等特征事实，聚焦于生态效率空间溢出研究问题，以城市生态效率的空间溢出为研究对象，力求基于理论构建、方法创新和实证分析，运用地理信息系统等工具和空间计量经济模型等方法，考察全国范围内城市生态效率的时空演化特征和空间结构以及区域差异，进而重点厘清城市生态效率空间溢出的形成机理及其驱动机制，从理论上构建驱动模型分析空间溢出的驱动机制；基于大样本数据实证研究空间溢出关键驱动因素，探索中国城市生态效率的提升路径和优化溢出效应的策略与启示。本书具有以下四个方面的理论和现实意义：

首先，在城市环境污染问题的严峻性和生态文明建设的紧迫性已极度凸显的现实背景下，以生态效率为度量指标，分析中国城市生态效率的总体态势和区域差异，厘清生态效率空间溢出的现状和影响因素，从而揭示生态效率时空差异和演变趋势，为新常态发展阶段优化区域间的空间交互作用和区域生态效率均衡提升、促进生态文明建设和可持续发展的区域协调奠定现实基础。

其次，构建中国城市生态效率的空间溢出形成机理及其驱动机制的理论框架，识别关键驱动因素，明确和总结生态效率的区域差异形成规律，并剖析不同驱动因素对生态效率提升的作用路径和生态效率空间溢出的经济交往、交通发展、区域创新和环境规制的运行机制，以期构建和完善现有的效率溢出的测度方法和廓清城市生态效率空间溢出的形成机理，为考察区域之间的空间溢出作用机制和总体效果、研究区域溢出问题提供理论支撑。

再次，充分考虑各城市在区位条件、资源禀赋和环境政策等方面的差异，引入新经济地理学的密度、距离和分割等概念和理论，采用前沿空间计量方法来研究资源环境约束下区域投入产出效率的空间溢出问题，检验生态效率空间溢出的驱动机制：经济交往、交通发展、区域创新和环境规制，甄别关键驱动因素和生态效率空间溢出的有效作用边界，并捕捉其对城市生态效率提升的影响效应，为发挥正向空间溢出效应和规避负向空间溢出效应提供实证依据。

最后，在中国经济进入新常态和高质量发展背景下，对生态效率空间溢出驱动机制的深入研究，符合不同生态目标下经济增长和环境污染控制的要求，考察城市特征异质性和城市规模异质性下的生态效率提升情况，深入分析生态效率空间溢出的驱动路径和机制、驱动效应和效果等，揭示效率溢出机制对生态效率的影响，从内部改善和外部带动的综合视角探索提升城市生态效率的途径和策略，为经济和环境等相关政策目标的合理设置以及配套措施的设计提供政策参考。

第二节　文献综述

一、关于生态效率的文献综述

资源、环境和经济的协调发展是可持续发展的核心思想之一，也是实现可持续发展的重要前提。生态效率是基于资源、环境、经济系统相互关联的定量描述，为测度和衡量区域生态文明水平提供了一个非常有价值的综合性指标。近年来，国内外关于研究生态效率的文献不断增加，积累了丰富的研究成果。

（一）关于生态效率的内涵和测度

1990 年，德国学者 Schaltegger 和 Sturm 首次提出了生态效率的概念，即增加的价值（Value Added）与增加的环境影响（Environmental Impact Added）的比值。该概念引起了许多国际组织的关注和积极推广。其中，世界可持续发展工商业联合会（World Business Council for Sustainable Development，WBCSD）将其定义为"通过提供具有价格优势的服务和商品，在满足人类高质量生活需求的同时，将整个生命周期中对环境的影响降低到至少与地球的估计承载力一致的水平上"。经济发展合作组织（Organization for Economic Cooperation and Development，OECD）认为"生态效率是生态资源满足人类需求的效率"。欧洲环境署（European Environment Agency，EEA）则将生态效率定义为"以最少的自然界投入创造更多的福利"。大量文献从微观的企业层面展开了研究（Sinkin et al.，2008；Gómez-Limón et al.，2012；Fernández-Viñé et al.，2013；Arabi et al.，2014；Ma et al.，2015；Urdiales et al.，2016）。也有不少文献从其他层面进行研究，如中观的行业层面（Li and Hu，2012；Martínez，2013；Fujii and Managi，2013；Long et al.，2015；Pang et al.，2016）和宏观的区域层面（Mickwitz et al.，2006；Kielenniva et al.，2012；Giordano et al.，2014；Chu et al.，2016；Dai et al.，2016）。从宏观层面看，人们关注的焦点是以更少的资源投入获得经济增长并尽可能地减少污染物排放（Wursthor et al.，2011），因此生态效率本质上是资源和环境双重约束下的投入产出效率。这一概念强调以较少资源投入和较低污染排放，创造较高质量的产品和服务产出，实现经济效益和环境效益的双赢，不仅是一个经济概念，还是一个生态概念（Picazo-Tadeo et al.，2012）。

城市生态效率的测度是基础工作，也是研究重点之一。现有的测算方法主要有单一比值法（或生态成本价值指数模型）、数据包络分析法（Data Envelopment Analysis，DEA）、随机前沿分析法（Stochastic Frontier Analysis，SFA）和生态足迹法（Ecological Footprint，EF）等。比值法中，生态效率是产品或服务的生态成本与实际市场价格之比（Vogtländer et al.，2002）。虽然比值法相对简单但无法区分不同环境的影响，因而难以全面测度生态效率（Wang et al.，2011），需要利用多个投入产出指标并形成综合评价体系。DEA和SFA具有客观赋权的优势，因而被广泛用于测度生态效率（Huang et al.，2014；Orea and Wall，2016；Yue et al.，2017；Orea and Wall，2017）。此外还有一些学者基于生态足迹（杨开忠，2009；史丹和王俊杰，2016）、生命周期评价法与DEA的组合（Avadí et al.，2014；Lorenzo-Toja et al.，2015；Beltrán-Esteve et al.，2017；Angulo-Meza et al.，2018）、能值分析和DEA的组合（孙露等，2014）、物质流分析和DEA的组合（张炳等，2009）等方法来测算。值得注意的是，生态足迹、生命周期评价法、能值分析和物质流分析均属于单一比值法。

从方法论的角度出发，采用DEA测度生态效率的文献相对较多。例如CCR模型（Zhang et al.，2008；杨凯等，2013），BCC模型（王恩旭等，2011；杨凯等，2013），方向性距离函数（Picazo-Tadeo et al.，2012；汪克亮等，2016），超效率 DEA 模型（王宏志等，2010；付丽娜等，2013；陈真玲，2016），综合考虑 SBM（Slacks-Based Measure and Tone，2001）和超效率（SuperEfficiency，Anderson and Peterson，1993）、非期望产出的 DEA 模型（Huang et al.，2014），共同前沿-DEA 模型（刘丙泉等，2016；汪克亮等，2016），综合考虑共同前沿、非期望产出和超效率的 SBM 模型（Huang et al.，2018a）。不同的模型和方法的测度结果存在差异（Chen，2014）。为了得到更加全面、准确的测度结果，学者们仍在不断对 DEA 模型进行改进和创新。相关研究仍是今后较长时间内学界关注的重点之一。

（二）关于中国区域生态效率的研究

在生态效率研究对象方面，已有研究主要从企业、生态园、行业以及区域等层面展开。本书以城市层面的生态效率为研究对象，对区域生态效率方面的文献进行梳理。基于全国范围内省域样本的研究主要涉及以下三个方面的内容：

1. 生态效率的测度、时空演变和区域差异

这是有关研究的重点内容，学者们利用不同的方法评价区域生态效率后进行比较分析。例如，刘丙泉等（2014）发现生态效率跨期提升并不显著，东部地区生态效率明显高于中西部地区，且与中西部地区差距加大。考虑到各区域的区位条件和资源禀赋等因素的不同，汪克亮等（2015）在技术异质性框架下基于方向性距离函数和共同前沿方法测算了 2004 年至 2012 年各省份的生态效率，发现生态效率整体水平偏低，区域差异明显，东部地区的生态效率与节能减排技术水平均高于中西部地区。这与刘丙泉等（2016）得出的结论类似。基于探索性空间分析技术对生态效率的空间关联特征分析，李在军等（2016）发现中国地区生态效率具有显著的空间分异格局，且相对具有正向的空间相关性，其中，低-低生态效率区域集聚分布于西部地区，高-高生态效率集聚区分布于东南沿海一带。

2. 生态效率的影响因素及其收敛分析

生态效率衡量了经济、资源和环境三个子系统的协调程度，因此影响区域生态效率的因素和机制非常复杂，但主要因素有规模效应、结构效应、技术效应、资本效应、环境政策与管制因素等（Zhang et al.，2008；付丽娜等，2013；罗能生等，2013；李胜兰等，2014；黄建欢等，2014b；黄建欢与许和连，2016）。黄建欢与许和连（2016）发现专利授权总数和资本劳动比以及外商直

接投资对生态效率的影响具有积极的直接效应，且对邻近区域具有正向空间溢出效应。余姗和张文彬（2016）同样发现外商直接投资不仅能够直接提高生态效率，还能够提高经济增长和增强环境技术进步，进而间接提高生态效率。韩永辉等（2016）基于本地效应和区际间互动双重视角发现，产业结构高度化既能提高本省也能提高其他省份的生态效率，呈现明显的本地和外部双重正面效应。何宜庆等（2017）发现银行业和证券业集聚促进东中部地区生态效率的提升，金融密度的提高有利于提升西部生态效率。汪克亮等（2016）考察了长江经济带 11 个省市生态效率的敛散性，σ 收敛和绝对 β 收敛均没有显著的收敛态势，不同省市之间的生态效率差距存在进一步扩大的趋势。

3. 基于生态效率研究经济、资源和环境协调发展

诸大建和邱寿丰（2008）认为经济增长、生态环境与社会发展的相互关系有以下四种：并重性关系、交错性关系、限制性关系以及限制性关系的进一步拓展。在实证应用方面，王瑾（2014）利用超效率模型测算各省份生态效率，分析了工业技术与资源环境协调发展问题。马卫等（2014）研究了城市化效率与生态效率的耦合问题。黄建欢等（2015）从生态效率视角研究了"资源诅咒"问题，考察了资源开发型区域中两类部门的生态效率差异及其贡献。毕国华等（2017）基于生态文明建设与城市化的耦合机制，研究了中国省域生态文明建设与城市化的耦合协调发展关系。Wang 等（2015a）指出预设的指标未能有效反映出省域生态效率建设实践，需要加以改进。值得注意的是，一些文献虽未涉及生态效率的提法，但也是以资源环境约束下的区域投入产出为研究对象。例如，环境全要素生产率（陈诗一，2010；匡凤远和彭代彦，2012；李小胜和安庆贤，2012；李小胜等，2014），技术效率（涂正革和刘磊珂，2011；王志平等，2013；汪克亮等，2017b），环境效率（武春友等，2012；Song et al.，2013；Zhang and Choi，2014；Yu and Choi，2015；王小艳等，2016），能源效率（魏楚和沈满洪，2008；魏楚和沈满洪，2009；Huang et al.，2018b），绿色全要素生产率（王兵等，2014；李斌等，2013；李兰冰和刘秉镰，2015；陈超凡，2016；杨世迪等，2017）等。相关学者利用省域数据分析区域效率的时空特征、区域差异和影响因素，取得了丰富的研究成果。在城市和城市群（圈）层面上的研究较少，但也出现了一些文献。例如，李慧娟等（2010），方创琳和关兴良（2011），Liu 等（2012），付丽娜等（2013），Yin 等（2014），周虹和喻思齐（2014），马勇和刘军（2015），戴永安和张友祥（2017），任宇飞和方创琳（2017）。

(三) 文献简要述评

综合而言，现有文献具有以下几个特征：一是研究范式较为相似。大多数文献的思路是在效率测度的基础上进行横向和纵向比较，一些文献还进一步利用增长分解和回归分析研究有关影响因素。二是注重方法创新和实证研究，旨在给出更为准确和全面的生态效率测度结果，揭示各区域生态效率的时空演变和区域差异，研究关键影响因素以揭示政策含义。三是取得了一些非常有价值的共性发现。例如，许多文献发现区域差距大，随着时间推移没有收敛的趋势，且东部地区生态效率明显高于中西部地区。综合已有研究，以下几个方面有待拓展和深入：

1. 测度方法的完善和多种测度结果的比较

以最常用的数据包络分析方法为例，最新研究已经注意到并采用了共同前沿方法来解决异质性技术问题，但仍未解决测度对象的全部识别问题（有效决策处理单元的各期效率均被评价为1），这与实际情况不尽相符，在跨期比较和回归分析时还可能导致偏误。因此有必要结合超效率模型加以完善。此外，大部分文献考虑的共同前沿面都是凸的（Convex），然而，Tiedemann 等（2011）和 Huang 等（2013）指出凸共同前沿面包括了不可行的投入产出组合（Infeasible Input-Output Combinations），可能会高估共同前沿面上决策处理单元的效率值。借鉴 Tiedemann 等（2011）和 Huang 等（2013）的思路，本书进一步测算非凸共同前沿面（Non-Convex Metafrontier）下的城市生态效率，并进行对比分析。

2. 样本数量的拓展和研究尺度的微观化

现有文献大多以省份为研究样本，每年的样本数量有限。少量文献以城市或城市群（圈）为样本，但研究范围局限于某些区域而非全国。并且，中国各省份差异巨大，省域内部各个地区之间也存在明显的差异，需要从小尺度视角进行分析才能得出细致、准确的结果。这要求将观察尺度缩小到地级及以上城市、县级市乃至更小的区域，基于全国范围内的大样本数据进行分类比较、时空观察、回归分析以及机理研究。

3. 空间溢出的驱动机制研究

现有文献并未研究生态效率不但未实现区域协调提升反而加剧分化的内在原因及其影响机制。因而难以给出系统、具体的改善方案。非常有必要基于经济地理学、生态经济学和空间计量经济学等学科的前沿成果，挖掘城市生态效率空间溢出的驱动机制，探索其理论含义和政策启示。

二、关于空间溢出效应的文献综述

近年来，空间计量经济学在城市间生态效率互动关系的应用研究上，受到越来越多的学者关注。例如，Wachsmuth 等（2016）认为应将研究视角从孤立的点状城市拓展到互联互通的面状城市区域，探讨全球或区域城市网络中经济、资源等要素的流动作用，即关注不同城市区域间要素流动在地理空间中的溢出效应所带来的诸多影响。下面结合本书研究内容扼要梳理相关文献。

（一）相关概念和研究进展

溢出是经济外在性的表现之一，描述一个主体的行为对其他主体的影响，又称为"外部效应"或"非自愿的技术扩散"。Myrdal（1957）指出区域增长中心对外围地区存在回流效应（Backwash Effect）和扩散效应（Spread Effect）两种作用机制。随后 Hirschman（1958）将之称为"极化效应"和"涓流效应"。增长极对周边区域的两种综合影响被称为"溢出效应"（Spillover Effect）。从经济增长视角出发，Douven 和 Peeters（1998）研究了多国 GDP 溢出，他们给出了标准的 GDP 溢出概念：由于本国或本地区的财政政策、货币政策或者其他内生变量的变动而引起的外国或其他地区经济变量变动的程度。基于地区经济产出包括自身的要素生产力投入导致的产出和区域溢出的思想，Conley 和 Ligon（2002）建立了区域溢出统计分析模型，认为区域溢出本质上就是索罗残差或者说它的大部分。滕丽和王铮（2010）从更加广泛的角度，提出区域溢出具有两面性，即一个区域的发展对另一个区域的发展可能产生利益（正的溢出）也可能造成损失（负的溢出）。

区域溢出是新经济增长理论和新经济地理学关注的焦点。Arrow（1962）提出了"知识溢出"概念，被认为是溢出理论研究开始的标志。随后 Lucas（1988）和 Romer（1990）将其引入新经济增长理论中，促进了溢出研究的兴起。溢出的理论和应用研究主要从两个层面展开，一是以部门、企业和产业为研究对象，二是以区域为研究对象。后者是空间经济学的研究重点之一。Krugman（1991）将空间因素纳入主流经济学的分析框架，引起了经济学家对空间问题和空间溢出的高度关注。

就国内而言，已有文献利用空间计量模型等方法，针对不同区域、省份、城市群之间的经济溢出效应展开了广泛和深入的研究。例如，Ying（2000），Brun 等（2002），Zhang 和 Felmingham（2002），王铮等（2005），李小健和樊新生（2006），Groenewold 等（2008），Bai 等（2012），颜根根和安虎森（2014），胡敏和王铮（2015）。许多文献采用人均 GDP 作为经济的代理变量，而这个指标在一定程度上反映了生产率，因此基于该指标研究经济溢出时也暗含着对经济效率溢出的观察。另外，各国学者也对知识和技术溢出的空间分析进行了深入研究。例如，龙志和与蔡杰（2006），吴玉鸣（2007），Ku 和 Yang（2008），张玉明和李凯（2011），Scherngell 等（2014），Chang（2015），Wan 等（2015），张勋和乔坤元（2016）。另外，在环境污染溢出（滕丽和王铮，2010；Santore et al.，2014；张可和汪东芳，2014；刘华军等，2015）和 FDI 技术溢出（Gorodnichenko et al.，2014；张欢和徐康宁，2016；龙如银和周颖，2017；靳巧花和严太华，2017）等方面也积累了不少文献。

许多区域变量都具有空间依赖性、空间异质性和空间自相关性等特征。区域效率或生产率之间也可能存在空间依赖、空间关联和空间溢出，在研究过程中不容忽视。进入 21 世纪以来，经济增长质量、区域发展模式优化和结构转型等问题的重要性逐渐凸显，区域效率和生产率研究获得了日益广泛的关注。近年来，一些学者开始从不同视角研究区域效率的空间溢出问题，取得了较为丰富的成果。

(二) 关于效率或生产率的空间溢出

已有文献从城市效率、全要素生产率、环境效率和能源效率等角度分别研究了空间溢出效应，下面对这部分的相关文献做简要梳理。

1. 城市效率和生产率的空间溢出

城市已成为区域经济增长的核心动力区域，城市生产率的变化走势必然会对区域乃至全国生产率变化产生极为重要的影响（邵军和徐康宁，2010）。张军涛和刘建国（2011）发现城市效率存在空间溢出效应，一个城市在提升自身效率的同时也带动了周边其他城市的效率提升。Peng 和 Hong（2013）利用 31 个省份 36 个行业数据研究了行业间生产率溢出问题。于斌斌和金刚（2014）发现中国劳动生产率的空间溢出效应在 0~850 千米范围内呈现先上升后下降的倒 U 型过程，且波峰出现在 450 千米左右。上述研究的不足之处在于未考虑环境约束问题。

2. 区域能源效率的空间溢出

关伟和许淑婷（2015）的研究显示，中国能源生态效率存在着明显的空间效应，某一区域的能源生态效率对相邻区域的空间溢出程度均强于相邻区域的误差冲击对该区域的影响程度。张华和丰超（2015）发现地区间能源效率存在着显著的空间交互效应，并且表现为空间扩散效应，即相邻地区的能源效率有利于促进本地地区的能源效率。龙如银和周颖（2017）发现产业转移对中国省域工业能源效率存在明显的空间溢出效应，且邻接空间权重下的产业转移对工业能源效率的空间溢出效应小于区域内的溢出效应。

3. 区域环境效率的空间溢出

孔元和冯冰（2012）基于方向性距离函数测度了中国 29 个省份 2001 至 2008 年的环境效率，发现经贸往来关系和地理邻接关系两种模式下环境效率的溢出特征不同。沈能和王群伟（2015）采用共同前沿效率函数估算了中国区域环境效率，研究发现，贸易联系紧密的地区间有着较强的负向环境效率效应，而区域内部则体现学习和正向效率溢出效应。李佳佳和罗能生（2016）发现城镇化率、外贸依存度、技术水平对本地区和邻近地区环境效率的收敛具有正向空间溢出效应，环境投资空间溢出效应为负，产业结构的空间溢出效应则不显著。

此外，还有一些学者研究了土地利用效率（崔许锋，2014）、水资源利用效率（赵良仕等，2014；Sun et al.，2014）、研发效率（沈能，2013）和雾霾污染（邵帅等，2016）等因素的空间溢出效应。

(三) 文献简要述评

既然区域之间存在经济、知识、技术和环境等多种形式和途径的空间溢出，难以准确分离，就从一个综合的视角来研究区域溢出将有助于把握其全貌和核心特征。从效率和生产率层面来研究区域溢出是非常有益的尝试和新的研究课题。从文献中可以清晰地看到：一方面，国内外学者已经开始重视和研究效率和生产率的空间溢出效应，在把握效率这一区域发展的关键变量的同时，从更加综合的视角研究区域溢出；另一方面，这类研究最近才出现，在效率的可溢出性、空间溢出特征、溢出效应的测度方法及其影响因素等方面进行了有益的探索，但以下几个方面值得重点关注，也是本书将要研究的重点内容：

1. 区域生态效率的空间溢出

生态效率反映了生态文明建设和绿色发展的水平，是一个综合了经济、资源和环境的概念，可以反映区域间经济、技术知识、环境等各类因素综合作用的效果，为观察区域间的空间溢出提供一个基础性、综合性的指标。因此从生态效率视角来研究区域溢出将有助于丰富可持续发展和经济地理学等学科的理论，为相关部门提供更具体而细致的政策支持。少量文献从环境效率、能源效率等方面研究了效率的空间溢出问题，但很少有文献基于生态效率研究空间溢出并解释区域发展差异的成因及形成机制。

2. 效率溢出的测度方法

从市场潜能等角度来考察空间溢出时，已有文献考虑的是经济和知识的溢出，而非效率的溢出问题。近期文献大多基于空间自相关、空间滞后模型，来间接观察效率的空间溢出是否存在及影响方向和程度，未明确提出测度效率溢出大小的方法。Glass 等（2014）提出了较为系统地测度效率溢出的方法，为测度效率的空间溢出效应提供了新思路。但其思想是基于统计视角和空间自回归成本前沿模型提出的，计算较为复杂。进一步研究中仍然有必要给出更具一般性的效率溢出测度方法。

3. 效率在区域间溢出的驱动机制研究

已有研究侧重于从实证层面研究空间溢出效应的显著性和影响方向，很少从理论层面研究，未揭示效率区域间溢出的驱动机制，而这对于区域协调和融合发展具有重大意义。已有研究基于空间计量模型发现，城市化、技术进步和产业结构因素等不仅影响本地效率，而且也对临近区域的效率具有溢出效应，但这属于间接观察方法。为揭示效率在区域间溢出的驱动机制和驱动因素，非常有必要在测度效率的空间溢出效应的基础上，直接以空间溢出效应为观察对象进行计量分析。

此外，现有文献研究中国区域效率溢出时主要利用省级样本开展研究，样本数量偏少，而且未将省域内各城市的异质性加以考虑。为获得更为全面准确和稳健的研究结论，为理论研究和实践决策提供更丰富可靠的支持，非常有必要基于城市级别和大样本数据进行研究。

第三节　研究内容及研究思路

一、研究内容

本书以生态效率及其空间溢出的驱动机制为研究对象，利用经济学及相关学科的理论和研究方法，着力探讨生态效率的测度方法和特征观察、生态效率空间溢出的测度方法和差异性分析以及生态效率空间溢出的驱动路径和驱动机制，深入揭示经济交往、交通发展、区域创新和环境规制影响生态效率空间溢出和生态效率提升的作用机理，并阐释实现生态效率提升的优化路径。

本书将基于现状描述、机理分析、实证研究、政策启示的研究主线展开，重点研究经济交往、交通发展、区域创新和环境规制驱动城市态效率空间溢出的机制。现有大量文献选择生态效率提升的部分关键影响因素进行研究，然而，缺乏对生态效率空间溢出的驱动路径和驱动机制这一问题的研究。对既有文献的梳理，本书提炼出生态效率空间溢出的四条驱动路径、两种驱动力量和四类驱动效应，并将其放在同一分析框架下进行研究，同时，它们也是生态效率提升的关键。这是本书选择这四个机制进行研究的主要原因。具体来看，本书将主要包括以下几个方面的内容：

（1）绪论与相关文献综述。本章探讨了城市生态效率空间溢出的研究背景，并分析了这一问题研究的理论意义与现实意义，对各章节研究的内容作出了相应安排。在相关的文献方面，主要从生态效率和空间溢出效应两个方面进行了综述。值得注意的是，各章节会穿插典型和关键文献述评等内容。

（2）城市生态效率的测度方法与时空演化。利用资本存量、能源投入、劳动投入和土地投入以及经济产出和环境污染等投入产出变量，本书基于改进的数据包络分析模型对城市生态效率进行了测度，并基于探索性空间数据分析方法对其进行详细的描述对比和时空演化分析，对生态效率地区差异产生的原因进行了简要阐述。

（3）生态效率空间溢出的测度与差异化分析。首先，基于前沿的空间计量理论，提出了生态效率对称空间溢出和非对称空间溢出的测算方法，并基于该方法给出了空间溢出的测度结果和地区差异分布形态。其次，从空间溢出的视角考察生态效率的收敛特征，即基于统计分析方法和动态广义矩估计（GMM）估计（Arellano and Bond，1991）详细分析了生态效率的 σ 收敛、γ 收敛和 β 收敛。最后，基于两区制空间 Durbin 模型（Elhorst and Fréret，2009）考察了生态效率提升的空间作用机理。对上述研究结果进行了详细分析和讨论。

（4）生态效率空间溢出驱动机制的分析。界定了生态效率空间溢出驱动机制的概念，即空间溢出动力的产生及其作用于城市主体进而产生空间溢出现象的机理。给出了生态效率对称和非对称空间溢出的测度过程和量化模型，并深入探讨了生态效率空间溢出的地区差异及分布形态。基于"晋升锦标赛"理论、博弈论、空间经济学和环境经济学等领域的研究方法，深入研究和分析了生态效率空间溢出的驱动机制。由于生态效率的内涵包括了经济、资源和环境等诸多方面，因此其影响因素有很多且非常复杂。现有文献仍在不断深入挖掘生态效率的外在影响因素和提升机制，但均较少涉及生态效率空间溢出的内在驱动机制。因此，对影响生态效率空间溢出的关键因素而非全部因素的识别和检验具有重要的理论意义和现实意义。具体来看，主要研究经济交往、交通发展、区域创新和环境规制如何通过生态效率空间溢出的途径影响城市生态效率提升的作用机理，为进一步的计量实证检验提供理论基础。

（5）生态效率空间溢出驱动机制的实证研究。本书采用251个中国地级及以上城市2003~2016年面板数据进行实证分析。首先，基于普通面板双向固定效应模型分别检验了城市特征异质性和城市规模异质性下经济交往、交通发展、区域创新和环境规制对生态效率的影响，以期发现和识别生态效率提升的着眼点和关键点。其次，利用面板数据似不相关回归（SUR）、交互效应模型和中介效应模型的估计方法，对经济交往、交通发展、区域创新和环境规制通过邻近城市生态效率对称和非对称空间溢出的高位压力和低位吸力的途径影响城市生态效率的机理进行了实证检验。在区域异质性视角下，深入分析经济交往、交通发展、区域创新和环境规制对生态效率空间溢出的促进或抑制作用以及空间溢出的有效作用边界。最后，对研究结论进行深入的分析，为提出建议和制定相关政策提供可信和科学的实证依据。

（6）相关的政策启示。文章基于上述研究内容与中国生态环境的现状，在多维异质性视角下，从以高质量协调为区域发展导向、倡导竞争基础上的合作、发挥高铁城市的增长极作用、激励区域创新提升的内生动力机制、加强环境规制合作和联防联控力度多个方面出发，提出了若干具体、可行的城市生态效率提升的政策建议。

二、研究思路

根据研究内容安排，本书的技术路线如图1-1所示。

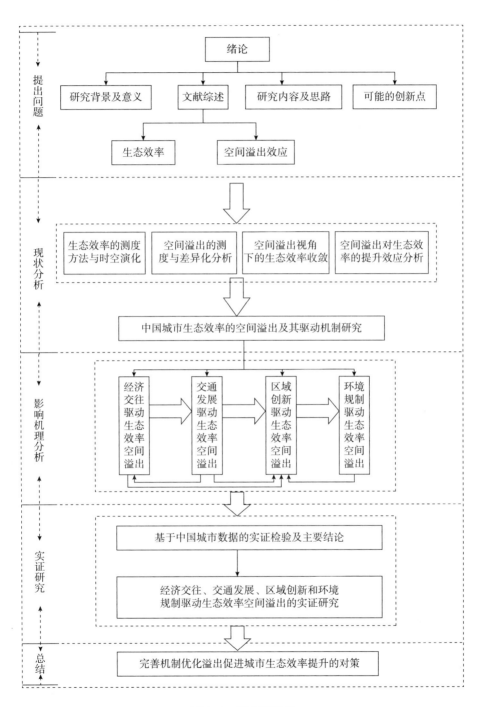

图 1-1 技术路线图

第四节　可能的创新点

本书立足于从生态效率这一角度考察区域间的空间溢出及其驱动机制，在研究视角、研究思路和研究内容上具有独特之处，主要创新点如下：

1. 异质性视角下城市生态效率的测度

充分考虑到不同区域资源禀赋和技术吸收能力等的异质性特征，在共同前沿（包括凸形和非凸形）生产函数理论框架下研究城市生态效率的测度问题。由于不同城市的地理区位、产业结构、能源结构等因素的巨大差异在一定程度上会影响技术扩散的速度，导致不同区域城市所面临的技术集不一样，即各城市面临的生产前沿是不同的，这一突破有利于挖掘地区生态效率差异及其空间溢出形成的深层次因素，为不同区域城市之间的效率比较提供了一个合理的参考基准。

2. 城市生态效率空间溢出的测度

不少文献利用空间计量经济模型研究效率或生产率的空间溢出效应，但基本上都是集中于探讨空间溢出效应的存在性和影响程度，缺乏对效率空间溢出的量化测度。部分学者注意到了邻近区域经济发展对本地经济发展的影响，但未考虑资源环境约束。借鉴黄建欢等（2018）的思路，对城市生态效率的空间溢出（包括对称空间溢出和非对称空间溢出）进行测度，即高位压力和低位吸力，并进一步研究生态效率空间溢出影响本地生态效率提升的理论机制。

3. 城市生态效率空间溢出的驱动机制

在生态效率的空间溢出研究中引入驱动机制分析，不仅可以丰富生态效率相关学科的研究内容，而且可以揭示区域生态效率的空间交互作用规律，为提升生态效率提供新思路和新依据。本书针对生态效率的空间溢出驱动机制这一亟待研究的问题，从经济交往、交通发展、区域创新和环境规制四个方面出发，构建理论和实证分析架构，运用探索性空间数据分析、计量模型检验等方法全面系统地研究区域生态效率的空间溢出驱动机制，从城市层面利用大样本数据实证检验各驱动因素对生态效率空间溢出的作用方向和作用强度。这是本书最重要的创新点之一。

4. 多种研究方法集成创新

在研究方法上，本书采用非凸共同前沿超效率 DEA 模型进行生态效率的测度，力求充分考虑异质性技术等因素并实现城市的全面识别。在测度生态效率之后，本书从动态视角来观察城市生态效率的时空演变和区域差异。综合运用DEA、空间关联分析、空间经济计量模型等方法揭示不同区域、不同类型城市的生态效率时空演变规律和空间溢出驱动机制，体现了方法集成创新。

第二章

生态效率的测度方法与时空演化

生态效率综合考虑了资源、环境和经济的协调与协同发展，在一定程度上反映了绿色发展和生态文明建设水平。在经济新常态社会发展背景下，必须把提高生态效率作为绿色发展的根本途径。为更好地研究城市生态效率的空间溢出及其驱动机制，对生态效率的概念界定、测度方法、测度结果和特征分析进行深入探讨显得尤为重要。

第一节　生态效率的概念界定与测度方法

一、生态效率的概念与内涵

国外的许多学者都提出了自己对生态效率的定义。生态效率转译自英文的Eco-efficiency，其中前缀"Eco-"既指生态业绩，也指经济业绩，Efficiency 有"效率"和"效益"的含义，Eco-efficiency 意味着应该同时兼顾生态方面和经济方面的效率，不仅是绿色发展的定量描述，还是循环经济的合适测度。1990年，德国学者 Schaltegger 和 Sturm 首次提出了生态效率的概念，认为生态效率是增加的价值与增加的环境影响的比值。随后，在实践中得到广泛的应用，而且涌现出大量学术研究成果，人们对生态效率的概念和认识也不断深入。Kuosmanen 和 Kortelainen（2005）将生态效率定义为以最小化自然资源消耗和环境退化获取最大化的经济产出。该定义不仅表明生态效率可以在分析经济活动的效率中扮演重要角色，还刻画了资源节约、环境友好的绿色发展体系。Huppes 和 Ishikawa（2010）进一步指出，生态效率是一个分析可持续发展水平的工具，反映了经济活动与环境成本和环境影响之间的本质联系。地球生态系统对于人类经济、社会发展活动具有一定的承载力，发展规模一旦超过承载力的上限，生态功能就会退化，人类赖以生存的环境也会随之恶化。生态效率为研究区域可持续发展提供了一个综合性衡量指标。Picazo-Tadeo 等（2012）认为，生态效率反映了一个企业、一个产业或者一个经济体以更少的环境代价和更低的自然资源消耗来获取产品和服务的能力。

国内一些学者对生态效率的定义也提出了自己的观点。诸大建和朱远（2005）将生态效率表示为经济增长与环境压力的分离关系，是绿色竞争力的重要体现，也是循环经济的合适测度。纵观已有文献，大部分国内学者集中在区域生态效率评价和影响因素的研究上。例如，陈傲（2008），张炳等（2009），邓波等（2011），付丽娜等（2013），罗能生等（2013），汪克亮等（2015），黄建欢与许和连（2016），罗能生和王玉泽（2017），黄建欢等（2018a）。尽管既有研究对区域生态效率的评价方法进行了有益拓展，但基本都是在环境压力视角下讨论的，其基本思想是一样的，即在最大化价值的同时使资源消耗和环境污染最小化。特别地，Huang 等（2014）从更加综合的角度提出，区域生态效率是资源环境双重约束下，一个区域的投入产出效率。遵循和总结已有文献，本书认为，从城市层面看，生态效率是异质性技术下全面考虑劳动力、资本、能源和土地等各种资源投入和各种产出尤其是环境污染物等非期望产出时的投入产出效率，是资源环境约束下的全要素生产率。

二、异质性群组的划分

为了细致测度和全面考察各类城市的生态效率及其时空特征和收敛性，首先对研究样本进行分组。第一，考虑到地理区位不同，经济发展水平存在较大差异，将经济发展水平相对发达的东部（East）城市分为一组，经济发展水平相对落后的中西部（Central/West）城市分为一组；第二，考虑到资源禀赋不同，城市在竞争机制、环境规制和产业结构等方面可能存在较大差异，故将第二组城市分为资源型（Rescource-Based，RB）城市①和非资源型（Non-RB）城市；第三，根据环境政策的不同将样本分为环境保护重点（Key Environmental

---

① 资源型城市以《国务院关于印发全国资源型城市可持续发展规划（2013-2020 年）的通知》文件中全国资源型城市名单整理得到，资源城市综合分类中包括成长型、成熟型、衰退型和再生型，详见 http://www.gov.cn/zwgk/2013-12/03/content_2540070.htm。

Protection，KEP）城市①和环境保护非重点（Non-KEP）城市，其中环境保护重点城市根据历年《中国环境年鉴》所列城市整理而成；第四，是否为两控区城市（即酸雨控制区或者二氧化硫污染控制区），可能因为环境规制强度的不同而对其生态效率的收敛造成不同程度的影响，故进一步将样本分为两控区（Two Control Zones，TCZs）城市②和非两控区（Non-TCZs）城市。本书研究样本东部城市、重点城市、资源型城市和两控区城市的数量分别为90、118、101和147。如无特别说明，后续的实证研究中，均按此标准进行样本划分。

三、生态效率的测度方法

生态效率的测算是基础性工作，也是本书的重点工作之一。鉴于DEA方法具有不需要假设生产函数的形式且可以同时考虑多投入多产出（尤其是非期望产出）等优势，本书采用该方法测算生态效率。黄建欢（2016）系统阐述了资源环境约束下投入产出效率的DEA模型及其值得改进的六个重要问题，包括径向和非径向、处理非期望产出的方法、超效率模型、共同前沿方法、投入/产出导向与非导向和跨期可比与全局参比技术。区域发展的非均衡性，为测度生态效率时充分考虑异质性技术提供了可能性。因此，学者们逐渐意识到异质性技术在测算效率过程中的重要性，并拓展了已有测度效率的DEA模型进而形成了丰富的研究成果。其中一个拓展方向是在传统DEA模型中引入共同前沿技术（Metafrontier Technique），以获得更加全面、准确的测度结果。然而，已有研究构造的共同前沿大多数都是凸的，凸共同前沿不仅会出现共同前沿面上有些决策处理单元效率值被低估的现象，还会得到共同技术比（Meta-Technology Ratio，MTR）大于1的错误结果（Afsharian，2017；Walheer，2018）。基于此，Afsharian和Podinovski（2018）给出了测算非凸共同前沿技术下效率值的线性

---

① 环境保护重点城市实际上是大气污染防治重点城市，国务院根据城市总体规划、城市环境保护规划目标、城市大气环境质量状况三个方面来划定大气污染防治重点城市。国务院明确规定直辖市、省会城市、沿海开放城市和重点旅游城市四类城市应当列入大气污染防治重点城市。除此之外的城市，由国务院根据实际情况划定，详见http://www.npc.gov.cn/npc/flsyywd/xingzheng/2002-07/11/content_297385.htm。

② 《大气污染防治法》规定，根据气象、地形、土壤等自然条件，可以将已经产生、可能产生酸雨的地区或者其他二氧化硫污染严重的地区，划定为酸雨控制区或者二氧化硫污染控制区，即"两控区"。具体的划分标准参考《酸雨控制区和二氧化硫污染控制区划分方案》，详见http://www.zhb.gov.cn/gkml/zj/wj/200910/t20091022_172231.htm。

规划方法。本书在 Huang 等（2018a）、Yu 等（2018a）和黄建欢等（2018a，2018b）研究的基础上，进一步将凸共同前沿拓展到非凸（Non-Convex）共同前沿的情形，即同时考虑非凸共同前沿和非期望产出的超效率 SBM 模型（称为 NCMeta-US-SBM 模型[①]），并将其用于测度城市的生态效率。该模型的优点在于不仅考虑了异质性技术，而且解决了无可行解、跨期可比性和前沿面上决策单元的区分等问题，该方法相对更综合、更精确。模型简要说明如下：

假设被评价的 DMU 数量为 N，根据其异质性特征可以划分为 G（$G > 1$）组，每组含有 N_g 个 DMU，则有 $\sum_{g=1}^{G} N_g = N$。每个 DMU 有三类要素：投入变量、期望产出和非期望产出，分别用以下变量表示：$\boldsymbol{x} = [x_1, x_2, \cdots, x_M] \in \boldsymbol{R}_+^M$，$\boldsymbol{y} = [y_1, y_2, \cdots, y_R] \in \boldsymbol{R}_+^R$，$\boldsymbol{b} = [b_1, b_2, \cdots, b_R] \in \boldsymbol{R}_+^J$，其中 M，R 和 J 分别依次表示三类变量的个数。考虑超效率和群组前沿时，第 g 组第 o 个决策单元（$o = 1, 2, \cdots, N_g$；$g = 1, 2, \cdots, G$）的生产可能集 P^{group} 可定义为：

$$P^{group} = \left\{ (x_m, y_r, b_j) \,\middle|\, x_{mg'o} \geqslant \sum_{n \in g', \, n \neq oifg = g'} \zeta_{gn} x_{mgn}, \, m = 1, 2, \cdots, M; \right.$$

$$y_{rg'o} \leqslant \sum_{n \in g', \, n \neq oifg = g'} \zeta_{gn} y_{rgn}, \, r = 1, 2, \cdots, R;$$

$$b_{jg'o} \geqslant \sum_{n \in g', \, n \neq oifg = g'} \zeta_{gn} b_{jgn}, \, j = 1, 2, \cdots, J;$$

$$\left. \sum_{n \in g', \, n \neq oifg = g'} \zeta_{gn} = 1; \, \zeta \geqslant 0; \, n \in g', \, n \neq oifg = g'. \right\}$$

$$(2\text{-}1)$$

其中，ζ 为权重向量。

而考虑超效率和共同前沿时，第 g 组第 o 个决策单元（$o = 1, 2, \cdots, N_g$；$g = 1, 2, \cdots, G$）的凸生产可能集 $P^{c\text{-}meta}$ 和非凸生产可能集 $P^{nc\text{-}meta}$ 分别定义为：

$$P^{c\text{-}meta} = \left\{ (x_m, y_r, b_j) \,\middle|\, x_{mg'o} \geqslant \sum_{g=1}^{G} \sum_{n \in g', \, n \neq oifg = g'} \lambda_{gn} x_{mgn}, \, m = 1, 2, \cdots, M; \right.$$

$$y_{rg'o} \leqslant \sum_{g=1}^{G} \sum_{n \in g', \, n \neq oifg = g'} \lambda_{gn} y_{rgn}, \, r = 1, 2, \cdots, R;$$

---

① 罗能生和余燕团（2018）利用该模型测度了中国 191 个地级及以上城市的生态效率，并重点研究了基于空间溢出分解的视角下创新对城市生态效率的影响。本书在此基础上，将研究样本进行了扩充。

$$b_{jg'o} \geqslant \sum_{g=1}^{G} \sum_{n \in g', \; n \neq oifg = g'} \lambda_{gn} b_{jgn}, \; j = 1, \; 2, \; \cdots, \; J;$$

$$\sum_{g=1}^{G} \sum_{n \in g', \; n \neq oifg = g'} \lambda_{gn} = 1; \; \lambda \geqslant 0;$$

$$g = 1, \; 2, \; \cdots, \; G; \; n \in g', \; n \neq oifg = g'. \} \quad (2\text{-}2)$$

$$P^{nc-meta} = \Big\{ (x_m, \; y_r, \; b_j) \, | \, x_{mg'o} \geqslant \sum_{g=1}^{G} \sum_{n \in g', \; n \neq oifg = g'} \gamma_{gn} x_{mgn}, \; m = 1, \; 2, \; \cdots, \; M;$$

$$y_{rg'o} \leqslant \sum_{g=1}^{G} \sum_{n \in g', \; n \neq oifg = g'} \gamma_{gn} y_{rgn}, \; r = 1, \; 2, \; \cdots, \; R;$$

$$b_{jg'o} \geqslant \sum_{g=1}^{G} \sum_{n \in g', \; n \neq oifg = g'} \gamma_{gn} b_{jgn}, \; j = 1, \; 2, \; \cdots, \; J;$$

$$\sum_{g=1}^{G} \sum_{n \in (g'=1), \; n \neq oifg = g'} \gamma_{gn} = \varphi_1, \; \sum_{g=1}^{G} \sum_{n \in (g'=2), \; n \neq oifg = g'}$$

$$\gamma_{gn} = \varphi_2, \; \cdots, \; \sum_{g=1}^{G} \sum_{n \in (g'=G), \; n \neq oifg = g'} \gamma_{gn} = \varphi_G;$$

$$\sum_{g=1}^{G} \varphi_g = 1; \; \varphi_g = 1 or 0; \; \gamma \geqslant 0; \; n \in g', \; n \neq oifg = g'. \}$$

$$(2\text{-}3)$$

其中，λ 和 γ 为权重向量，φ_g（$g = 1, \; 2, \; \cdots, \; G$）为第 g 个群组前沿投入产出组合的子集约束。

式（2-1）、式（2-2）和式（2-3）分别定义了群组前沿、凸共同前沿和非凸共同前沿的生产可能集，关于 P^{group}、P^{c-meta} 和 $P^{nc-meta}$ 有如下关系：$P^{c-meta} = \Big\{ \bigcup_{g'=1}^{G} P_{g'}^{group} \Big\}$，且 $P^{nc-meta} \subseteq P^{c-meta}$，因此非凸共同前沿下的效率值不小于凸共同前沿下的效率值。为便于说明，考虑两个群组前沿 Ⅰ 和 Ⅱ，分别对应图 2-1 中的 GHDEF 和 BCJKL，由两个群组前沿共同包络形成凸共同前沿（BCDEF）和非凸共同前沿（BCIDEF）。显然，凸共同前沿 BCDEF 包含了不可行的投入产出组合，图 2-1 中阴影区域 CID 部分。以无效决策处理单元 A_0 为例，考虑群组前沿面 Ⅰ 和 Ⅱ，投入导向和产出导向下的效率值分别为：

$$\text{前沿面 Ⅰ：} E_i^1 = \frac{A_0 A_4 - A_0 A_1}{A_0 A_4}; \; E_o^1 = \frac{A_0 A_8}{A_0 A_8 + A_0 A_6}$$

$$前沿面 \text{II}：E_i^{\text{II}} = \frac{A_0A_4 - A_0A_2}{A_0A_4} ；E_o^{\text{II}} = \frac{A_0A_8}{A_0A_8 + A_0A_5}$$

其中，下标 i 和 o 分别表示投入导向和产出导向。容易得出，分别以凸共同前沿面和非凸共同前沿面为参考，群组前沿面下的效率值是相等的，不同之处在于，无效率决策处理单元投影到凸共同前沿面和非凸共同前沿面上的效率值。

考虑凸共同前沿面和非凸共同前沿面，投入导向和产出导向下的效率值分别为：

$$凸共同前沿：E_i^{c-meta} = \frac{A_0A_4 - A_0A_3}{A_0A_4} ；E_o^{c-meta} = \frac{A_0A_8}{A_0A_8 + A_0A_7}$$

$$非凸共同前沿：E_i^{nc-meta} = \frac{A_0A_4 - A_0A_2}{A_0A_4} ；E_o^{nc-meta} = \frac{A_0A_8}{A_0A_8 + A_0A_6}$$

显然，$A_0A_2 \leq A_0A_3$，从而，$E_i^{nc-meta} \geq E_i^{c-meta}$，且当 $A_0A_2 = A_0A_3$ 时，$E_i^{nc-meta} = E_i^{c-meta}$ 成立；$A_0A_6 \leq A_0A_7$，从而，$E_o^{nc-meta} \geq E_o^{c-meta}$，且当 $A_0A_6 = A_0A_7$ 时，$E_o^{nc-meta} = E_o^{c-meta}$ 成立。这是投入导向或产出导向的结果，而非导向是它们的综合结果。综上，若不考虑非凸共同前沿面，部分 DMU 的效率值会被低估，进而导致评价结果存在偏差，也会对实证研究中的计量检验产生影响。

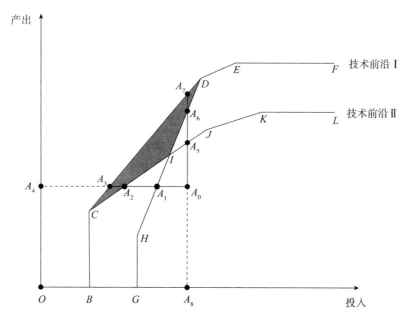

图 2-1　凸共同前沿和非凸共同前沿

与规模报酬不变的假设相比，规模报酬可变的假设可能更加符合现实情况（Tyteca，1996；Grosskopf，2003），因此，本书测算生态效率时假定规模报酬可变的假设成立。考虑非凸共同前沿和超效率时，第 g 组第 o 个决策单元（ $o = 1$，2，$\cdots$，N_g；$g = 1$，2，$\cdots$，G ）相对于群组前沿的非导向、非径向 SBM 效率值可以通过求解以下规划得到：

$$[\text{Group} - \text{US} - \text{SBM}]\rho_{g'o}^{group *} = \min \frac{1 + \dfrac{1}{M}\left(\sum\limits_{m=1}^{M}\dfrac{s_{mg'o}^{x}}{x_{mg'o}}\right)}{1 - \dfrac{1}{R+J}\left(\sum\limits_{r=1}^{R}\dfrac{s_{rg'o}^{y}}{y_{rg'o}} + \sum\limits_{j=1}^{J}\dfrac{s_{jg'o}^{b}}{b_{jg'o}}\right)}$$

$$s.t.\ x_{mg'o} - \sum_{n \in g',\ n \neq oifg = g'}\zeta_{gn}x_{mgn} + s_{mg'o}^{x} \geq 0,\ m = 1,\ 2,\ \cdots,\ M;$$

$$\sum_{n \in g',\ n \neq oifg = g'}\zeta_{gn}y_{rgn} - y_{rg'o} + s_{rg'o}^{y} \geq 0,\ r = 1,\ 2,\ \cdots,\ R;$$

$$b_{jg'o} - \sum_{n \in g',\ n \neq oifg = g'}\zeta_{gn}b_{jgn} + s_{jg'o}^{b} \geq 0,\ j = 1,\ 2,\ \cdots,\ J;$$

$$1 - \frac{1}{R+J}\left(\sum_{r=1}^{R}\frac{s_{rg'o}^{y}}{y_{rg'o}} + \sum_{j=1}^{J}\frac{s_{jg'o}^{b}}{b_{jg'o}}\right) \geq \varepsilon;$$

$$\sum_{n \in g',\ n \neq oifg = g'}\zeta_{gn} = 1;\ s^{x},\ s^{y},\ s^{b},\ \zeta \geq 0. \tag{2-4}$$

类似地，考虑非凸共同前沿和超效率时，第 g 组第 o 个决策单元（ $o = 1$，2，$\cdots$，N_g；$g = 1$，2，$\cdots$，G ）相对于非凸共同前沿的非导向、非径向 SBM 效率值可以通过求解以下规划得到：

$$[\text{NCMeta} - \text{US} - \text{SBM}]\rho_{g'o}^{nc-meta *} = \min \frac{1 + \dfrac{1}{M}\left(\sum\limits_{m=1}^{M}\dfrac{s_{mg'o}^{x}}{x_{mg'o}}\right)}{1 - \dfrac{1}{R+J}\left(\sum\limits_{r=1}^{R}\dfrac{s_{rg'o}^{y}}{y_{rg'o}} + \sum\limits_{j=1}^{J}\dfrac{s_{jg'o}^{b}}{b_{jg'o}}\right)}$$

$$s.t.\ x_{mg'o} - \sum_{g=1}^{G}\sum_{n \in g',\ n \neq oifg = g'}\gamma_{gn}x_{mgn} + s_{mg'o}^{x} \geq 0,\ m = 1,\ 2,\ \cdots,\ M;$$

$$\sum_{g=1}^{G}\sum_{n \in g',\ n \neq oifg = g'}\gamma_{gn}y_{rgn} - y_{rg'o} + s_{rg'o}^{y} \geq 0,\ r = 1,\ 2,\ \cdots,\ R;$$

$$b_{jg'o} - \sum_{g=1}^{G}\sum_{n \in g',\ n \neq oifg = g'}\gamma_{gn}b_{jgn} + s_{jg'o}^{b} \geq 0,\ j = 1,\ 2,\ \cdots,\ J;$$

$$1 - \frac{1}{R+J}\left(\sum_{r=1}^{R} \frac{s_{rg'o}^{y}}{y_{rg'o}} + \sum_{j=1}^{J} \frac{s_{jg'o}^{b}}{b_{jg'o}} \right) \geq \varepsilon;$$

$$\sum_{g=1}^{G} \sum_{n \in (g'=1),\, n \neq oifg=g'} \gamma_{gn} = \varphi_1,\ \sum_{g=1}^{G} \sum_{n \in (g'=2),\, n \neq oifg=g'} \gamma_{gn} = \varphi_2,\ \cdots,\ \sum_{g=1}^{G} \sum_{n \in (g'=G),\, n \neq oifg=g'} \gamma_{gn} = \varphi_G;$$

$$\sum_{g=1}^{G} \varphi_g = 1;\ \varphi_g = 1\, or\, 0;\ s^x,\ s^y,\ s^b,\ \gamma \geq 0. \tag{2-5}$$

其中，ε 是非阿基米德无穷小，这里添加约束条件 $1 - \frac{1}{R+J}\left(\sum_{r=1}^{R} \frac{s_{rg'o}^{y}}{y_{rg'o}} + \sum_{j=1}^{J} \frac{s_{jg'o}^{b}}{b_{jg'o}} \right) \geq \varepsilon$ 是为了确保目标函数的分母不为 0。s^x，s^y 和 s^b 分别为投入变量、期望产出和非期望产出对应的松弛变量。式（2-4）和式（2-5）的最优解 $\rho_{g'o}^{group*}$ 和 $\rho_{g'o}^{nc-meta*}$ 分别为本书定义的群组前沿生态效率值和共同前沿生态效率值。

此外，为了对比生态效率的测度结果和在计量实证检验模型中进行稳健性分析，本书还进一步将非凸共同前沿和非期望产出同时引入超效率方向性距离函数（Directional Distance Function，DDF）的模型中，记为 NCMeta-US-DDF 模型，并将其用于生态效率的测度，群组前沿和非凸共同前沿面的规划模型分别为式（2-6）和式（2-7）。

$$[\,\mathrm{Group-US-DDF}\,]\, \theta_{g'o}^{group*} = \min \frac{1 + \frac{1}{M}\left(\sum_{m=1}^{M} \frac{\beta_x g_{mg'o}^{x}}{x_{mg'o}} \right)}{1 - \frac{1}{R+J}\left(\sum_{r=1}^{R} \frac{\beta_y g_{rg'o}^{y}}{y_{rg'o}} + \sum_{j=1}^{J} \frac{\beta_b g_{jg'o}^{b}}{b_{jg'o}} \right)}$$

$$s.t.\ x_{mg'o} - \sum_{n \in g',\, n \neq oifg=g'} \zeta_{gn} x_{mgn} + \beta_x g_{mg'o}^{x} \geq 0,\ m = 1,\, 2,\, \cdots,\, M;$$

$$\sum_{n \in g',\, n \neq oifg=g'} \zeta_{gn} y_{rgn} - y_{rg'o} + \beta_y g_{rg'o}^{y} \geq 0,\ r = 1,\, 2,\, \cdots,\, R;$$

$$b_{jg'o} - \sum_{n \in g',\, n \neq oifg=g'} \zeta_{gn} b_{jgn} + \beta_b g_{jg'o}^{b} \geq 0,\ j = 1,\, 2,\, \cdots,\, J;$$

$$1 - \frac{1}{R+J}\left(\sum_{r=1}^{R} \frac{\beta_y g_{rg'o}^{y}}{y_{rg'o}} + \sum_{j=1}^{J} \frac{\beta_b g_{jg'o}^{b}}{b_{jg'o}} \right) \geq \varepsilon;$$

$$\sum_{n \in g',\, n \neq oifg=g'} \zeta_{gn} = 1;\ g^y,\ \zeta \geq 0;\ g^x,\ g^b \leq 0. \tag{2-6}$$

$$[\,\mathrm{NCMeta-US-DDF}\,]\, \theta_{g'o}^{nc-meta*} = \min \frac{1 + \frac{1}{M}\left(\sum_{m=1}^{M} \frac{\beta_x g_{mg'o}^{x}}{x_{mg'o}} \right)}{1 - \frac{1}{R+J}\left(\sum_{r=1}^{R} \frac{\beta_y g_{rg'o}^{y}}{y_{rg'o}} + \sum_{j=1}^{J} \frac{\beta_b g_{jg'o}^{b}}{b_{jg'o}} \right)}$$

$$s.t. \ x_{mg'o} - \sum_{g=1}^{G} \sum_{n \in g', \ n \neq oifg = g'} \gamma_{gn} x_{mgn} + \beta_x g_{mg'o}^x \geqslant 0, \ m = 1, 2, \cdots, M;$$

$$\sum_{g=1}^{G} \sum_{n \in g', \ n \neq oifg = g'} \gamma_{gn} y_{rgn} - y_{rg'o} + \beta_y g_{rg'o}^y \geqslant 0, \ r = 1, 2, \cdots, R;$$

$$b_{jg'o} - \sum_{g=1}^{G} \sum_{n \in g', \ n \neq oifg = g'} \gamma_{gn} b_{jgn} + \beta_b g_{jg'o}^b \geqslant 0, \ j = 1, 2, \cdots, J;$$

$$1 - \frac{1}{R+J} \left(\sum_{r=1}^{R} \frac{\beta_y g_{rg'o}^y}{y_{rg'o}} + \sum_{j=1}^{J} \frac{\beta_b g_{jg'o}^b}{b_{jg'o}} \right) \geqslant \varepsilon;$$

$$\sum_{g=1}^{G} \sum_{n \in (g'=1), \ n \neq oifg = g'} \gamma_{gn} = \varphi_1, \ \sum_{g=1}^{G} \sum_{n \in (g'=2), \ n \neq oifg = g'} \gamma_{gn} = \varphi_2, \ \cdots, \ \sum_{g=1}^{G} \sum_{n \in (g'=G), \ n \neq oifg = g'} \lambda_{gn} \gamma = \varphi_G;$$

$$\sum_{g=1}^{G} \varphi_g = 1; \ \varphi_g = 1 or 0; \ g^y, \ \gamma \geqslant 0; \ g^x, \ g^b \leqslant 0. \tag{2-7}$$

其中，投入、期望产出和非期望产出的方向向量分别为 $g^x \leqslant 0$、$g^y \geqslant 0$ 和 $g^b \leqslant 0$，表示无效率 DMU 的改进方向为减少投入、增加期望产出、减少非期望产出。经测算，不同的方向向量对结果影响较小，且高度相关，故本书采用文献中常用的方向向量设置方法，即 $g^x = -x$，$g^y = y$，$g^b = -b$。式（2-6）和式（2-7）的最优解 $\theta_{g'o}^{group*}$ 和 $\theta_{g'o}^{nc-meta*}$ 分别为本书定义的群组前沿生态效率值和共同前沿生态效率值。

根据群组前沿面和非凸共同前沿面下的效率值，可进一步测算共同技术比或技术缺口比（Technology Gap Ratio，TGR）（Rao et al.，2003），用以衡量群组前沿与共同前沿的接近程度，计算公式如下：

$$TGR_{g'o}^{SBM} = \frac{\rho_{g'o}^{group*}}{\rho_{g'o}^{nc-meta*}}; \tag{2-8}$$

$$TGR_{g'o}^{DDF} = \frac{\theta_{g'o}^{group*}}{\theta_{g'o}^{nc-meta*}} \tag{2-9}$$

其中，$TGR_{g'o}^{SBM}$ 和 $TGR_{g'o}^{DDF}$ 分别表示 SBM 模型和 DDF 模型测算的第 g 组第 o 个决策单元（$o = 1, 2, \cdots, N_g$；$g = 1, 2, \cdots, G$）的技术缺口比。由于群组前沿面下的效率值不大于非凸共同前沿面下的效率值，因此，技术缺口比的值落在区间 (0，1] 内，技术缺口比的值越接近 1 表示群组前沿越接近共同前沿（Zhang et al.，2015），与本书研究主题相一致，后文主要报告和阐述生态效率的相关结果。

第二节　生态效率的测度结果与时空演化

不同的生态效率测度方法对测度结果有较大影响。例如，采用随机前沿分析（SFA）方法进行测度时，因不能同时考虑多种产出（尤其是非期望产出），且生产函数的形式需提前设定，所以这不仅会造成高估城市生态效率的后果，而且可能由于生产函数形式的主观设定带来偏差。故本书主要根据前述式（2-5）和式（2-7）测度城市生态效率并报告和分析生态效率的测度结果。

一、样本选取和投入产出变量

研究样本包括251个地级及以上城市，样本区间为2003~2016年。研究样本数占全国地级市数量（286个）的比例超过了85%，且几乎确保了研究样本中涵盖每个省份的代表性城市，如省会城市等；从经济总量来看，2003年和2016年样本城市GDP总量均约占全国城市GDP总量的96%。因此，选取的研究样本具有代表性。具体数据来源于历年《中国统计年鉴》《中国工业经济统计年鉴》《中国环境统计年鉴》《中国环境年鉴》《中国能源统计年鉴》《中国区域经济统计年鉴》《中国城市统计年鉴》《中国城市建设统计年鉴》以及各省市历年的统计年鉴等。

为全面和准确地测度生态效率，应尽可能考虑各种投入变量和产出变量，详细说明如下。

资本投入，采用城市固定资本存量。城市固定资本存量根据柯善咨和向娟（2012）的方法测算得到，并换算为2003年不变价，单位：万元。劳动投入，采用各城市历年从业人员数来衡量，单位：万人。土地投入，采用各城市行政区域面积来反映，单位：平方千米。与自上而下方法不同，本书采用自下而上的方法估算各城市所有一次能源的消费量作为能源投入，并换算为标准煤，具体测算方法来源于Huang等（2018b）。

好产出，选用各个城市的实际地区生产总值，换算为2003年不变价，单位：亿元。坏产出，主要考虑环境污染物，选用了4个指标：CO_2排放量、SO_2排放量、废水排放总量和烟（粉）尘排放量。其中城市层面的碳排放数据利用省级煤炭、原油和天然气的份额衡量的一次能源消费总量标准单位计算，估算方法来源于陈诗一（2009）和Huang等（2018b），有关省级能源消费量的数据来自历年《中国能源统计年鉴》。考虑到数据的可得性，SO_2排放量、废水排放总量和烟（粉）尘排放量均指工业污染排放，数据来源于《中国城市统计年鉴》（2004~2017年）。为避免污染物之间的高相关性和奇异值以及统计口径不一致[1]所带来的影响，利用熵权法构建环境污染指数作为坏产出指标，以综合反映环境约束，指数越大（小）意味着污染物排放越多（少）。

为了保证数据的质量，本书将估算的CO_2排放量和能源消费量与国家统计局、CEADs数据库（China Emission Accounts and Datasets）[2] 和2017年《BP世界能源统计年鉴》公布的相关数据进行了对比，见图2-2。从图2-2中可发现，本书估算的能源消费量与官方公布的数据相差较小，且变化趋势大致相同，而CO_2排放量与官方公布的数据差距随时间的变化逐渐扩大，可能的原因是碳排放因子的选择不一致。总体来看，CO_2排放量和能源消费量与官方公布的数据变化趋势保持一致。因此，采用估算的数据进行效率（相对效率）测算时，能在一定程度上反映近十多年来（尤其是2003年党的十六届三中全会明确提出科学发展观以来）中国地级及以上城市生态效率的变化趋势。

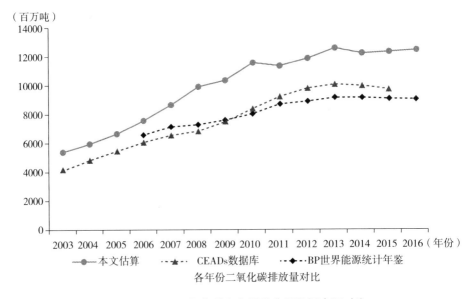

图 2-2　不同二氧化碳和能源消费量数据来源对比

① 例如，《中国城市统计年鉴》（2004-2011年）披露的是工业烟尘排放量（吨），2012年及以后披露的是工业烟（粉）尘排放量（吨），就全国城市层面来看，从2010年至2011年，工业烟（粉）尘排放量从5378758（吨）增加至14703168（吨），增幅达到2.7倍之多。

② 详见 http://www.ceads.net/。

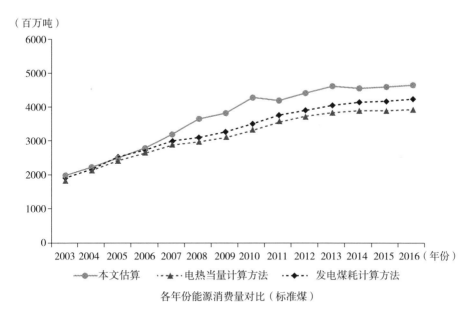

（百万吨）

本文估算　　　电热当量计算方法　　　发电煤耗计算方法

各年份能源消费量对比（标准煤）

图 2-2　不同二氧化碳和能源消费量数据来源对比（续图）

注：电热当量计算方法和发电煤耗计算方法均来自 2017 年《中国能源统计年鉴》。

投入产出变量的描述性统计见表 2-1。由表 2-1 可知，平均而言，各类型城市的投入产出变量具有明显的地区差异，尤其是对于东部城市和环境保护重点城市的资本投入、劳动投入、能源投入、地区生产总值和环境污染指数，与全国平均的比值最大为 1.5706，表明为得到更加合理和科学的城市生态效率测度结果，需要充分考虑区域异质性。在后文的收敛特征、空间作用机理和驱动机制的实证检验过程中，也应充分考虑各类城市的异质性和差异化特征。

表 2-1　投入产出变量的描述性统计

	资本投入	劳动投入	土地投入	能源投入	地区生产总值	环境污染指数
全样本						
均值	1700.0000	52.2813	16547.6500	1507.9060	1320.0000	2.8458
标准差	2480.0000	75.9818	23060.9100	1510.5200	1830.0000	4.8608
最小值	27.7746	5.4900	1113.0000	46.5611	41.1659	0.0356
最大值	30700.0000	986.8700	253356.0000	12100.0000	20700.0000	181.2354

续表

	资本投入	劳动投入	土地投入	能源投入	地区生产总值	环境污染指数
东部城市						
均值	2670.0000	76.2813	10509.1700	2156.2200	2270.0000	3.4196
比值	1.5706	1.4591	0.6351	1.4299	1.7197	1.2016
中西部城市						
均值	1150.0000	38.8652	19923.2000	1145.4940	786.9356	2.5250
比值	0.6765	0.7434	1.2040	0.7597	0.5962	0.8873
重点城市						
均值	2570.0000	78.5491	13360.1500	2199.5930	2030.0000	3.7973
比值	1.5118	1.5024	0.8074	1.4587	1.5379	1.3344
非重点城市						
均值	921.6974	28.9761	19375.6600	894.2289	682.0344	2.0015
比值	0.5422	0.5542	1.1709	0.5930	0.5167	0.7033
资源型城市						
均值	1030.0000	30.0691	19123.7300	1280.8250	720.7108	3.0405
比值	0.6059	0.5751	1.1557	0.8494	0.5460	1.0684
非资源型城市						
均值	2150.0000	67.2376	14813.0900	1660.8070	1720.0000	2.7146
比值	1.2647	1.2861	0.8952	1.1014	1.3030	0.9539
两控区城市						
均值	2170.0000	66.3441	12845.8400	1910.6760	1730.0000	3.4548
比值	1.2765	1.2690	0.7763	1.2671	1.3106	1.2140
非两控区城市						
均值	1030.0000	32.4042	21780.0100	938.6068	733.3129	1.9850
比值	0.6059	0.6198	1.3162	0.6225	0.5555	0.6975

二、生态效率的测度结果

基于式（2-5）和式（2-7）分别测算了城市生态效率，并进一步计算了各类城市生态效率在样本期的均值，结果见表2-2。平均而言，东部城市生态效率较中西部城市高，但东部地区的资源型城市生态效率低于中西部地区的资源型城市生态效率，表明中西部资源型城市的生态环境略优于东部资源型城市的生态环境。可能的原因在于中西部资源型城市的资源利用效率更高，在投入期望产出和非期望产出既定的情况下，资源利用效率越高意味着其生态效率越高。就全国而言，非重点城市、非资源型城市和两控区城市的生态效率均值分别比重点城市、资源型城市和非两控区城市的生态效率均值高 0.0108（0.0160）、0.0868（0.0785）和 0.0079（0.0152）。表明国家设立环境保护重点城市和资源型城市对生态效率的提升存在一定的滞后性，而且设立两控区城市的政策有助于城市生态效率的提升，还有利于地区增强环境保护和资源节约的意识，进而降低污染减排，实现绿色发展。不同的生态效率测度方法稳健地支持了上述结论。此外，基于均值检验的结果显示，NCMeta-US-DDF 模型测算的生态效率显著高于 NCMeta-US-SBM 模型测算的生态效率，且通过了1%统计显著性水平的检验。理论上，DDF 模型属于径向 DEA 模型，而 SBM 模型是基于松弛的非径向 DEA 模型。因此，基于 NCMeta-US-SBM 模型测算的生态效率不大于基于 NCMeta-US-DDF 模型测算的生态效率。

表 2-2　不同类型城市生态效率均值比较

城市类型	基于 NCMeta-US-SBM 模型测算			基于 NCMeta-US-DDF 模型测算		
	全样本	东部城市	中西部城市	全样本	东部城市	中西部城市
重点城市	0.4331	0.4975	0.3857	0.6335	0.7101	0.5772
非重点城市	0.4439	0.4949	0.4219	0.6495	0.6899	0.6321
资源型城市	0.3869	0.3749	0.3904	0.5951	0.5864	0.5976
非资源型城市	0.4737	0.5380	0.4219	0.6736	0.7405	0.6196
两控区城市	0.4421	0.4997	0.3938	0.6483	0.7123	0.5947
非两控区城市	0.4342	0.4864	0.4193	0.6331	0.6687	0.6230

注：均值检验显示，基于NCMeta-US-DDF 模型测算的生态效率显著高于基于NCMeta-US-SBM 模型测算的生态效率，且通过了1%统计显著性水平的检验。

　　另外，通过分析不同城市类型生态效率变化趋势发现，东部城市生态效率具有先降后升的态势，中西部城市生态效率与全国样本城市生态效率的变化趋势大体一致（图2-3（a）和图2-4（a）），但与东部城市生态效率的差距在不断扩大。说明自2005年以来，东部城市生态效率具有逐步改善、提升的趋势。不难看出，中西部城市生态效率具有逐年下降的趋势，主要是因为该区域地处内陆，经济基础薄弱，科技水平较低，无法充分吸引外资，出现经济发展模式粗放、环境问题突出、资源循环利用率低等问题。加之该地区的产业以重工业、高耗能产业为主，且资源型城市大多分布于中西部地区，虽然重点城市生态效率和非重点城市生态效率的差距在前期有逐渐缩小的态势（图2-3（b）和图2-4（b）），但重点城市的生态效率在2007年后赶超非重点城市，说明重点城市受到的环境保护政策在前期并不明显。平均而言，非资源型城市生态效率明显高于全国水平，且2005年后，其与资源型城市生态效率的差距有先扩大后缩小再同步的趋势（图2-3（c）和图2-4（c））。样本观察期内，两控区（非两控区）城市（图2-3（d）和图2-4（d））和重点（非重点）城市（图2-3（b）和图2-4（b））生态效率的动态演变极其相似。

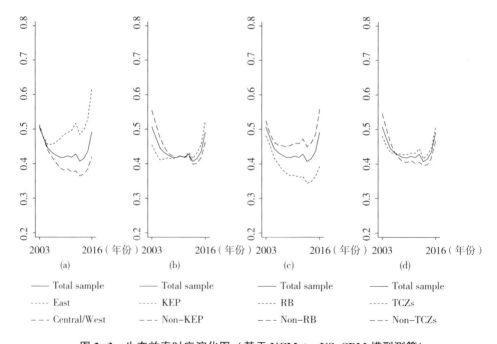

图2-3　生态效率时序演化图（基于NCMeta-US-SBM模型测算）

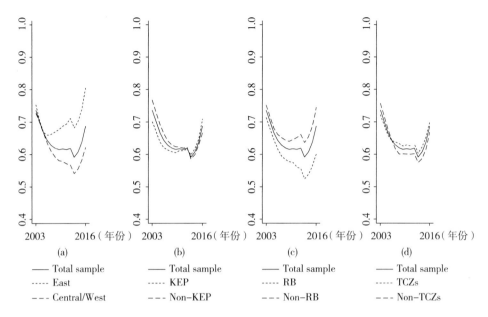

图 2-4　生态效率时序演化图（基于 NCMeta-US-DDF 模型测算）

　　进一步地，图 2-5 报告了异质性群组城市生态效率的跨期比较，从图中可以直接观察不同城市类型的生态效率从 2003 年到 2016 年的跨期变化情况。分析图 2-5（a）可知，2016 年东部城市生态效率较 2003 年具有明显的上升趋势，但中西部城市生态效率的提升并不明显。图 2-5（b）显示，2016 年重点城市生态效率较 2003 年具有明显的上升趋势，但非重点城市生态效率的提升效果不显著。图 2-5（c）显示，2016 年非资源型城市生态效率较 2003 年具有明显的上升趋势，但资源型城市生态效率具有明显的下降趋势，两类城市生态效率的提升效果形成鲜明对比。图 2-5（d）显示，2016 年两控区城市生态效率较 2003 年具有明显的上升趋势，但非两控区城市生态效率的提升效果不显著。上述研究发现表明，经济发展水平较高的东部城市同样具有较高的生态效率，而且国家设立环境重点保护城市的政策确实可以提高城市生态效率，但设立资源型城市等相关政策对城市生态效率的提升作用有限，可能的原因在于，资源型城市的环境保护和经济增长存在脱钩现象，本质上并没有获得环境质量和经济增长的双重红利。因此，在城市生态效率协同提升的过程中，应该高度重视城市的异质性特征。严格的实证检验是否支持上述结论，有待进一步的深入研究。下一节将重点从时间和空间的角度深入分析城市生态效率的时空演化特征。

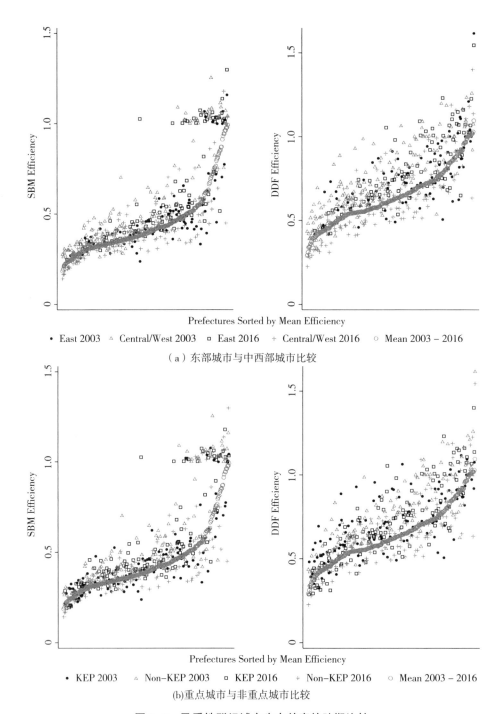

（a）东部城市与中西部城市比较

（b)重点城市与非重点城市比较

图 2-5 异质性群组城市生态效率的跨期比较

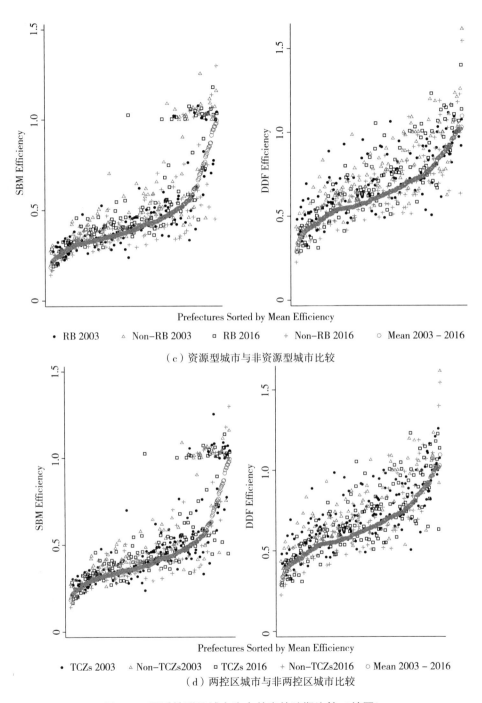

（c）资源型城市与非资源型城市比较

（d）两控区城市与非两控区城市比较

图 2-5 异质性群组城市生态效率的跨期比较（续图）

三、生态效率的时空演化

研究结果显示，东部沿海地区的城市保持了较高的生态效率，而大部分中西部城市呈低值集聚状态，2016年后者的城市生态效率有所提升。值得关注的一个现象是，从2003年到2010年城市生态效率有所降低，可以从以下几个方面进行分析。首先，西部大开发战略强调加快西部地区基础设施建设和加强西部地区生态环境保护建设，切实提高环境质量；其次，2008年金融危机的波及范围广、影响程度深，对中国的行业经济等造成深远的直接和间接影响。例如银行业、金融业和进出口业务等；最后，2009年前后，国家4万亿投资计划建设项目的重点投向在重大基础设施建设、城市电网改造、灾后恢复重建以及节能减排和生态工程方面，而由于地质原因和历史因素，重大灾害事件普遍发生在中西部，使其需要投入大量的人力、物力和财力进行大规模修复，因此对城市生态环境造成不同程度的影响。由于生态效率是资源、环境和经济的综合反映，因此其相对效率会偏低。诸如促进中部地区崛起计划和振兴东北老工业基地等政策，为缩小地区差距、保护环境和提高工业化水平起到关键的作用。然而，在反映城市生态环境质量的生态效率方面，却发现城市生态效率呈东部、中部、西部逐步降低的梯度差距态势，具有明显的空间差异特征，表明生态效率并未实现协同提升。因此，为加快城市生态文明建设，必须建立更加有效的区域协调发展新机制。同时还发现，在生态效率较高的东部沿海城市，其周边城市的生态效率并非最低，而是略低于沿海城市，说明生态效率存在一定程度的空间溢出和空间扩散效应。不同生态效率的测度方法均稳健地支持了上述结论。

本书还发现各年度长江经济带的生态效率均显著高于邻近地区，尤其在2016年，这种差距更加明显。这不仅与长江经济带集群发展的时代背景密切相关，还与近年来国家出台的《长江经济带发展规划纲要》[①] 等相关政策有关。因此，除了重点提升东部城市生态效率和发挥该地区生态效率的扩散效应外，还应该把重点放在横跨东、中、西部地区的长江经济带生态效率提升上，并在提升该区域生态效率的同时，形成生态效率增长极的示范效应和扩散效应，带动周边城市生态效率的协同提升。不可否认，长江经济带在资源开发、生态保护等方面仍存在问题，例如小水电站对生态环境的影响[②]，但生态环境恶化的

---

① 详见 http://www.gov.cn/xinwen/2016-09/12/content_5107501.htm。
② 详见 http://www.sanqin.com/2018/0625/366642.shtml。

同时，经济得到了一定程度的增长。因此，在人类社会发展进程中，如何确保经济发展质量的同时，使资源利用最少和环境影响最小是保护生态环境亟须解决的重要课题。而生态效率综合考虑了资源效率、经济效率和环境效率，是衡量生态文明和绿色发展水平的重要指标。综上，城市生态效率的协同提升是实现区域绿色发展和"美丽中国"的主要途径之一。

本章小结

　　本章重点考察了城市生态效率的测度方法和时空演化，试图运用统计比较和探索性数据分析等方法，实证研究 251 个地级及以上城市 2003-2016 年生态效率的测度结果及其时空演化特征。主要结论如下：第一，生态效率具有显著的地区差异性，采用不同的生态效率测度方法，该结论依然成立。就全国而言，非重点城市、非资源型城市和两控区城市的生态效率均值分别比重点城市、资源型城市和非两控区城市的生态效率均值高。第二，与中西部城市、非重点城市、资源型城市和非两控区城市相比，东部城市、重点城市、非资源型城市和两控区城市的生态效率跨期增长更加明显。因此，城市生态效率提升过程中，也应高度重视城市的异质性特征。第三，从 2003 年到 2010 年城市生态效率有所降低，同时还发现，生态效率较高的东部沿海城市，其周边城市的生态效率并非最低，而是略低于沿海城市，说明生态效率存在一定程度上的空间溢出和空间扩散效应。不同生态效率的测度方法均稳健地支持了上述结论。

第二章
生态效率空间溢出的测度与差异化分析

　　尽管大量的文献探讨生态效率的测度方法及其影响因素，并基于空间计量的方法研究生态效率的空间溢出效应，然而，空间计量模型只能刻画出空间溢出效应的影响幅度和方向，无法对空间溢出的大小进行量化，更加无法细分邻近城市与本地城市生态效率的空间差异。因此，关于生态效率空间溢出核算的文献很少，本章试图讨论生态效率空间溢出的核算和差异化分析。对生态效率空间溢出的核算，有助于识别生态效率空间溢出较大的城市空间分布，理解生态效率空间溢出的地区差异，并进一步研究生态效率空间溢出更大的城市间生态效率是否具有更快的收敛速度。本章还探讨了空间溢出视角下生态效率的提升效应。具体地，本章首先讨论了生态效率空间溢出的测算过程，并对生态效率空间溢出的测算结果和地区差异进行了深入分析。最后，在空间溢出的视角下研究生态效率的收敛特征和提升效应，为进一步的生态效率空间溢出的驱动机制分析提供理论基础和依据。

第一节　生态效率空间溢出的测度过程

　　滕丽和王铮（2010）对溢出做了总结性分类，包括 GDP 溢出、环境溢出、邻域溢出、双向溢出（对称和非对称）、区域溢出等。如前所述，生态效率衡量了资源效率、经济效率和环境效率的协调发展程度，是一个更加综合的指标。生态效率的空间溢出可能包含了上述溢出的综合影响。Glass 等（2014）基于空间自回归成本前沿模型提出了测度效率溢出的方法，将总成本效率分为直接效率和间接效率，认为后者来源于其他区域的效率溢出，给出了总成本无效率中间接无效率和直接无效率份额的计算方法，为测度效率的空间溢出提供了新思路。但由于城市层面的资本价格、能源价格、劳动力价格、土地价格、污染排放物价格等数据的限制，使得该方法无法直接应用于城市生态效率空间溢出的测度中。因此，黄建欢等（2018a，2018b）结合前沿的空间计量理论，创新性地提出了空间溢出的测度方法，并认为空间溢出可以进一步分解为两种力量，即高位压力和低位吸力，以考察这两种力量及其合力对城市生态效率的综合影响或者净效应。生态效率高位压力即指相对本地而言，邻近城市的生态效率处于高位，这种差距会对本地形成一种向上的压力；生态效率低位吸力即指相对本地而言，邻近城市生态效率处于低位，这种差距会对本地形成一种向下的吸力。当邻近城市生态效率高位压力越大时，意味着该城市在生态效率上越落后于邻近城市，而当邻近城市生态效率低位吸力越大时，意味着该城市在生态效率上越优先于邻近城市。然而，相关研究仍有待深入。具体而言，需要进一步测算本地城市生态效率对邻近城市的空间溢出，需要进一步考虑城市生态效率空间溢出的非对称性等。

一、对称空间溢出和非对称空间溢出

为便于理解，借鉴 Elhorst 等（2018）的分析思路，首先给出生态效率对称空间溢出和非对称空间溢出的概念框架图，如图 3-1 所示。在图 3-1 中，横轴、纵轴和竖轴分别表示时间、城市及其对应的生态效率，例如，$ee_{i,\ t}$ 表示城市 i 在时期 t 的生态效率，$ee_{j,\ t+h}$ 则表示邻近城市 j 在时期 $t+h$ 的生态效率。$Spill-Out$ 表示城市 i 的生态效率对邻近城市 j 的溢出，相反地，$Spill-In$ 则表示邻近城市 j 的生态效率对城市 i 的溢出[①]。如果，$Spill-Out$ 与 $Spill-In$ 相等，则称为对称空间溢出，否则，称为非对称空间溢出。本书涉及的空间溢出均为空间溢出的大小，而非空间溢出的流向，这与 Li 等（2018）利用多区域投入产出表测度首都城市群经济和二氧化碳的溢出及其反馈效应不同。

本书生态效率空间溢出的测算方法主要来源于黄建欢等（2018a，2018b）。借鉴英国学者 Glass 等（2014）测度直接效率和间接效率的思路，测算邻近城市对本地高位溢出和低位溢出两个相反方向的空间溢出值，即邻近高位溢出和邻近低位溢出，分别用 SI_{it}^{H}（SI_{it}^{L}）表示，以及本地城市对邻近城市高位溢出和低位溢出两个相反方向的空间溢出值，即本地高位溢出和本地低位溢出，分别

---

① 对于异质性模型，LeSage 和 Chih（2016）认为应将间接效应划分为 $spill-in$ 和 $spill-out$ 效应，前者代表偏效应矩阵非对角线元素的行和，衡量了其他空间单位对每个单位的总影响，后者代表偏效应矩阵非对角线元素的列和，衡量了每个空间单位对其他空间单位的总影响。与 LeSage 和 Chih（2016）不同，Elhorst 等（2018）将 $spill-in$ 和 $spill-out$ 效应分别表示为偏效应矩阵非对角线元素的行均值和列均值，以使结果更具经济学解释。然而，前述研究并没有把空间溢出值的大小测度和分解出来，这是本书与它们的最大不同。

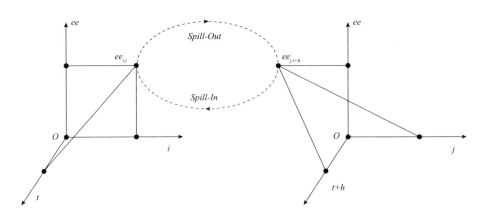

图 3-1　生态效率对称空间溢出和非对称空间溢出概念框架图

用 SO_{it}^{H}（SO_{it}^{L}）表示。其中，SI_{it}^{H} 和 SI_{it}^{L} 的测算方法如下：

$$SI_{it}^{H} = \sum_{j \in J_i} w_{ijt}(EE_{j(t-1)} - EE_{i(t-1)})，if\ EE_{j(t-1)} \geqslant EE_{i(t-1)}，j \in \tau_i \quad （3-1）$$

$$SI_{it}^{L} = \sum_{j \in K_i} w_{ijt}(-EE_{j(t-1)} + EE_{i(t-1)})，if\ EE_{j(t-1)} < EE_{i(t-1)}，j \in \tau_i$$

$$（3-2）$$

其中，J_i 为一定邻近范围内比 i 城市生态效率高的所有城市集合，K_i 为一定邻近范围内比 i 城市生态效率低的所有城市集合，τ_i 表示 i 城市的某一邻近距离范围内所有城市集合。SI_{it}^{H}（SI_{it}^{L}）表示在邻近城市 j 的生态效率比本地区 i 高（低）的情况下，测算本地 i 与邻近城市 j 上一期生态效率的差值与空间权重矩阵（行标准化）的乘积之和。SO_{it}^{H} 和 SO_{it}^{L} 的测度方法与 SI_{it}^{H} 和 SI_{it}^{L} 一致，不同之处在于，测算 SO_{it}^{H} 和 SO_{it}^{L} 的空间权重矩阵进行了列标准化。考察对称空间溢出时，有如下关系：$SI_{it}^{H} = SO_{it}^{L}$ 和 $SI_{it}^{L} = SO_{it}^{H}$。考察非对称空间溢出时，可以预期 SI_{it}^{H} 和 SO_{it}^{L} 的估计系数符号应该相反，SI_{it}^{L} 和 SO_{it}^{H} 类似。为了便于解释，本书重点关注邻近空间溢出，即 SI_{it}^{H} 和 SI_{it}^{L}。

二、空间权重矩阵设定

实证研究中通常使用的空间权重矩阵为二值矩阵、地理距离矩阵、经济距离矩阵等，王守坤（2013）和张可云等（2017）详细阐述了空间权重矩阵的类型和设定方法。为了便于解释，也通常把空间权重矩阵进行标准化，以使每一行的元素和等于 1 或者每一列的元素和等于 1，前者解释为其他空间单位对每个单位的影响进行均等化，后者解释为每个空间单位对其他空间单位的影响进行均等化。Kelejian 和 Prucha（2010）证明：与按单一要素进行标准化相比，对每一行按不同的要素对空间权重矩阵的元素进行标准化很可能导致模型误设。当对逆距离矩阵进行行标准化时，这种问题尤其容易发生，因为根据距离衰减的经济解释将不再有效（Anselin，1988；Elhorst，2001）。在测度生态效率空间溢出时，通过设定不同的空间权重矩阵来表征对称空间溢出和非对称空间溢出。对称空间溢出的空间权重设定如下：

$$w_{ij}^1 = \frac{1}{d_{ij}^\gamma} \qquad (3-3)$$

其中，d_{ij} 表示城市 i 和 j 之间的距离，γ 为需要估计的距离衰减参数。按照 Elhorst（2001）以及 Kelejian 和 Prucha（2010）的标准化程序，即矩阵 w_{ij}^1 中的每一个元素除以其最大特征根 $r_{0,\,max}$，则可得到对称矩阵 $w_{ij}^{sym} = (1/r_{0,\,max})w_{ij}^1$，据此计算的空间溢出称为对称空间溢出。值得注意的是，为了考察生态效率空间溢出的边界效应、局部空间溢出和全局空间溢出，对 d_{ij} 设置了边界点，最小距离阈值[①]为 300km，以 200km 为步进距离，直到对既定的城市包含所有的邻近城市，此时距离阈值最大为 4100km，也即全局空间溢出。

任何城市的发展都不可避免地会受到城市网络中其他城市的外在影响，这种影响的强度和方向取决于施加影响城市的等级规模和相互之间的地理距离（张浩然和依保中，2011）。本书综合考虑两个城市的人口规模和地理距离作为衡量权重的两个因素，具体测算公式如下：

$$w_{ijt}^2 = \frac{pop_{j(t-1)}/d_{ij}}{\sum_{j \in \Delta_i} pop_{j\,(t-1)}/d_{ij}} \qquad (3-4)$$

其中，$pop_{j(t-1)}$ 为相邻城市 j 的上一期城市人口数量，d_{ij} 表示城市 i 和 j 之间的距离，$\Delta = J$ 时表示空间权重矩阵用于测算高位压力，$\Delta = K$ 时表示空间权重矩阵用于测算低位吸力。至此，通过设定不同距离阈值的空间权重矩阵可以进行不同邻近城市数量的高位压力或低位吸力对生态效率提升影响的敏感性分析。

---

① 在计算城市间地理距离时发现，300km（乌鲁木齐市与克拉玛依市之间的距离为295km）是中国城市间最小的"门槛距离"，即在不小于该距离的情况下，才能确保每一个城市都至少有一个邻近的城市。

第二节　生态效率空间溢出的测度结果

　　基于前述生态效率测度结果和式（3-1）与式（3-2）测算了城市生态效率对称空间溢出和非对称空间溢出的高位压力和低位吸力，其描述性统计结果见表3-1和表3-2。由于高位压力和低位吸力是两种作用相反的力量，因此，高位压力大的城市，其低位吸力相对较小；而高位压力小的城市，其低位吸力相对较大。根据表3-1（Panel A）的结果可知，与东部城市相比，中西部城市生态效率对称空间溢出的高位压力（0.0853）更大，意味着中西部城市生态效率落后于东部城市。同样地，与重点城市、资源型城市和非两控区城市相比，非重点城市、非资源型城市和两控区城市生态效率对称空间溢出的高位压力更大，表明非重点城市、非资源型城市和两控区城市生态效率落后于重点城市、资源型城市和非两控区城市。根据表3-1（Panel B）的结果可知，与东部城市相比，中西部城市生态效率对称空间溢出的高位压力（0.0977）更大，暗含着中西部城市生态效率落后于东部城市。类似地，与非重点城市、非资源型城市和两控区城市相比，重点城市、资源型城市和非两控区城市生态效率对称空间溢出的高位压力更大，表明重点城市、资源型城市和非两控区城市生态效率落后于非重点城市、非资源型城市和两控区城市。

　　根据表3-2（Panel A）的结果可知，与中西部城市相比，东部城市生态效率非对称空间溢出的高位压力（0.1535）更大，意味着东部城市生态效率落后于中西部城市。同样地，与重点城市、资源型城市和两控区城市相比，非重点城市、非资源型城市和非两控区城市生态效率非对称空间溢出的高位压力更大，表明非重点城市、非资源型城市和非两控区城市生态效率落后于重点城市、资源型城市和两控区城市。根据表3-2（Panel B）的结果可知，与东部城市相比，中西部城市生态效率非对称空间溢出的高位压力（0.1504）更大，意味着中西部城市生态效率落后于东部城市。类似地，与重点城市和资源型城市相比，非重点城市和非资源型城市生态效率非对称空间溢出的高位压力更大，表明非重点城市和非资源型城市生态效率落后于重点城市和资源型城市。

　　然而，上述研究结论是基于滞后一期的生态效率和空间权重矩阵测算结果得出的，与生态效率的测度结果（表2-2）并不具有可比性，两者并不产生矛盾。此外，进一步分析发现（表3-2），非对称空间溢出的高位压力和低位吸力分别显著高于对称空间溢出的高位压力和低位吸力。值得注意的是，由于生态效率测算方法和空间权重矩阵选取的不同，导致对称空间溢出和非对称空间溢出的高位压力和低位吸力存在显著的地区差异。生态效率空间溢出的区域分异可能会促使城市之间生态效率收敛速度不同，空间溢出合力越大，生态效率的收敛速度可能越快。因此，在进一步分析空间溢出视角下的生态效率收敛特征和提升效应之前，需要进行生态效率空间溢出的差异化分析，以识别生态效率空间溢出的地区差异。

表 3-1　生态效率对称空间溢出的描述性统计

	Obs.	对称空间溢出的高位压力				对称空间溢出的低位吸力			
		Mean	Std. Dev.	Min.	Max.	Mean	Std. Dev.	Min.	Max.
Panel A：生态效率为基于 NCMeta-US-SBM 模型的测度结果									
全样本	3263	0.0823	0.0619	0.0000	0.5491	0.0749	0.1226	0.0000	0.7030
东部城市	1170	0.0769	0.0648	0.0000	0.3366	0.0832	0.1096	0.0000	0.5883
中西部城市	2093	0.0853	0.0600	0.0000	0.5491	0.0703	0.1291	0.0000	0.7030
重点城市	1534	0.0812	0.0586	0.0000	0.3085	0.0708	0.1131	0.0000	0.6487
非重点城市	1729	0.0833	0.0647	0.0000	0.5491	0.0786	0.1305	0.0000	0.7030
资源型城市	1313	0.0821	0.0524	0.0000	0.2519	0.0568	0.1078	0.0000	0.6847
非资源型城市	1950	0.0824	0.0675	0.0000	0.5491	0.0872	0.1303	0.0000	0.7030
两控区城市	1911	0.0837	0.0614	0.0000	0.3366	0.0719	0.1158	0.0000	0.6847
非两控区城市	1352	0.0804	0.0625	0.0000	0.5491	0.0792	0.1317	0.0000	0.7030
Panel B：生态效率为基于 NCMeta-US-DDF 模型的测度结果									
全样本	3263	0.0898	0.0749	0.0000	0.4581	0.0858	0.0965	0.0000	0.6827
东部城市	1170	0.0757	0.0682	0.0000	0.3701	0.0872	0.0806	0.0002	0.6827
中西部城市	2093	0.0977	0.0772	0.0000	0.4581	0.0850	0.1043	0.0000	0.6275
重点城市	1534	0.0919	0.0764	0.0000	0.4581	0.0799	0.0895	0.0000	0.6275
非重点城市	1729	0.0880	0.0735	0.0000	0.4130	0.0910	0.1020	0.0000	0.6827
资源型城市	1313	0.0952	0.0692	0.0000	0.3248	0.0774	0.0965	0.0000	0.5327
非资源型城市	1950	0.0862	0.0782	0.0000	0.4581	0.0914	0.0961	0.0000	0.6827
两控区城市	1911	0.0887	0.0744	0.0000	0.4581	0.0839	0.0922	0.0000	0.5327
非两控区城市	1352	0.0914	0.0755	0.0000	0.4130	0.0884	0.1023	0.0000	0.6827

注：由于测算对称空间溢出的生态效率滞后一期，所以观测值对应少了一年。

表 3-2　生态效率非对称空间溢出的描述性统计

	Obs.	非对称空间溢出的高位压力				非对称空间溢出的低位吸力			
		Mean	Std. Dev.	Min.	Max.	Mean	Std. Dev.	Min.	Max.
Panel A：生态效率为基于 NCMeta-US-SBM 模型的测度结果									
全样本	3263	0.1510	0.0618	0.0000	0.5986	0.1228	0.1389	0.0000	0.7262
东部城市	1170	0.1535	0.0657	0.0000	0.5986	0.1298	0.1484	0.0000	0.6974
中西部城市	2093	0.1495	0.0596	0.0000	0.4866	0.1188	0.1332	0.0000	0.7262
重点城市	1534	0.1495	0.0622	0.0000	0.4645	0.1247	0.1401	0.0000	0.7262
非重点城市	1729	0.1522	0.0615	0.0000	0.5986	0.1210	0.1379	0.0000	0.6974
资源型城市	1313	0.1490	0.0609	0.0000	0.5986	0.1226	0.1389	0.0000	0.7262
非资源型城市	1950	0.1523	0.0625	0.0000	0.4645	0.1229	0.1390	0.0000	0.6974
两控区城市	1911	0.1509	0.0631	0.0000	0.4866	0.1241	0.1409	0.0000	0.6974
非两控区城市	1352	0.1511	0.0601	0.0000	0.5986	0.1209	0.1362	0.0000	0.7262
Panel B：生态效率为基于 NCMeta-US-DDF 模型的测度结果									
全样本	3263	0.1501	0.0595	0.0000	0.4933	0.1458	0.1056	0.0000	0.7859
东部城市	1170	0.1495	0.0608	0.0000	0.4376	0.1510	0.1102	0.0000	0.7055
中西部城市	2093	0.1504	0.0587	0.0000	0.4933	0.1428	0.1029	0.0000	0.7859
重点城市	1534	0.1491	0.0615	0.0000	0.4499	0.1479	0.1078	0.0000	0.7859
非重点城市	1729	0.1509	0.0576	0.0000	0.4933	0.1438	0.1036	0.0000	0.6201
资源型城市	1313	0.1489	0.0599	0.0000	0.4499	0.1448	0.1065	0.0000	0.7859
非资源型城市	1950	0.1508	0.0592	0.0000	0.4933	0.1464	0.1050	0.0000	0.7055
两控区城市	1911	0.1501	0.0602	0.0000	0.4933	0.1466	0.1061	0.0000	0.7055
非两控区城市	1352	0.1501	0.0584	0.0000	0.4499	0.1445	0.1049	0.0000	0.7859

注：由于测算非对称空间溢出的生态效率滞后一期，所以观测值对应少了一年。

为了直观反映城市生态效率空间溢出的地区差异和具体演化，本书采用非参数估计的方法估算了城市空间溢出的核密度函数，并选取 2004 年、2010 年、2016 年的空间溢出差距核密度函数作为典型的样本进行对比分析（如图 3-2～图 3-9 所示）。图 3-2 报告了生态效率对称空间溢出高位压力的地区差异，其中生态效率基于 NCMeta-US-SBM 模型测算。从图 3-2 可以看出，城市生态效率对称空间溢出高位压力的差距略有扩大，具体表现为各类城市生态效率对称空间溢出高位压力的核密度曲线慢慢向右偏移，而且主要集中在 [0，0.2] 之间，均值在 0.1 附近。但各类城市生态效率空间溢出高位压力的核密度曲线分布形态略有差异。其中东部城市、重点城市、资源型城市和两控区城市的生态效率对称空间溢出高位压力核密度曲线呈现扁平状分布；而中西部城市、非重点城市、非资源型城市和非两控区城市的生态效率对称空间溢出高位压力核密度曲线呈现高耸型分布，且 2010 年的核密度曲线具有长尾分布。特别地，生态效率对称空间溢出高位压力核密度曲线的主峰随时间的推移，呈现明显向下移动的态势，因此，生态效率对称空间溢出高位压力随着时间的推移，差距有所减小。

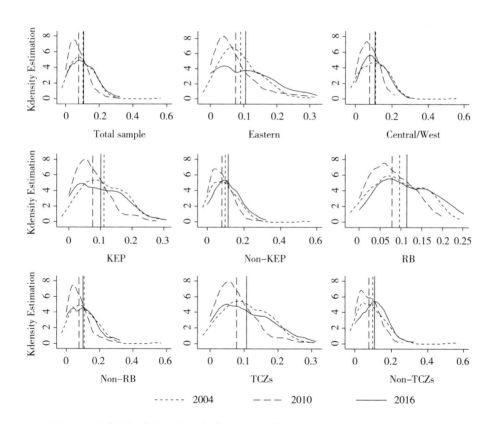

图 3-2 对称空间溢出高位压力地区差异（基于 NCMeta-US-SBM 模型测算）

注：横轴代表对称空间溢出高位压力，纵轴代表概率密度，曲线即为各代表年份的对称空间溢出差距核密度估计曲线。图中与横轴垂直的直线代表对应年份高位压力的均值，下同。

图 3-3 报告了生态效率对称空间溢出低位吸力的地区差异，其中生态效率

基于 NCMeta-US-SBM 模型测算。从图 3-3 可以看出，城市生态效率对称空间溢出低位吸力具有显著的地区差异性，具体表现为东部城市、重点城市、非资源型城市和两控区城市生态效率对称空间溢出低位吸力的核密度曲线慢慢向右偏移，而且主要集中在 [0，0.2] 之间，具有明显的左偏和细尾分布特征。而中西部城市、非重点城市、资源型城市和非两控区城市生态效率空间溢出低位吸力的均值呈现逐年下降的趋势，不同城市类型各年份核密度曲线的形态非常相似。此外，相对于对称空间溢出高位压力的峰值而言，对称空间溢出低位吸力的峰值更大。

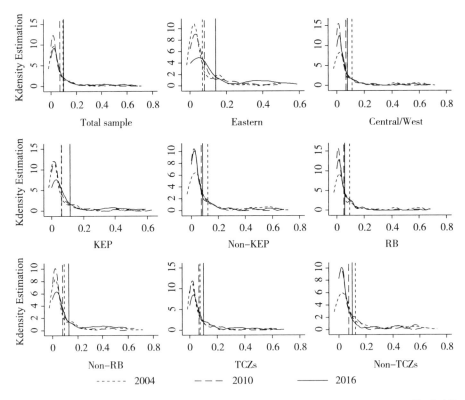

图 3-3　对称空间溢出低位吸力的地区差异（生态效率基于 NCMeta-US-SBM 模型测算）

　　图 3-4 报告了生态效率对称空间溢出高位压力的地区差异，其中生态效率基于 NCMeta-US-DDF 模型测算。从图 3-4 可以看出，城市生态效率对称空间溢出高位压力的差距略有扩大，具体表现为各类城市生态效率对称空间溢出高位压力的核密度曲线慢慢向右偏移，其中资源型城市生态效率对称空间溢出高位压力的核密度曲线主要集中在 [0，0.3] 之间，而其他城市生态效率对称空间

溢出高位压力的核密度曲线的分布范围在［0，0.4］之间。与图3-2的最大差异在于，分布在均值线右边的曲线形态并非是扁平的，而是随生态效率对称空间溢出高位压力的增大呈陡峭下降趋势的分布形态。同样地，生态效率空间溢出高位压力核密度曲线的主峰随时间的推移而出现向下移动的态势。

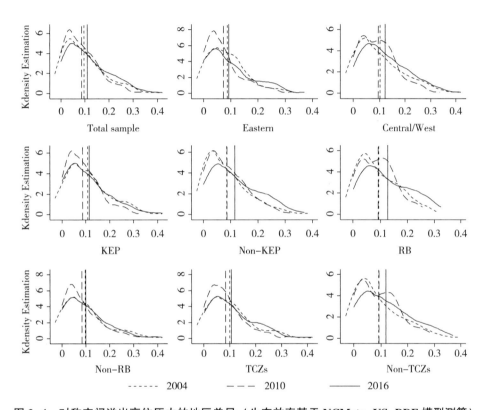

图3-4　对称空间溢出高位压力的地区差异（生态效率基于 NCMeta-US-DDF 模型测算）

图3-5报告了生态效率对称空间溢出低位吸力的地区差异，其中生态效率基于 NCMeta-US-DDF 模型测算。从图3-5可以看出，城市生态效率对称空间溢出低位吸力的地区差异性不是特别明显，且具体表现为生态效率对称空间溢出低位吸力的核密度曲线慢慢向右偏移，具有明显的左偏和细尾分布特征。中西部城市、非重点城市和资源型城市生态效率空间溢出低位吸力的核密度曲线极其相似，而且对应核密度曲线的主峰随时间的推移，呈现明显向上移动的态势，因此，这类城市生态效率对称空间溢出低位吸力随着时间的推移，差距有所增大。

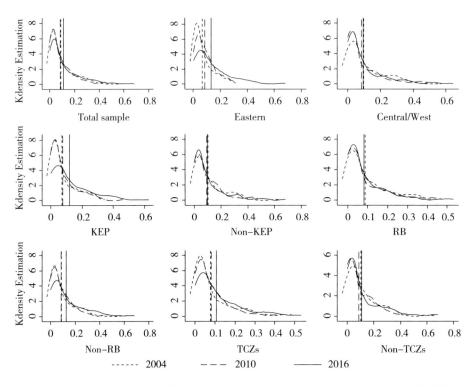

图 3-5　对称空间溢出低位吸力的地区差异（生态效率基于 NCMeta-US-DDF 模型测算）

　　图 3-6 报告了生态效率非对称空间溢出高位压力的地区差异，其中生态效率基于 NCMeta-US-SBM 模型测算。从图 3-6 可以看出，城市生态效率非对称空间溢出高位压力的差距具有逐渐扩大的趋势，具体表现为各类城市生态效率非对称空间溢出高位压力的核密度曲线慢慢向右偏移，而且其分布主要集中在 [0.1, 0.3] 之间。特别地，三个年度的东部城市、非资源型城市和非两控区城市生态效率非对称空间溢出高位压力核密度曲线的峰值变化不大，比较接近。而其他类型城市生态效率非对称空间溢出高位压力的主峰具有逐年下降趋势，表明该类城市生态效率非对称空间溢出高位压力随着时间的推移，差距有所减小。图 3-7 报告了生态效率非对称空间溢出低位吸力的地区差异，其中生态效率基于 NCMeta-US-SBM 模型测算。从图 3-7 可以发现，生态效率非对称空间溢出低位吸力的核密度估计曲线与对称空间溢出低位吸力的核密度估计曲线高度相似，但核密度曲线的峰值略有差异，例如，三个年度中，东部城市生态效率对称和非对称空间溢出低位吸力的峰值最大值分别为 10 和 15。

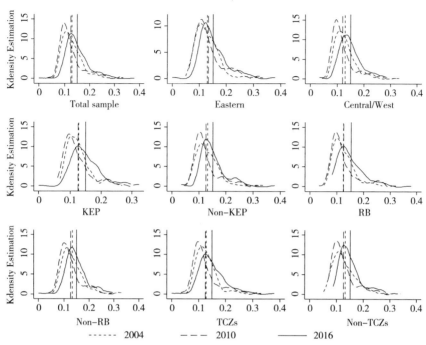

图 3-6 非对称空间溢出高位压力的地区差异（生态效率基于 **NCMeta-US-SBM** 模型测算）

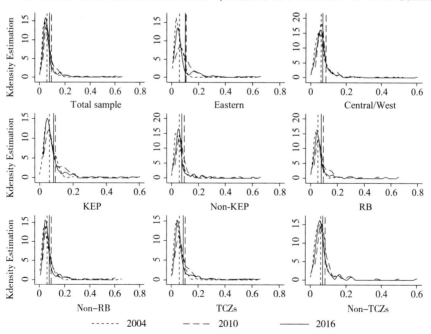

图 3-7 非对称空间溢出低位吸力的地区差异（生态效率基于 **NCMeta-US-SBM** 模型测算）

图 3-8 和图 3-9 分别报告了生态效率非对称空间溢出高位压力和低位吸力的地区差异，其中生态效率基于 NCMeta-US-DDF 模型测算。从图 3-8 和图 3-9 可以看出，城市生态效率非对称空间溢出高位压力和低位吸力的地区差异性较明显，具体表现为生态效率非对称空间溢出高位压力和低位吸力的核密度曲线慢慢向右偏移，而且核密度曲线主要分布在 [0.1，0.3] 之间。不同城市生态效率非对称空间溢出高位压力的核密度曲线形态表现为对称分布。而生态效率非对称空间溢出低位吸力的核密度曲线形态表现为左偏分布。同样地，非对称空间溢出高位压力和低位吸力核密度曲线的主峰随时间的推移，呈现明显向下移动的态势，因此，城市生态效率非对称空间溢出高位压力和低位吸力随着时间的推移，差距有所减小。

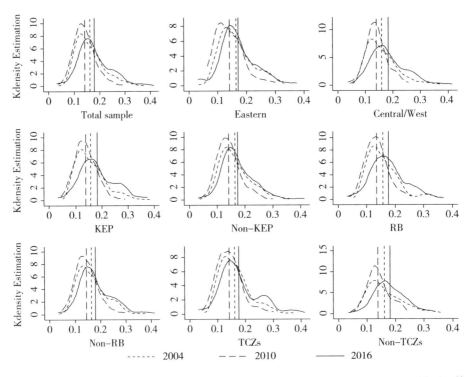

图 3-8　非对称空间溢出高位压力的地区差异（生态效率基于 NCMeta-US-DDF 模型测算）

根据以上生态效率空间溢出的地区差异性分析可知，尽管整体城市间生态效率的空间溢出的差距有所扩大，但区域内部不同城市之间的生态效率空间溢出差距却在逐步减小。较少文献研究城市生态效率空间溢出的区域异质性，更没有给出很好的解释。此外，生态效率空间溢出更大的城市，是否具有更快的

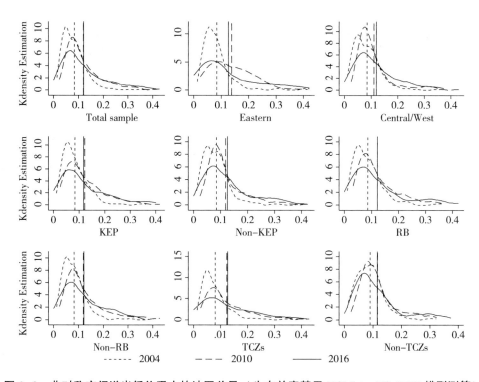

图 3-9　非对称空间溢出低位吸力的地区差异（生态效率基于 NCMeta-US-DDF 模型测算）

生态效率收敛速度和更显著的生态效率提升效应，现有文献研究甚少。因此，在生态效率空间溢出的框架下，研究生态效率的收敛特征和提升效应具有理论意义和实践意义。

第三节　生态效率的收敛特征：基于空间溢出的解释

在推进新型工业化、信息化、城镇化和国际化同步发展的过程中，得益于要素资源的有效集聚，部分城市成为新的枢纽城市或者标杆城市，区域内部的城市生态效率具有明显的地区差异，即呈现东高西低的空间格局，存在一个或多个中心（增长极），并且对区域内部或外部其他城市施加正向或反向的辐射带动作用。反之，邻近城市生态效率空间溢出也会促进或抑制本地城市生态效率的提升，进而对城市生态效率差距的收敛产生作用。前述经验研究也发现，

中国城市生态效率的空间溢出及其驱动机制研究

2003-2016 年间中国城市生态效率具有明显的区域异质性，城市生态效率呈现由东向西逐步降低的梯度差距。但是随着时间的推移这种差距是否持续存在？还是会逐渐缩小？收敛性分析经常被用于研究区域经济增长收敛即区域差距能否缩小等问题。在溢出的条件下，生态效率的区域差距也可能随时间推移而缩小乃至消失，即生态效率出现收敛且溢出将促进生态效率收敛，从而实现城市生态效率协同提升。已有文献对此关注不多，本节进一步对城市生态效率的收敛性进行实证检验，将收敛视为溢出的一种效应来分析在文献中并不多见，并运用一般动态面板模型和空间动态面板数据模型等方法进行收敛性检验，为缩小生态效率的区域差距实现协同发展提供理论基础和实证依据。

一、生态效率收敛的检验方法

σ 收敛描述的是水平收敛趋势，通常采用标准差（Standard Deviation）、变异系数（Coefficient of Variation，CV）、泰尔系数（Theil Index）和基尼系数（Gini Index）等指标进行分析。本书选择标准差和变异系数来观察生态效率是否存在 σ 收敛，同时考察其不同城市类型是否存在显著差异。若标准差（变异系数）随时间变化而逐渐减小，即如果在年份 $t + T$ 严格满足：$\sigma_{t+T} < \sigma_t$（$CV_{t+T} < CV_t$），则存在 T 阶段的 σ 收敛；如果对任意 $s < t$ 年份，均有 $\sigma_s < \sigma_t$（$CV_s < CV_t$），则具有一致的 σ 收敛。

标准差的计算方法如下：

$$\sigma_t = \sqrt{\left[\left(\frac{1}{N-1} \right) \sum_{i=1}^{N} (EE_{it} - \overline{EE_t})^2 \right]} \qquad (3-5)$$

其中，EE_{it} 和 $\overline{EE_t}$ 分别表示第 i 个城市在 t 时期的生态效率[①]和 t 时期生态效率的均值，N 表示城市的个数。

标准差能够较好地反映组内个体之间的离散程度，但未考虑规模效应。因此进一步计算城市生态效率的变异系数，以度量单位均值上生态效率的离散程度和排除平均水平大小的干扰，计算公式为：

$$CV_t = \frac{\sigma_t}{\overline{EE_t}} \qquad (3-6)$$

[①] 也可以采用生态效率的对数形式，即 $\ln EE_{it}$ 和 $\overline{\ln EE_t}$，两种情形计算的标准差变化趋势相一致，与后文变异系数和非参数 Kendall 指数的计算公式形成统一，本书暂不采用对数形式。

其中，$\overline{EE_t}$ 表示 t 时期生态效率的均值，σ_t 由式（3-5）计算得到。

Boyle 和 McCarthy（1997）建议使用 γ 收敛来检验 β 收敛的存在性。为了便于比较，本书进一步计算表征排名一致性的非参数 Kendall 指数，用以检验 γ 收敛，其计算公式如下：

$$\gamma_t = \frac{Var\,[\,R(EE_{it}) + R(EE_{i0})\,]}{Var\,[\,2R(EE_{i0})\,]} \tag{3-7}$$

其中，$R(EE_{it})$ 为城市 i 在 t 时期时生态效率的实际排名，$R(EE_{i0})$ 则为城市 i 在初始时期生态效率的实际排名。γ_t 取值为 0 到 1，其是否收敛的判断标准与 σ 收敛类似。

β 收敛分为绝对 β 收敛和条件 β 收敛两类，以反映增长率的收敛特征。绝对 β 收敛不考虑控制变量，而条件 β 收敛分析能够尽可能地避免遗漏解释变量，增强了解释生态效率区域分异的能力。根据 Barro 等（1991）的研究，如果不同区域内部存在绝对 β 收敛或者条件 β 收敛，那么实质上存在俱乐部收敛现象。因此在分不同城市类型进行 β 收敛检验时，实际上等价于检验是否存在俱乐部收敛现象。

参考 Barro 等（1991）、Jaunky 和 Zhang（2016）、Huang 等（2018b）的思路，重点考察生态效率的全局 β 收敛和俱乐部 β 收敛特征，检验绝对 β 收敛（俱乐部收敛）的计量方程设定为：

$$\ln EE_{it}^{\varphi} = \alpha + \beta \ln EE_{it-1}^{\varphi} + u_{it},\ i = 1,\ 2,\ \cdots,\ N^{\varphi},\ \varphi = 0,\ 1,\ \cdots,\ 8 \tag{3-8}$$

其中，EE_{it}^{φ} 表示第 i 个城市 t 时期的生态效率（若上标 $\varphi = 0$，则表示全样本估计，下同）[①]。如果估计系数 β 显著大于 0 且小于 1，则表明城市类型 φ 的 N^{φ} 个城市之间的生态效率存在 β 收敛。绝对 β 收敛仅依据变量 $\ln EE_{it}$ 与 $\ln EE_{it-1}$ 之间的变化方向来判断。在式（3-8）基础上加入影响稳态的解释变量 X_{it} 以检验条件 β 收敛，模型如下：

$$\ln EE_{it} = \alpha + \beta \ln EE_{it-1} + \delta X_{it} + u_{it},\ i = 1,\ 2,\ \cdots,\ N \tag{3-9}$$

若参数 β 的估计值显著大于 0 且小于 1，则称这 N 个经济体之间存在条件 β 收敛。其收敛速度 λ^c 定义为 $\lambda^c = \ln\beta$，还可以计算半衰期指标，即区域差距缩小一半所用时间：$\tau_{half-life} = -\ln\beta/\ln 2$（Islam，1995）。

然而，前述模型并未考虑区域之间空间关联和空间溢出的影响。在实践中，

---

① φ 表示城市类型。具体地，东部城市 φ=1、中西部城市 φ=2、重点城市 φ=3、非重点城市 φ=4、资源型城市 φ=5、非资源型城市 φ=6、两控区城市 φ=7 和非两控区城市 φ=8。

中国城市生态效率的空间溢出及其驱动机制研究

各个城市之间存在着种种联系和竞争，因此变量间存在空间关联，无法满足计量模型中的独立同分布等基本假设，若不考虑空间效应则可能得到有偏的估计结果。本书进一步将空间因素和空间溢出纳入一般的收敛分析框架，即在前述模型基础上引入空间滞后项和时空滞后项，以重点考察城市生态效率条件 β 收敛的空间效应。考虑到空间关联关系和内生性问题①，实证研究中选用 Elhorst（2014）所建立的动态空间 Durbin 模型（时间和空间固定效应）。具体地，本书将采用如下计量模型：

$$\ln EE_{it} = \beta \ln EE_{it-1} + \rho W \ln EE_{it} + \eta W \ln EE_{it-1} + X_{it}\varphi + WX_{it}\theta + \mu_i + \alpha_t + u_{it}$$

$$(3\text{-}10)$$

其中，$\ln EE_{it}$ 为生态效率对数值，t 代表时期，W 为空间权重矩阵，X 为自变量，β、ρ、η、φ 和 θ 分别代表各变量的待估计系数，μ_i、α_t 和 u_{it} 分别代表个体效应、空间误差项和随机误差项。$\beta \ln EE_{it-1}$ 反映了时间滞后影响，$\rho W \ln EE_{it} + \eta W \ln EE_{it-1}$ 反映了一个城市生态效率所受到的其他城市的总体空间溢出作用，$WX_{it}\theta$ 则反映一个城市的自变量对其他城市生态效率的溢出作用。如果 β 估计系数显著大于 0 且小于 1，则表明城市生态效率存在条件 β 收敛特征。通过式（3-10）还可以进一步计算短期效应和长期效应，本书采用极大似然方法进行无偏估计。

关于空间权重矩阵设定。地理学第一定律认为，任何事物都相关，但相近的事物关联更紧密。地理事物或属性在空间分布上互为相关，存在集聚、随机、规则分布，而空间权重矩阵 W 描述了变量的空间相关性的来源和大小。衡量空间相关性的方法通常包括邻近法和距离法。邻近法用二进制单位表示空间矩阵，即若两个区域相邻，则权重设为 1，否则设为 0，也称之为 0-1 矩阵。邻近法包括边相邻和边与顶点均相邻原则，一般而言，后者设定的空间权重矩阵相对于前者设定的空间权重矩阵拥有更多的邻居，更能体现现实中的空间关系（孙耀华和仲伟周，2014）。确定相邻关系的另一种方法是基于区域间的地理距离低于某个阈值，即利用地区间的距离倒数、距离平方的倒数或欧式距离确定空间权重矩阵的元素。此外，还有学者从人口和经济等角度综合测算指标获得空间权重矩阵（Fredriksson and Millimet，2002；林光平等，2005；Konisky，2007；李胜兰等，2014；余泳泽，2015）。值得注意的是，不同空间权重矩阵的设定形式对估计结果的影响较小，即空间计量模型的估计结果对空间权重矩阵的设定并

---

① 将空间滞后项、被解释变量滞后项以及双向固定效应纳入动态空间 Durbin 模型是解决模型中存在内生性问题的主要方法之一（林春艳和孔凡超，2016）。

不是特别敏感（LeSage 和 Pace，2014）。故本书采用常用的地理距离倒数构建空间权重矩阵①，具体测算公式如下：

$$\omega_{ij} = \begin{cases} 0, & \text{若 } i = j; \\ \dfrac{1/d_{ij}}{\sum_j (1/d_{ij})}, & \text{其他。} \end{cases} \tag{3-11}$$

其中，d_{ij} 表示城市 i 和 j 之间的地理距离（单位：千米）。

二、数据来源与变量说明

根据研究需要和数据可得性，以 251 个地级及以上城市（暂不包括西藏自治区、香港地区、澳门地区和台湾地区）为观察样本，观察周期为 2003～2016 年，数据来源于历年《中国城市统计年鉴》《中国城市建设统计年鉴》《中国区域经济统计年鉴》和各省市统计年鉴等。

控制变量选取方面，基于 IPAT 模型（Holdre and Ehrlich，1974）及其扩展模型 STIRPAT（Dietz and Rosa，1994；1997），在引入随机误差项的 STIRPAT 模型上取对数形式，并且参考已有文献选取 7 个方面的影响因素及其代理变量。具体如下：①人口密度（POPD）：年末总人口与城市行政区域面积之比（万人/平方千米）。②禀赋结构（K/L）：资本和劳动力是重要的禀赋资源。有研究表明，资本密集型企业的技术进步可能抵消其对环境效率的负面影响（王兵等，2010）。本书用资本劳动比作为禀赋结构的代理变量。③产业结构（SIND）：第二产业增加值与 GRP 占比（%）。④工资水平（WAGE）：采用年末在岗职工平均工资衡量（元）。除此之外，还加入各城市类型的虚拟变量以控制城市特征对生态效率的影响。

三、结果分析

（一）σ 收敛和 γ 收敛

在经济学理论上，收敛是增长模型的自然推论。收敛可能源于资本边际收益的递减，也可能源自人口、资本、技术等要素的跨地区流动。很多关于效率

---

① 随着交通基础设施的日趋完善和交流联系的不断优化，城市之间的经贸往来更加密切，城市生态效率的协同提升可能还受到经济关联效应的影响，采用随时间而变化的空间权重矩阵（Lee 和 Yu，2012）进行实证检验是将来值得研究的一个方向。

和生产率的收敛的文献都是基于经济收敛而展开的。生态效率的收敛意味着生态效率水平较低的地区，生态效率增长速度会更快。也就是说，各地区的生态效率水平趋向接近。遵循已有文献，检验收敛主要是采用统计观察和计量检验两种方法。

根据生态效率的测度结果，结合标准差（绝对差异）、变异系数（相对差异）的计算方法，可以计算得到不同区域中城市生态效率的标准差和变异系数。首先，总体来看，生态效率的标准差呈现先降后升的趋势（图3-10（左）），呈 W 型走势，尤其是 2005 年以来，不同城市类型间生态效率标准差的差异分化明显，这说明中国生态效率的地区差异在逐渐扩大。因此可以初步得出结论：不同城市类型的生态效率具有阶段性 σ 收敛特征，现阶段来看，生态效率并未实现一致 σ 收敛，更有可能的是存在俱乐部收敛特征。为观察剔除规模因素后的演化特征，图 3-10（中）报告了生态效率的变异系数随时间的变化趋势，与图 3-10（左）对比可知差异不大，说明各城市的生态效率随时间变化的特点各异，区域的相对差距仍然有扩大的趋势。故可得出稳健的结论：综合绝对差异和相对差异，表明城市生态效率的差距具有区间效应，前期效率差距有一定程度的缩小，但在 2005 年以后效率差距具有明显的波动特征。从 Kendall 指数的变化趋势（图 3-10（右））可以看出，各类城市生态效率具有显著的阶段性 γ 收敛特征。基于 NCMeta-US-DDF 模型测算的结果同样支持了上述研究发现。然而，基于统计观察的方法难以判别不同城市类型的生态效率是否具有严格意义上的 β 收敛特征，因此，需要从计量检验的角度进行实证分析。

（二）β 收敛

首先，为了避免伪回归，确保估计结果的有效性，必须对各面板序列的平稳性进行检验，而检验平稳性的常用方法是单位根检验。本书选择两种单位根检验，即同根和不同根单位根检验，并分别使用 LLC 检验（Levin et al.，2002）和 Fisher-ADF 检验（Maddala and Wu，1999）进行分析，结果见表3-3。如果在两种检验中均拒绝存在单位根的原假设，则说明此序列是平稳的，反之则不平稳。

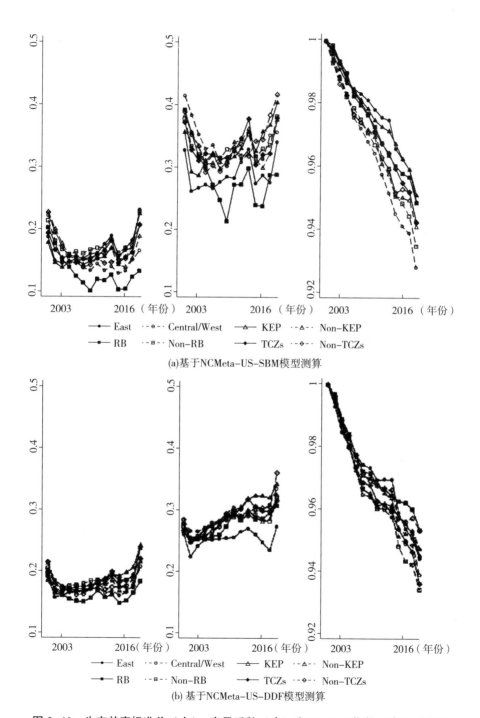

(a)基于NCMeta–US–SBM模型测算

(b) 基于NCMeta–US–DDF模型测算

图 **3-10**　生态效率标准差（左）、变异系数（中）和 **Kendall** 指数（右）时序图

表 3-3　面板单位根检验

	LLC 检验[a]		Fisher-ADF 检验[b]	
	有截距项	有截距项和趋势项	有截距项	有截距项和趋势项
Log（EE_SBM）	−11.1580***	−17.2659***	11.9022***	11.9612***
Log（EE_DDF）	−10.3527***	−7.3999***	6.1789***	5.4146***
Log（POPD）	−14.3804***	−31.2727***	7.0656***	28.7374***
Log（K/L）	−14.3292***	−11.4673***	4.4136***	1.9829**
SIND	−14.3413***	−18.6543***	7.2454***	19.6463***
Log（WAGE）[c]	0.0871	6.8917	1.3606*	2.1278**

注：a 报告的是调整的 t 统计量；b 报告的是调整的卡方统计量；c 进一步的 LLC 检验表明，Log（WAGE）变量是一阶单整的；*、** 和 *** 分别表示在统计显著性水平 10%、5% 和 1% 上显著。

由面板单位根检验结果可知，用于检验 β 收敛的各变量是平稳的。由表 3-4 可知，变量 Log（K/L）和 Log（WAGE）的相关系数达到了 0.8，但其并不影响所关心变量的显著性，而且最大的方差膨胀因子（VIF）为 2.88，远小于 10，故不必担心存在多重共线性问题。因此，可以进一步进行计量检验。

表 3-4　变量间的相关系数矩阵

	Log（EE_SBM）	Log（EE_DDF）	Log（POPD）	Log（K/L）	SIND	Log（WAGE）
Log（EE_SBM）	1.0000					
Log（EE_DDF）	0.9040***	1.0000				
Log（POPD）	0.3480***	0.1930***	1.0000			
Log（K/L）	−0.0230	−0.0570***	0.1010***	1.0000		
SIND	−0.0900***	−0.1180***	0.1220***	0.2230***	1.0000	
Log（WAGE）	−0.0330*	−0.0860***	0.0840***	0.8020***	0.1550***	1.0000

注：*、** 和 *** 分别表示在统计显著性水平 10%、5% 和 1% 上显著。

　　其次，本书基于随机核密度估计的方法（Quah，1997；Laurini and Pereira，2009）进一步考察了生态效率从初始年份到最终年份的演化过程，见图 3-11。对转移概率（条件概率）的三维空间分布图直观的理解是，假设某城市在 2003 年位于 x 轴上的一点，如果从该点开始沿 y 轴平行方向做切面，就可以得到该城市在 2016 年生态效率的分布概率（即条件概率），这些离散概率或曲线积分之和为 1。因此，如果转移概率（条件概率）集中分布在主对角线上，就暗示着该城市的生态效率变化较小；转移概率（条件概率）偏离主对角线越多，则该城市 2016 年的生态效率变化越大。三维空间分布图能够很好地展示概率密度的分布高度，但较难分析转移概率（条件概率）密度相对于主对角线（45°角）的分布情况，因此，通过投影将三维空间分布图转化为二维的等高线图，可以清晰地捕捉转移概率（条件概率）分布密度偏离主对角线（45°角）的轮廓。结合图 3-11（a）的左列和右列可以看出，城市生态效率的转移概率（条件概率）并非全部集中在主对角线（45°角）上，而是有一定程度的偏离。但是图 3-11（b）的左列和右列显示，城市生态效率的转移概率相对集中在主对角线（45°角）上，而且偏离程度稍小。综上所述，城市生态效率在研究样本期的变化趋势相对稳定。

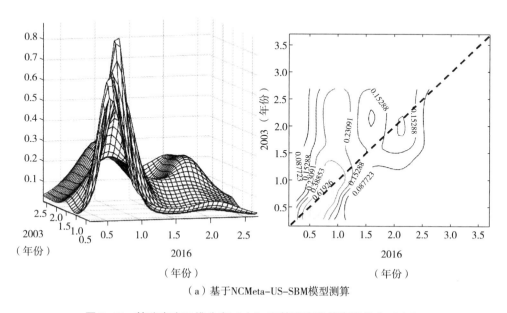

（a）基于NCMeta-US-SBM模型测算

图 3-11　转移密度三维分布（左）和转移密度等高线分布（右）

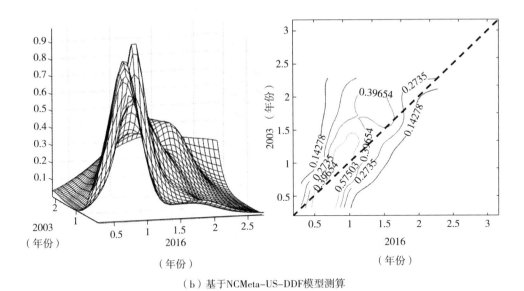

（b）基于NCMeta-US-DDF模型测算

图 3-11 转移密度三维分布（左）和转移密度等高线分布（右）（续图）

最后，为了从区域空间的整体上考察各变量空间分布的集群特征，对各变量的空间自相关性进行了检验。在许多实证研究中，利用 Moran's I（Moran，1950）和 Geary's C（Geary，1954）是常用的方法。Moran's I 指数取值一般介于-1 到 1 之间。大于 0 表示正相关，代表相邻城市的类似特征值出现集群趋势，接近于 1 表明具有相似的属性聚集在一起（高高集聚、低低集聚）；小于 0 表示负相关，接近于-1 表明具有相异的属性聚集在一起（高低集聚、低高集聚）；若指数接近于 0，则表示属性的分布是随机的，或者不存在显著的空间自相关性。Geary's C 指数的取值则一般在 [0，2] 之间，大于 1 表示负相关，等于 1 表示不相关，而小于 1 表示正相关。参考已有文献，本书利用全局 Moran's I 和 Geary's C 进行检验，其定义分别为式（3-12）和式（3-13）。

$$\text{Moran's } I = \frac{N}{S_0} \frac{\sum_i \sum_j \omega_{ij} z_i z_j}{\sum_i z_i^2} \qquad (3-12)$$

$$\text{Geary's } C = \frac{(N-1) \sum_i \sum_j \omega_{ij} (z_i - z_j)^2}{2 S_0 \sum_i z_i^2} \qquad (3-13)$$

其中，N 为观测样本数；S_0 为所有空间权重的聚合，即 $\sum_i \sum_j \omega_{ij}$；$z_i$ 为城市 i 的变量与其平均值的偏差，即 $(z_i - \bar{z})$；ω_{ij} 为城市 i 和城市 j 间的空间权重，

见式（3-11）。

空间自相关的检验结果见表 3-5。结果表明，生态效率及其各影响因素的 Moran's I 指数均大于 0，且在 1%水平下显著，说明生态效率及其各影响因素具有显著的空间自相关性，而且 Geary's C 指数均小于 1，几乎在 1%水平下显著，同样说明生态效率及其各影响因素具有显著的空间自相关性，研究中不可忽视空间关联。

表 3-5 各变量的 Moran's I 和 Geary's C 检验

	Moran's I			Geary's C		
	2003	2010	2016	2003	2010	2016
Log（EE_SBM）	0.0430***	0.1200***	0.1070***	0.9520***	0.8600***	0.8670***
	(6.9140)	(18.2750)	(16.3790)	(−4.4740)	(−11.1990)	(−11.8580)
Log（EE_DDF）	0.0450***	0.1140***	0.1020***	0.9350***	0.8770***	0.8810***
	(7.2590)	(17.2940)	(15.6210)	(−5.9830)	(−11.8560)	(−10.6210)
Log（POPD）	0.1380***	0.1370***	0.1390***	0.7780***	0.7800***	0.7770***
	(21.0280)	(20.7800)	(21.1630)	(−15.1820)	(−15.1450)	(−15.6660)
Log（K/L）	0.1350***	0.1170***	0.0700***	0.8550***	0.8560***	0.9110***
	(20.4190)	(17.8460)	(10.8600)	(−11.6200)	(−12.4710)	(−7.3440)
SIND	0.0560***	0.0290***	0.0610***	0.8850***	0.9060***	0.8680***
	(8.8180)	(4.9310)	(9.5370)	(−9.3310)	(−7.2490)	(−10.1310)
Log（WAGE）	0.0180***	0.0990***	0.1170***	0.8830**	0.9110***	0.8970***
	(3.8870)	(15.1970)	(17.8140)	(−2.0300)	(−7.0470)	(−7.6350)

注：括号内为 z 统计量；*、**和***分别表示在统计显著性水平 10%、5%和 1%上显著。

Moran's I 散点图反映了一个城市的生态效率与周边城市生态效率的空间加权值之间的关系。图 3-12 展示了三个年度（2003 年、2010 年和 2016 年）城市生态效率 Moran's I 的散点图。可以看出，三个年度的城市生态效率具有明显的高高集聚和低低集聚现象，也印证了前述生态效率高值集聚、低值集聚的时空演化特征（图 2-6）。因此，非常有必要采用空间计量分析方法进行生态效率收敛的。

进行上述一系列统计检验后，本书对城市生态效率的 β 收敛进行了实证检验，估计结果见表 3-6~表 3-11。

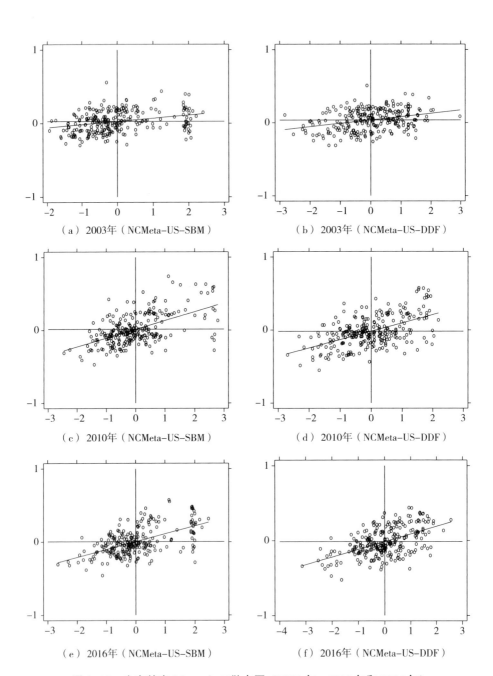

（a）2003年（NCMeta–US–SBM）　　　（b）2003年（NCMeta–US–DDF）

（c）2010年（NCMeta–US–SBM）　　　（d）2010年（NCMeta–US–DDF）

（e）2016年（NCMeta–US–SBM）　　　（f）2016年（NCMeta–US–DDF）

图3-12　生态效率Moran's I散点图（2003年、2010年和2016年）

表 3-6 系统 GMM 估计结果（被解释变量为 Log（EE_SBM）、一步法）

VARIABLES	Full	Full	East	Central/West	RB	Non-RB	KEP	Non-KEP	TCZs	Non-TCZs
L.Log（EE_SBM）	0.8311*** (28.7823)	0.8036*** (27.8363)	0.7341*** (19.7548)	0.9094*** (22.9254)	0.7996*** (23.0424)	0.8617*** (16.3750)	0.8796*** (18.2366)	0.7923*** (20.4095)	0.7516*** (16.4911)	0.8916*** (16.3306)
Log（POPD）		0.0371*** (4.6678)	0.0275* (1.7624)	0.0362*** (3.7335)	0.0179 (1.2821)	0.0327*** (2.7586)	0.0101 (1.0343)	0.0499*** (4.0514)	0.0641*** (3.1616)	0.0152 (1.3794)
Log（K/L）		0.0449*** (2.9018)	0.0158 (0.6410)	0.1427*** (6.3138)	0.0782*** (2.7192)	-0.0539* (-1.9296)	-0.0204 (-0.6371)	0.1103*** (4.5877)	0.0495* (1.9148)	-0.0413 (-1.0789)
SIND		-0.5408*** (-5.9371)	-0.3949*** (-2.6553)	-0.4993*** (-3.4629)	-0.7179*** (-4.4117)	-0.2677* (-1.7172)	0.0954 (0.6936)	-0.9207*** (-5.8571)	-0.7678*** (-3.9517)	-0.1321 (-0.7136)
Log（WAGE）		0.2750*** (4.6945)	0.1535*** (4.1260)	0.1424 (1.3701)	0.3086*** (5.0837)	0.1740** (2.0271)	0.0308 (0.3364)	0.2066*** (2.9423)	0.1865** (2.0155)	0.2717** (2.3197)
East		-0.0122 (-0.8124)		-0.0168 (-0.7989)	0.0260 (1.1379)	0.0240 (1.1690)	-0.0034 (-0.1344)	0.0037 (0.1608)	0.0001 (0.0036)	
KEP		-0.0413*** (-2.6778)	-0.0237* (-1.8045)	-0.0303 (-1.2599)			-0.0052 (-0.4407)	-0.0744*** (-3.3187)	-0.0482* (-1.6678)	-0.0153 (-0.7331)
RB		0.0059 (0.5092)	0.0015 (0.0971)	0.0126 (0.7464)	0.0714*** (3.1436)	-0.0333** (-2.2808)			0.0216 (1.1952)	-0.0343** (-2.4598)
TCZs		-0.0010 (-0.0861)	0.0093 (0.6360)	-0.0077 (-0.4627)	-0.0193 (-0.9542)	0.0170 (1.2939)	0.0018 (0.1746)	0.0244 (1.3367)		

续表

VARIABLES	Full	Full	East	Central/West	RB	Non-RB	KEP	Non-KEP	TCZs	Non-TCZs
Year Effects	No	Yes	Yes	Yes	Yes	Yes	Yes	Yes	Yes	Yes
Observations	3263	3263	1170	2093	1534	1729	1313	1950	1911	1352
AR (1)	-4.4200***	-4.2100***	-3.1900***	-3.1700***	-5.5200***	-3.3400***	-2.2600**	-4.3700***	-2.9700***	-4.7800***
AR (2)	1.5400	1.0600	-1.3000	1.3300	-1.0700	1.3300	1.1100	0.3700	1.1700	-0.1300
Hansen test chi2	212.4000***	241.1700	72.1700	155.1100	107.8100	80.5200	78.1300	137.4600	136.0500	80.6900

注：括号内为稳健 z 统计量；*，**和***分别表示在统计显著性水平 10%、5%和 1%上显著。

表 3-7 系统 GMM 估计结果（被解释变量为 Log（EE_SBM），两步法）

VARIABLES	Full	Full	East	Central/West	RB	Non-RB	KEP	Non-KEP	TCZs	Non-TCZs
L. Log (EE_SBM)	0.8247***	0.8035***	0.7361***	0.9105***	0.7948***	0.8547***	0.8692***	0.7896***	0.7503***	0.8724***
	(24.1803)	(27.9343)	(21.8066)	(22.4908)	(22.4665)	(18.5721)	(19.1845)	(20.2235)	(16.2768)	(14.0675)
Control Variables	No	Yes	Yes	Yes	Yes	Yes	Yes	Yes	Yes	Yes
Year Effects	No	Yes	Yes	Yes	Yes	Yes	Yes	Yes	Yes	Yes
Observations	3263	3263	1170	2093	1534	1729	1313	1950	1911	1352
AR (1)	-4.1500***	-4.0600***	-3.0200***	-3.0900***	-4.7800***	-3.2800***	-2.2400***	-4.0000***	-2.8200***	-4.6000***
AR (2)	1.5300	1.0500	-1.3000	1.3100	-1.0300	1.3500	1.1200	0.3800	1.1500	-0.1200
Hansen test chi2	212.4000***	241.1700	72.1700	155.1100	107.8100	80.5200	78.1300	137.4600	136.0500	80.6900

注：括号内为稳健 z 统计量；*，**和***分别表示在统计显著性水平 10%、5%和 1%上显著。

表3-8　系统 GMM 估计结果（被解释变量为 Log（EE_DDF）、一步法）

VARIABLES	Full	Full	East	Central/West	RB	Non-RB	KEP	Non-KEP	TCZs	Non-TCZs
L. Log（EE_DDF）	0.9029***	0.8593***	0.7803***	0.8220***	0.7030***	0.8871***	0.8659***	0.7760***	0.7962***	0.8302***
	(53.9210)	(37.3090)	(17.1037)	(23.8538)	(23.9598)	(13.2929)	(19.3744)	(20.7282)	(23.8308)	(18.4913)
Control Variables	No	Yes	Yes	Yes	Yes	Yes	Yes	Yes	Yes	Yes
Year Effects	No	Yes	Yes	Yes	Yes	Yes	Yes	Yes	Yes	Yes
Observations	3263	3263	1170	2093	1534	1729	1313	1950	1911	1352
AR（1）	-6.9200***	-7.6000***	-4.9500***	-6.9500***	-5.5000***	-6.6000***	-5.0200***	-6.8400***	-5.2400***	-5.9200***
AR（2）	1.0000	0.7000	-0.3500	0.9100	-0.3600	1.5300	0.9500	0.2800	0.8000	0.3900
Hansen test chi2	218.9100***	242.3400	78.9800	155.6400	109.1400	123.9000	91.5900	143.6500	138.3900	95.1900

注：括号内为稳健 z 统计量；*、**和***分别表示在统计显著性水平 10%、5%和 1%上显著。

表3-9 系统GMM估计结果（被解释变量为Log（EE_DDF）、两步法）

VARIABLES	Full	Full	East	Central/West	RB	Non-RB	KEP	Non-KEP	TCZs	Non-TCZs
L. Log（EE_DDF）	0.8988***	0.8583***	0.7812***	0.8097***	0.7008***	0.8829***	0.8542***	0.7748***	0.7897***	0.8207***
	（39.3025）	（36.3346）	（16.1564）	（23.2717）	（22.5284）	（13.0921）	（19.2352）	（19.2895）	（21.9903）	（16.6636）
Control Variables	No	Yes	Yes	Yes	Yes	Yes	Yes	Yes	Yes	Yes
Year Effects	No	Yes	Yes	Yes	Yes	Yes	Yes	Yes	Yes	Yes
Observations	3263	3263	1170	2093	1534	1729	1313	1950	1911	1352
AR（1）	-6.4600***	-6.9400***	-4.7700***	-5.7500***	-5.0600***	-4.9700***	-4.0900***	-6.0900***	-4.7000***	-5.0700***
AR（2）	1.0100	0.6900	-0.3600	0.8800	-0.3500	1.4500	0.9600	0.2800	0.7900	0.3900
Hansen test chi2	218.9100***	242.3400	78.9800	155.6400	109.1400	123.9000	91.5900	143.6500	138.3900	95.1900

注：括号内为稳健z统计量；*，**和***分别表示在统计显著性水平10%、5%和1%上显著。

表3-10　动态空间 Durbin 模型估计结果（被解释变量为 Log（EE_SBM））

VARIABLES	Full	East	Central/West	RB	Non-RB	KEP	Non-KEP	TCZs	Non-TCZs
L. Log（EE_SBM）	0.9138***	0.8711***	0.9686***	0.8613***	0.9166***	0.8985***	0.8685***	0.9187***	0.9355***
	(40.3125)	(19.4328)	(34.8007)	(29.1185)	(27.5549)	(23.0123)	(30.7926)	(23.8804)	(35.0904)
W*L. Log（EE_SBM）	0.2690*	-0.6083***	-0.2927	-0.5586***	0.3516**	0.3695**	-0.7876***	-0.1956	-0.2814*
	(1.9176)	(-4.4941)	(-1.9210)	(-3.8787)	(2.5082)	(2.3263)	(-4.4917)	(-1.1598)	(-1.8503)
W*Log（EE_SBM）	0.7383***	0.3379***	0.4801***	0.5197***	0.3296***	0.5364***	0.3502***	0.4562***	0.3731***
	(14.8350)	(3.1045)	(7.2464)	(6.2598)	(4.4650)	(6.7418)	(3.5026)	(4.9362)	(4.1705)
Control Variables	Yes	Yes	Yes	Yes	Yes	Yes	Yes	Yes	Yes
Observations	3263	1170	2093	1534	1729	1313	1950	1911	1352
R-squared	0.7793	0.4746	0.7319	0.2718	0.7984	0.5194	0.2168	0.5441	0.7282
AIC	-7181.1630	-2739.5920	-4550.9860	-3789.1810	-3493.8060	-3031.0530	-4258.6540	-4178.0250	-2967.1190
BIC	-7108.0780	-2678.8150	-4483.2300	-3725.1540	-3428.3420	-2968.8920	-4191.7470	-4111.3600	-2904.6070
Log Likelihood	3602.5820	1381.7960	2287.4930	1906.5910	1758.9030	1527.5260	2141.3270	2101.0130	1495.5600

注：括号内为稳健 z 统计量；*、**和***分别表示在统计显著性水平 10%、5%和 1%上显著；所有估计模型均加入了时间和空间固定效应。

表 3-11 动态空间 Durbin 模型估计结果（被解释变量为 Log（EE_DDF））

VARIABLES	Full	East	Central/West	RB	Non-RB	KEP	Non-KEP	TCZs	Non-TCZs
L. Log (EE_DDF)	0.9690***	0.8996***	0.9732***	0.8665***	0.9404***	0.9604***	0.9186***	0.9422***	0.9981***
	(56.0936)	(28.0108)	(47.8368)	(53.5107)	(32.3290)	(35.9025)	(39.2124)	(48.5721)	(35.0197)
W*L. Log (EE_DDF)	-1.1033***	-0.6806***	-0.8682***	-0.9335***	-0.2030	-0.5263***	-1.0256***	-0.8135***	-0.6295***
	(-9.3275)	(-5.8135)	(-6.8144)	(-7.1327)	(-1.2131)	(-3.4336)	(-7.2891)	(-5.8879)	(-3.8832)
W*Log (EE_DDF)	0.7502***	0.6104***	0.6195***	0.4915***	0.4713***	0.4684***	0.5568***	0.5506***	0.3854***
	(28.0149)	(10.4602)	(13.1135)	(6.8159)	(7.2666)	(7.8264)	(9.8788)	(9.5953)	(4.6480)
Control Variables	Yes	Yes	Yes	Yes	Yes	Yes	Yes	Yes	Yes
Observations	3263	1170	2093	1534	1729	1313	1950	1911	1352
R-squared	0.1783	0.7702	0.7525	0.4162	0.5206	0.4995	0.2455	0.4039	0.7467
AIC	-8846.4670	-3660.3390	-5402.9670	-4534.6360	-4397.9430	-3417.3030	-5513.8490	-5340.1430	-3479.8760
BIC	-8773.3820	-3599.5620	-5335.2110	-4470.6090	-4332.4790	-3355.1420	-5446.9420	-5273.4790	-3417.3640
Log Likelihood	4435.2330	1842.1700	2713.4840	2279.3180	2210.9710	1720.6510	2768.9240	2682.0720	1751.9380

注：括号内为稳健 z 统计量；*，**和***分别表示在统计显著性水平10%、5%和1%上显著；所有估计模型均加入了时间和空间固定效应。

首先，分析不考虑空间因素的估计结果。为了充分考虑区域异质性和全面考察各类城市生态效率的收敛性，对研究样本进行分组后，采用动态 GMM 模型进行全样本和分组回归，结果见表 3-6~表 3-9，包括一步法（表 3-6 和表 3-8）和两步法（表 3-7 和表 3-9），鉴于两类方法估计的结果非常相似，重点分析两步法的结果。总体而言，城市生态效率的时间滞后项 L.Log（EE_SBM）的估计系数在 1% 水平下显著大于 0 小于 1，说明城市生态效率存在显著的 β 收敛，且具有明显的全局 β 收敛和俱乐部 β 收敛特征。就全样本而言，考虑控制变量后，生态效率的收敛速度变快（生态效率对数值的滞后项 L.Log（EE_SBM）的估计系数更小），初步说明如果不对生态效率的影响因素加以控制，就会高估生态效率的收敛速度，即与绝对 β 收敛相比，条件 β 收敛的收敛速度更快。因此，在分样本回归中，加入了生态效率的关键影响因素。β 系数的大小还暗含着城市生态效率收敛速度的快慢（系数越小，收敛越快），由此可见，与中西部城市、非资源型城市、重点城市和非两控区城市相比，东部城市、资源型城市、非重点城市和两控区城市的生态效率具有更快的收敛速度。实证发现暗示着生态效率较低的资源型城市具有较高的收敛速度，意味着该类城市生态效率可以实现赶超其他城市的生态效率的结果。但相对落后的中西部城市和环境保护重点城市却由于较低的经济发展水平和严重的生态环境污染等因素，将其生态效率锁定于较低的状态，无法实现赶超。还表明国家设立两控区城市政策确实有利于生态效率的提高和收敛。进一步发现，反映经济集聚的人口密度对城市生态效率的提升具有正向作用。提高地区工资水平有利于城市生态效率的提升，但产业结构对城市生态效率的提升具有显著的负向作用。因此，应重点优化城市产业结构，通过产业结构升级和产业结构调整等途径，全面提升城市生态效率。

其次，分析考虑空间因素的估计结果，见表 3-10~表 3-11。表 3-10 和表 3-11 均显示，考虑空间滞后和时空滞后时，全国样本和分组样本回归的 β 系数（L.Log（EE_SBM）的估计系数）在 1% 水平下显著大于 0 且小于 1，说明考虑空间因素后城市生态效率同样存在显著的条件 β 收敛，且具有明显的全局 β 收敛和俱乐部 β 收敛特征。同样可以得到以下结论：与中西部城市、非资源型城市、重点城市和非两控区城市相比，东部城市、资源型城市、非重点城市和两控区城市的生态效率具有更快的收敛速度。值得注意的是，考虑空间因素后，全样本和分样本的 β 估计系数变大了，意味着城市生态效率的收敛速度变慢了，因而不考虑空间因素会高估生态效率的收敛速度，同时生态效率的空间集聚效应和空间扩散效应等空间作用反而阻碍了城市生态效率的收敛。基于中国省际2001-2015 年面板数据的实证研究，Yu 等（2018b）同样发现了东部地区的工业生态效率具有更快的收敛速度，而且考虑空间因素后收敛速度变慢。本书实证发现不仅暗示着相对落后的中西部城市未发挥后发优势实现生态效率的追赶，资源丰裕城市可能受到资源诅咒效应的影响而被锁定于较低的生态效率状态，还表明国家设立环境保护重点城市和两控区的相关政策对促进效率的提升和收敛存在一定程度的滞后性。值得指出的是，观察各个模型空间滞后项（W＊Log（EE_SBM））的估计系数还可发现，全样本和分样本估计的 ρ 显著为正，暗示着这各类城市间的生态效率存在"逐顶竞争"，即各个城市竞相采取措施提升生态效率、促进绿色发展，形成共同提升和高效集聚的态势（Huang and Xia，2016），城市间生态效率存在协同提升效应。城市生态效率能否从显著的区域不均衡向理想的区域均衡发展，条件 β 收敛的实证结果为此提供了理论依据。不同生态效率的测度方法均稳健地支持了上述研究结论。

上述研究发现，城市生态效率具有显著的全局 β 收敛和俱乐部 β 收敛特征，而且考虑空间因素和空间溢出后，各类城市生态效率的收敛速度变慢，也因此验证了实证过程中采用空间计量方法检验城市生态效率空间收敛的必要性。

第四节　空间溢出对区域生态效率的提升效应分析

前述研究发现，城市生态效率具有明显的区域差异和空间集聚特征，同时，还存在空间扩散和空间溢出现象。既有文献主要采用前沿的空间计量方法研究生态效率的空间溢出效应，包括可用于检验空间竞争、非对称空间溢出的两区制空间 Durbin 模型（Elhorst and Fréret，2009）。国内学者主要采用该模型研究标尺竞争和收敛性，例如环境规制竞争形态（张文彬等，2010）、政治竞赛（吕健，2014）、文化产业集聚的收敛分析（孙智君和李响，2015）和城市扩展的空间竞争（杨孟禹和张可云，2016）等。但现有文献关于生态效率的空间竞争关注相对较少。特别地，Yu 等（2018c）基于 2003-2013 年中国 191 个地级及以上城市面板数据，利用两区制空间 Durbin 模型研究了邻近城市生态效率提升对本地城市生态效率的影响机制，发现邻近城市生态效率的提升对本地城市生态效率具有显著的促进作用。本节基于两区制空间 Durbin 模型，进一步研究生态效率提升的空间作用机理，模型设定如下：

$$\ln EE_{it} = c + \rho_1 p_{it} \sum_{j=1}^{N} \omega_{jt} \ln EE_{jt} + \rho_2 (1 - p_{it}) \sum_{j=1}^{N} \omega_{jt} \ln EE_{jt} +$$

$$X_{it}\varphi + \sum_{j=1}^{N}\omega_{ji}X_{it}\theta + \mu_i + \alpha_t + u_{it} \qquad (3-14)$$

$$p_{it} = \begin{cases} 1, & 若\ \ln EE_{it} > \sum_{j=1}^{N}\omega_{ijt}\ln EE_{jt},\ i \neq j; \\ 0, & 其他。 \end{cases} \qquad (3-15)$$

其中，p_{it} 取 1，当且仅当本地城市生态效率（$\ln EE_{it}$）大于邻近城市生态效率的空间加权平均值（$\sum_{j=1}^{N}\omega_{ijt}\ln EE_{jt}$）时，否则 p_{it} 取 0，因此 p_{it} 刻画了城市间生态效率的非对称空间溢出。ρ_1（ρ_2）反映了邻近生态效率相较于本地城市生态效率越低（越高）时，不失一般性，将其分别视为负向溢出和正向溢出（以下同），以考察它们对本地城市生态效率的空间作用强度。其他符号说明与式（3-10）相同。

估计式（3-14）所述模型时加入时间和空间固定效应，结果见表 3-12 和表 3-13。全样本结果显示，邻近城市生态效率的正向溢出对本地城市生态效率的提升作用更加明显。同样地，分样本估计结果显示，重点城市和两控区城市的邻近生态效率正向溢出越大，越有利于本地城市生态效率的提升。但是邻近城市生态效率的正向溢出对东部城市和中西部城市的生态效率提升并不显著。对于非资源型城市而言，邻近城市生态效率的正向溢出和负向溢出均对其生态效率具有显著的影响，而且负向溢出的作用更大。类似地，采用不同的生态效率测算方法发现，邻近城市生态效率的正向溢出和负向溢出对本地市生态效率的影响均显著。如前所述，空间计量分析可总体观察空间溢出效应的存在性、影响程度和方向，无法进一步分解和量化生态效率空间溢出的大小，对后者的研究是本书的重点。

表3-12　两区制空间 Durbin 模型估计结果（被解释变量 Log（EE_SBM））

VARIABLES	Full	East	Central/West	KEP	Non-KEP	RB	Non-RB	TCZs	Non-TCZs
ρ_1	-0.1902	0.1823	-0.0553	0.1133	-0.0310	0.0159	-0.3283*	-0.1003	-0.2354
	(-1.3941)	(1.0348)	(-0.3557)	(0.8597)	(-0.1685)	(0.1112)	(-1.8120)	(-0.6564)	(-1.3029)
ρ_2	0.9340***	0.0287	0.0743	0.3883***	-0.5794**	0.3116	0.2799*	0.3058*	-0.0485
	(6.6328)	(0.1915)	(0.2852)	(2.6332)	(-2.4672)	(1.2591)	(1.7509)	(1.9553)	(-0.1797)
Control Variables	Yes	Yes	Yes	Yes	Yes	Yes	Yes	Yes	Yes
Observations	3514	1260	2254	1652	1862	1414	2100	2058	1456
R-squared	0.8356	0.8469	0.8280	0.8746	0.8118	0.8009	0.8439	0.8558	0.8136
Log-Likelihood	3942.6607	1434.1649	2597.4665	2116.6590	1926.9650	1749.1116	2264.0355	2461.5134	1526.8782

注：括号内为 t 统计量；*、**和***分别表示在统计显著性水平 10%、5% 和 1% 上显著；所有估计模型均加入了时间和空间固定效应。

表3-13　两区制空间 Durbin 模型估计结果（被解释变量 Log（EE_DDF））

VARIABLES	Full	East	Central/West	KEP	Non-KEP	RB	Non-RB	TCZs	Non-TCZs
ρ_1	0.9422***	0.0224	0.2418***	0.3791***	0.0253	0.1999*	-0.0273	0.0939	0.1139
	(11.8546)	(0.1560)	(2.8980)	(4.3301)	(0.1997)	(1.9168)	(-0.2504)	(0.8623)	(0.9816)
ρ_2	2.0795***	0.6766***	1.2108***	0.8705***	0.8606***	0.9894***	1.0412***	0.8732***	0.7949***
	(26.5056)	(6.3904)	(10.9039)	(9.6844)	(6.3212)	(7.1487)	(11.6381)	(8.4721)	(5.8177)
Control Variables	Yes	Yes	Yes	Yes	Yes	Yes	Yes	Yes	Yes
Observations	3514	1260	2254	1652	1862	1414	2100	2058	1456
R-squared	0.9009	0.8968	0.8966	0.9064	0.8894	0.8781	0.9044	0.9034	0.8867
Log-Likelihood	4917.7980	1790.3773	3163.9398	2356.9199	2519.9423	1972.1474	2934.4453	2922.9853	1941.5685

注：括号内为 t 统计量；*、**和***分别表示在统计显著性水平 10%、5% 和 1% 上显著；所有估计模型均加入了时间和空间固定效应。

本章小结

　　生态效率本质上是资源、环境和经济三个系统的协调发展程度，生态效率的协同提升意味着区域在资源、环境和经济方面的全面协调可持续发展，而生态效率的区域分化不仅与国家"十三五"规划的"协调"和"绿色"发展理念背道而驰，且不利于实现"美丽中国"的宏伟目标。地区间重复建设、产能过剩及其导致的环境污染问题和经济发展的不均衡均不利于生态效率的协同提升和收敛。因此，在资源耗竭、环境污染和经济新常态下实现生态环境的持续改善，将成为中国生态文明建设的关键问题。基于上述现实背景，本章重点考察了城市生态效率空间溢出的测度方法和地区差异，研究了在空间溢出框架下生态效率的收敛特征和提升效应，试图运用统计比较、探索性数据分析和实证检验等方法，实证研究 251 个地级及以上城市 2003~2016 年生态效率空间溢出的高位压力和低位吸力、生态效率 σ 收敛、γ 收敛和 β 收敛的存在性，并探索和识别缩小城市生态效率差距的关键因素。主要结论如下：第一，生态效率空间溢出的高位压力和低位吸力具有显著的地区差异性，且不同城市生态效率空间溢出高位压力的核密度曲线形态表现为对称分布，而生态效率空间溢出低位吸力的核密度曲线形态表现为左偏分布。尽管整体城市间生态效率的空间溢出的差距有所扩大，但区域内部不同城市之间的生态效率空间溢出差距却在逐步减小。第二，利用标准差和变异系数、非参数 Kendall 指数衡量城市生态效率的 σ 收敛和 γ 收敛，研究发现不同城市类型的生态效率具有阶段性的 σ 收敛和 γ 收敛特征，σ 收敛分析结果还表明 2005 年以后城市间生态效率的差距具有明显的波动特征。第三，动态空间 Durbin 模型估计结果表明，不同城市类型的生态效率具有不同程度的条件 β 收敛特征。具体而言，与中西部城市、非资源型城市、重点城市和非两控区城市相比，东部城市、资源型城市、非重点城市和两控区城市的生态效率具有更快的收敛速度。实证发现意味着城市生态效率存在高者更高、低者恒低的"坏收敛"现象。第四，全样本结果显示，邻近城市生态效率的正向溢出对本地城市生态效率的提升作用更加明显。同样地，分样本估计结果显示，重点城市和两控区城市的邻近生态效率正向溢出越大，越有利于本地城市生态效率的提升。但是邻近城市生态效率的正向溢出对东部城市和中西部城市的生态效率提升并不显著。

　　本书实证发现为了解城市生态效率的现状、预测未来发展趋势提供了更全面细致的依据，并且揭示一些值得重点关注的现实问题及其可能的原因，同时也为中国大力推进绿色发展战略、实现区域生态效率均衡发展提供了有意义的政策建议。具体表现在：

（1）城市生态效率短期内无法实现较高的稳态水平，原因可能在于长期以来区域经济的非均衡发展，而且大部分高污染、高耗能工业企业实现向中西部的转移，从而加剧该地区的环境污染，不利于生态效率的协同提升和区域的均衡发展。中西部城市在较低的生态效率水平上较东部城市更慢收敛，暗示着有关管理部门必须采取有力措施，鼓励中西部城市采取清洁能源技术和响应新能源补贴政策，着力突破技术锁定，促进地区间资源和劳动力等要素流动，帮助中西部城市走出黑色发展模式，转向绿色发展，有效提升生态效率。

（2）在提升城市生态效率方面，除了考虑规模效应、环境规制和产业结构等因素外，还需关注区位特征、环境保护政策等因素，地理位置和环境保护政策的不同，生态效率的空间溢出方向和大小均有所差别，会进一步影响城市生态效率的提升。地方政府应以更加积极的政策，使东部沿海城市、非重点城市、非资源型城市和非两控区城市的生态效率集聚区域向周边城市逐渐扩散，形成生态效率增长极的示范效应，从而打破中西部城市、重点城市、资源型城市和两控区城市生态效率低值集聚路径依赖的局面，进而实现城市生态效率的协同提升。

（3）在推进和实现绿色发展的过程中必须高度重视城市的异质性特征。针对中国各地区在经济发展、产业结构、技术创新、资源禀赋和制度环境等方面存在较大差异性的现实，相关的环境政策和环境标准也要有地区差异性和特色性。加大对"三废"污染严重城市的环境治理投入，因地制宜，推进环境污染第三方治理模式，构建环保技术创新驱动生态环境可持续发展的内在动力机制；加大改革力度，制定针对性政策和提高城市环境规制强度，促使其实现经济均衡发展和生态效率全面提升的双赢目标。

第四章
生态效率空间溢出驱动机制的理论分析

　　生态效率空间溢出的驱动机制指的是空间溢出动力的产生及其作用于城市主体，进而产生空间溢出现象的机理。已有较多文献探究生态效率的影响因素，由于生态效率的内涵包括了经济、资源和环境等诸多方面，因此其影响因素很多且非常复杂。现有文献仍在不断深入挖掘生态效率的外在影响因素和提升机制，但均较少涉及生态效率空间溢出的驱动机制。本书认为生态效率的提升不仅要考虑外在影响因素，还需要注重生态效率的本地空间溢出和邻近空间溢出对生态效率提升的本质影响。有鉴于此，本章尝试从生态效率空间溢出的驱动机制这一角度切入，识别和检验影响生态效率空间溢出的关键因素而非全部因素。具体地，主要研究经济交往、交通发展、区域创新和环境规制如何通过生态效率空间溢出的途径影响城市生态效率提升的作用机理，为进一步的计量实证检验提供理论支撑。

第一节　生态效率空间溢出驱动机制的概念框架

　　通过对现有文献的梳理和中国生态环境实际情况的分析，本书提炼出四条生态效率空间溢出的驱动路径（见图4-1），即经济交往、交通发展、区域创新和环境规制。生态效率空间溢出的驱动力量包括高位压力和低位吸力两个作用相反的力量，相关概念框架和测度方法已经在第三章进行了详细描述。已有研究关注邻近地区经济发展水平（包括相对发展水平和绝对发展水平）对本地经济发展水平的影响，但研究邻近城市生态效率空间溢出对本地城市生态效率提升的文献甚少，更几乎没有理论和实证方面的文献涉及生态效率空间溢出驱动机制等方面的研究。本节首先重点讨论邻近城市生态效率空间溢出模式如何影响本地城市生态效率提升，阐述生态效率空间溢出的驱动效应和驱动结果，提出相应的待检验假说，形成生态效率空间溢出驱动机制的概念框架，为后续的研究提供理论基础。

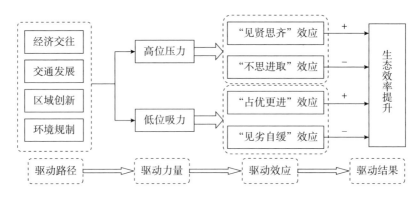

图4-1 生态效率空间溢出驱动机制的概念框架图

注:"+"和"-"分别表示促进和抑制作用,以下同。

已有研究表明效率的空间溢出效果具有空间地理距离衰减规律,地理距离越近的地区间溢出效应越显著(吴玉鸣和李建霞,2006;朱平辉等,2010),而城市间竞争形式的差异也会对空间溢出产生不同程度的影响。关于地区竞争的研究主要集中于资源①、经济或者环境方面。资源竞争主要表现在自然资源掠夺、人力资源竞争等方面。如前所述,经济竞争行为使各个地方政府表现为较强的"逐顶竞争"模式,以应对经济的持续高速发展,而环境规制竞争主要体现在"污染天堂"效应。在财政分权和以经济增长为目标的考核机制下,地方政府在制定环境政策时存在攀比式竞争,并未解决实际环境问题(杨海生等,2008),甚至存在明显的"逐底竞争"模式。资源竞争、经济竞争和环境竞争有时同时存在,有时部分同时存在,三者是非常紧密相关的。在一些情况下,经济竞争能够刺激地方政府放松环境规制竞争,同时放松环境规制又是地区经济竞争的一个潜在的工具(Konisky,2007)。在生态文明建设和区域绿色发展背景下,有必要探讨同时兼顾资源、经济和环境的生态效率的城市间竞争模式。不同的邻近竞争模式,必然对城市自身的发展产生不同的影响,由此产生的空间溢出也具有显著差异。

与邻近城市相比,本城市的生态效率或者落后于邻近城市,或者领先于邻

---

① 资源是一个广义的概念,既包括能源、水、土地等自然资源,也包括人力资本、固定资本等其他资源。

近城市①，两地效率差异会对本地城市产生不同的空间溢出效应。当邻近城市的生态效率比本城市高，意味着本区域生态文明建设水平落后于周边区域。随着经济发展水平的不断提高，实现社会福利最大化的目标要求中央对地方的治理从"为增长而竞争"转变为"为和谐而竞争"（陈钊和徐彤，2011），城市间生态效率的协同提升则是和谐竞争最重要的特征之一。在绿色发展战略中，领导干部的政绩评价不仅仅包括经济增长，同时还应包含资源利用和环境保护，突出科学发展导向②，而生态效率是能够体现资源利用、经济增长与环境保护的综合评价指标。在恰当的激励机制下，地方政府为了缩小本地与邻近城市的生态效率差异，获得因环境改善而获得的政治晋升，在"见贤思齐"的效应下会以生态效率较高的城市为标杆，提高其在经济发展过程中的技术水平和资源利用效率，改善环境质量，提升生态效率。当生态效率的差异越大、地方政府改善本地区生态效率的积极性越强时，溢出效应的影响可能就会越大，从而发挥后发优势，提高城市间正向的空间溢出，促进生态效率整体提高。基于以上分析，借鉴并拓展黄建欢等（2018a，2018b）的研究思路，本书提出以下假说。假说H1：在"见贤思齐"效应下，本地城市生态效率低于周边城市生态效率，城市主体意识到自身的劣势后，利用政策或后发优势提高经济水平和改善环境质量，从而加速提升生态效率，以缩小其与邻近城市生态效率的差距。因此，在"见贤思齐"效应下，邻近城市生态效率空间溢出的高位压力促进本地生态效率提升。假说H2：正是因为城市主体意识到生态效率落后于邻近城市，部分城市缺乏在追赶其他城市方面的积极性和所需做的努力与功效，所以其他城市则竞相模仿，不利于生态效率提升。即在"不思进取"效应下，邻近城市生态效率空间溢出的高位压力抑制本地生态效率提升。假说H3：在"占优更进"效应下，本地城市生态效率高于周边城市生态效率，城市主体意识到自身的优势后，为了缓解政绩考核带来的压力，仍然加快生态效率提升。因此，在"占优更进"效应下，邻近城市生态效率空间溢出的低位吸力促进本地生态效率提升。假说H4：城市主体意识到自身的优势后，有意或无意地放缓经济增长速度和放松环境规制力度，使其经济发展水平迟滞和环境质量下降，不利于城市生态效率提升。即在"见劣自缓"效应下，邻近城市生态效率空间溢出的低位吸力抑

---

① 由于生态效率测度模型中同时考虑了非凸共同前沿、非期望产出、超效率和投入产出的松弛，两个城市生态效率相等的情况极为罕见，故本书暂不考虑。

② 2013年中央组织部印发《关于改进地方党政领导班子和领导干部政绩考核工作的通知》，提出了不以GDP论英雄的考评要求，政绩考核突出科学发展导向。2015年8月中共中央办公厅、国务院办公厅发布《党政领导干部生态环境损害责任追究办法（试行）》要求国家决策和行为应以生态文明建设要求为指针，环境保护不仅要成为国家意志，而且要成为党的意志。

制本地生态效率提升。在经济增长竞争和环境规制竞争综合作用下，本书预期假说 H2 和假说 H3 更加可信。

第二节　生态效率空间溢出的驱动机理分析

一、经济交往驱动生态效率空间溢出的机制

生态效率提升的落脚点在于城市间的经济交往，频繁的经济交往加快了城市间资金、资源、中间产品等要素的流动速度，加快经济资源的开发和利用，实现生产要素在更大地域范围内的优化配置，使其能最大限度地发挥作用。通过对已有文献的梳理，本章将经济交往提炼为生态效率空间溢出驱动机制的基础，其中，经济交往包括经济竞争和经济合作。中国经济竞争带有强烈的地区本位①色彩。出于地方利益最大化的考虑，城市政府之间主导的经济竞争可能采取地方保护的形式，也可能采取彼此协作、协调发展的形式。城市之间在经济增长、税收、公共品、产业发展、招商引资等方面均存在不同程度的角逐和竞争。然而，在追求经济高速发展的同时，不顾资源利用、环境质量和生态承载力，争相优先发展经济，对生产、生活和生态空间造成一定程度的负面影响。这样不仅仅对本地城市生态效率和邻近城市生态效率产生作用，还对邻近城市生态效率的对称和非对称空间溢出产生一定程度的影响。总的来说，以官员晋升为核心的经济竞争不利于城市生态效率提升，通过邻近城市生态效率空间溢出的高位压力和低位吸力的途径影响生态效率提升，具有显著的区域异质性。

随着世界各国经济的不断发展，跨国间的国际经济技术合作也得以迅速发展。工业化的发展本身会不可避免地带来环境污染，而经济技术合作的国际化自然有可能出现污染向东道国的转嫁。"一带一路"贸易畅通与合作框架为探索城市间经济合作等前沿问题提供了现实基础和研究视角。

城市间经济合作深度和广度的不断强化加速了要素流动和市场交易，实现了资源共享，通过要素配置效应、市场规模效应和资源利用效率，影响邻近城

---

① 地区本位主要体现为"地方政府为了实现地方经济发展目标和地方政府的政绩目标，追求行政区域内部的经济利益最大化，在发展过程中从本位主义出发所采取的措施、策略或政策"（姜德波，2004）。

市生态效率的空间溢出,从而对生态效率提升产生作用。生产要素的快速流动有助于地区间资源的空间配置和优化重组。一方面,经济合作增强了城市间生产要素的流动速度和扩大了流通范围,加快了经济资源的开发和利用并实现生产要素在更大地域范围内的优化配置。另一方面,经济合作促进了城市间人力资本(知识和信息的载体)的频繁流动,伴随着知识信息和科学技术的扩散、交流和互动,从而刺激生产和提升经济运行效率。因此,经济合作至少可以通过城市间的要素配置效应、市场规模效应和资源利用效率的途径影响邻近城市生态效率空间溢出,进而对生态效率提升产生作用。具体如图4-2所示。

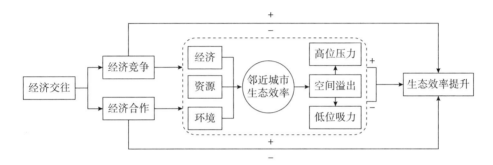

图4-2 经济交往驱动生态效率空间溢出的机制

二、交通发展驱动生态效率空间溢出的机制

基础设施对区域经济发展具有重要意义(Fogel,1962;张学良,2012;Banerjee et al.,2012;贾善铭和覃成林,2014;高翔等,2015;Donaldson and Hornbeck,2016;Baum-Snow and Turner,2017)。伴随着经济由高速增长阶段转向高质量发展阶段,交通基础设施建设取得了重大突破。其中,高速铁路(下文简称高铁)的发展尤为引人注目。截至2017年年底,中国运营高铁里程达2.5万千米,超过世界其他国家高铁运营里程的总和。2017年11月,国家发展改革委、交通运输部、国家铁路局和中国铁路总公司印发《铁路"十三五"发展规划》,明确提出到2020年,全国高铁运营里程达到3万千米,基本形成布局合理、覆盖广泛、层次分明、安全高效的铁路网络。在未来相当长时期内,高铁仍将深刻地改变中国区域经济格局与生产、生活、生态空间。尽管高铁的经济增长效应和分布效应已被大量文献所证实(Spiekerman and Wegener,1994;Vickerman,1997;Boarnet,1998;Chandra and Thompson,2000;Cantos et al.,2005;Baum-Snow et al.,2012;周浩和郑筱婷,2012;李煜伟和倪鹏飞,2013;

中国城市生态效率的空间溢出及其驱动机制研究

张克中和陶东杰，2016；施震凯等，2018；张艳艳等，2018），但是，高铁工程为大型生态影响型建设项目，高铁开通影响邻近地区经济发展的同时不可避免地对沿线地区造成一定程度的环境污染。虽然近年来学者们开始关注交通基础设施的环境效应（Luo et al., 2018；Sun et al., 2018），但尚未回答交通基础设施改善影响资源利用、经济增长和环境污染的综合效应如何这一关键问题。高铁开通带来经济增长的同时，也应该重视其带来的直接环境污染和间接环境污染。有鉴于此，本章研究交通发展的生态效率提升效应以及交通发展如何通过生态效率空间溢出的途径影响城市生态效率提升的问题。综合来看，交通发展主要通过强化经济联系、促进产业集聚和降低时间成本等渠道影响生态效率空间溢出。在研究中，以高速铁路发展和交通枢纽等级来刻画城市交通发展，特别地，开通高铁的城市往往交通枢纽等级也越高。高铁开通带动周边城市发展，加速资源双向流动，并提高城市交通枢纽等级。因此，在理论机制讨论中，本书主要分析高铁发展。

首先，高铁是生产要素、知识信息和科学技术实现快捷、通畅流动的重要载体。生产要素的流动不仅能促进区域资源的时空优化配置和重组，而且还能促进区域间技术进步和技术创新。一方面，高铁增强了城市之间的交通便利性、可达性和经济联系，扩大生产要素的流通范围和实现其在更大地域范围内的空间配置和优化重组。另一方面，高铁开通带动了城市之间人力资本的频繁流动，通过知识信息和科学技术的扩散机制刺激生产、提升经济运营绩效、增加就业，增强了其学习效应和外溢效应，最终推动创新和技术进步，从而对经济、资源和环境的协调发展产生影响。

其次，高铁的开通提高了城市之间的可达性，开通高铁的城市具有优越的地理和经济区位条件，其对沿线城市的经济发展具有显著的辐射和带动作用。城市之间可达性水平的提高不仅减弱了中间产品和最终产品流动的空间摩擦，而且拓宽了产业链上中下游频繁联系的空间边界，进一步形成更大时空范围内分工协作。从资源流动和空间配置的逐利性出发，良好的区位条件将会带来经济资源空间配置的重新调整，使各个产业所需的生产要素和原材料等产业链中各环节企业向具有比较优势的高铁沿线城市集聚，形成产业集聚效应，因此，高铁沿线城市之间的产业分工和协作更为密切。高铁沿线城市通过经济集聚效应实现规模经济、范围经济和联结经济，而规模经济，范围经济和联结经济的实现，又使各级城市间经济进一步加强，形成以点带轴、以轴带面的空间结构，通过扩散效应和网络效应推动城市（群）的联动和融合发展，从而对经济、资源和环境协调发展产生影响。

最后，高铁的开通不仅提高了城市间的可达性，而且显著提高了不同等级中心城市的通达度，缩短了人们的通勤时间，扩大了通勤范围，从而增强了空间邻近效应（即各城市之间的空间位置关系对其相互联系产生的影响）。根据空间地理衰减原理，高铁开通缩短了城市间的时间距离和经济距离，从而增加和提高了城市间经济活动紧密联系和互动的机会以及频率，进而增强中心城市对空间邻近城市的辐射能力和影响能力，显著影响了周边城市经济发展水平。同时，利用高铁开通节约的时间成本可以创造出更多的额外的经济和社会价值，促进高铁沿线城市生产力和生产率的提升。最后，高铁的运营释放了部分客运铁路给货运，缓解了以往紧张的铁路货运，提高了货运效率，有利于高铁沿线城市区域经济的繁荣，也对经济、资源和环境协调发展产生影响。具体如图4-3所示。

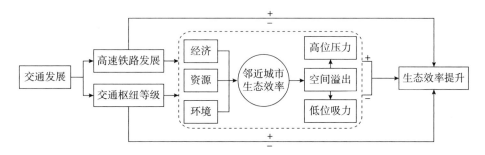

图 4-3　交通发展驱动生态效率空间溢出的机制

三、区域创新驱动生态效率空间溢出的机制

生态效率空间溢出的根本机制是区域创新，其主要体现在宏观的科技创新、中观的行业绿色技术创新、微观的企业技术创新等层面。区域创新在环境保护和生态效率提升方面发挥着重要作用。城市创新主要通过创新资源和创新能力转移、创新技术外溢与扩散、人才流动和产学研合作等途径影响邻近城市。

关于创新影响生态效率的研究，已有文献从实证计量检验的角度出发，运用不同的模型与分析方法，得出了丰富的研究结论，但基本都认为区域创新有利于生态效率提升。例如，郭莉等（2009）基于中国 28 个省（市、区）2002年的相关数据实证发现工业创新能力对产业生态效率的作用明显大于环境科技水平的；付丽娜等（2013）运用超效率 DEA 方法测度了长株潭"3+5"城市群各城市 2005~2010 年的生态效率，并基于面板数据的 Tobit 模型考察了生态效率的影响因素，实证结果发现研发强度对生态效率有显著的正向影响；王瑾（2014）运用超效率 DEA 方法测度了中国 30 个省（市、区）2007~2011 年的工业生态效率，并实证发现东南沿海地区的工业自主创新对生态效率提升具有显著的促进作用；武春友等（2015）测算了1998~2012年中国各区域和1971-2011年国际各国的生态效率，并实证发现研发与试验支出占GDP的比重是生态效率的正向影响因素；陈林心等（2016）运用空间面板数据模型探讨了创新创业对生态效率的提升作用，实证发现创新和创业对生态效率的贡献度分别为32.13%和18.9%；黄建欢与许和连（2016）发现专利授权总数对生态效率提升具有积极的直接效应，且对邻近区域具有正向空间溢出效应；梁星和卓得波（2017）运用熵权法综合评价了中国2006-2015年30个省（市、区）的生态效率，分析了经济发展、技术创新等因素对生态效率的影响机理，发现技术创新对生态效率的提升作用最大。卢燕群和袁鹏（2017）则采用规模报酬可变的DEA模型测算了2005-2014年中国30个省（市、区）的工业生态效率，并基于空间计量模型实证检验了技术创新对工业生态效率具有正向促进作用；王亚平等（2017）梳理了科技创新对绿色发展的影响机制，认为科技创新可以通过推动农业绿色生产、工业绿色生产、绿色消费和绿色生活的途径影响绿色发展。前述研究在评估区域创新的生态效率提升效应方面取得了较为丰富的成果，不仅为本书提供翔实的文献依据和理论支撑，还为区域创新如何通过生态空间溢出的途径影响生态效率提升的实证研究提供了广阔空间。综合来看，区域创新通过创新扩散效应和技术追赶效应等途径影响经济增长、资源利用和环境质量，从而对邻近城市生态效率的空间溢出产生作用，进而影响生态效率提升。城市在进行生产资料的更新换代和增设污染治理设备时，会在短期内增加生产成本，如果要提升全社会总福利或广义社会财富（不仅考虑经济效益，还需考虑环境污染），就必须采用清洁技术或研发环保新产品，从本质上提高城市创新能力。进入新时代，以创新创业精神加快生态文明建设将得到学界和政界的认可和推广。城市创新不仅可以提高资源利用效率，还可以从源头和末端进行环境污染治理，减少污染物排放，提高规模经济和范围经济等，对生态效率有明显的促进作用。具体如图4-4所示。

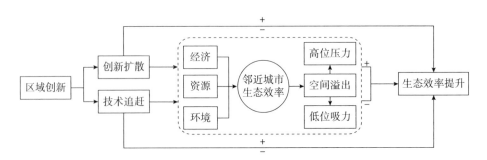

图4-4　区域创新驱动生态效率空间溢出的机制

四、环境规制驱动生态效率空间溢出的机制

现实中，在各个城市环境规制力度不同的情况下，污染密集型产业的布局从环境规制力度大的东部城市向环境规制力度小的中西部城市转移，从而导致这些地区生态环境的恶化。已有研究表明环境规制在不同地区实施的效果对生态效率的提升存在显著差异。任胜钢等（2016）的研究结果显示东、中部地区的市场型环境规制对生态效率具有正向促进作用，但西部地区的呈倒 U 型关系。罗能生和王玉泽（2017）运用动态空间杜宾模型检验了环境规制对生态效率的影响，结果发现治理投入型环境规制与生态效率之间存在 U 型关系，经济激励型环境规制在全国层面和区域层面对生态效率均无显著影响。姬晓辉和汪健莹（2016）利用 2001-2013 年中国省级面板数据研究环境规制的生态效率溢出效应的因素及其门槛特征，发现在开放化程度较高时环境规制对生态效率存在正向溢出影响而开放化程度较低时为负向影响。张子龙等（2015）认为短期内环境规制政策的实施对生态效率的提升具有负向影响。卢燕群和袁鹏（2017）采用空间计量模型检验工业生态效率的影响因素，同样发现环境规制对工业生态效率具有显著的负向作用，且地方政府可能在环境治理方面具有互相借鉴与模仿的行为。而任海军和姚银环（2016）运用包含非期望产出的 SBM 超效率模型测算 2003-2012 年中国 30 个省市的生态效率，发现环境规制对生态效率的实施效果不理想。李胜兰等（2014）从地方政府竞争的视角检验了环境规制对中国区域生态效率的影响，结果表明地方政府在环境规制的制定和实施行为中存在明显的相互模仿行为，同时环境规制对区域生态效率具有制约作用。可以发现，环境规制对省域生态效率具有显著的影响，两者之间还可能存在策略互动行为。Cleff 和 Rennings（1999）将环境规制定义为政府政策实施的推拉效应。理论上讲，环境规制至少可以通过以下渠道对生态效率及其空间溢出产生影响。首先，提高环境规制程度，通过倒逼效应使高污染、高能耗和高排放的污染性企业、行业和产业向邻近城市迁移，导致邻近城市环境质量恶化，不利于总体生态效率提升。其次，随着市场化水平的提高，地方政府通过环境信息公开的渠道提高环境规制力度，以达到污染控制和环境保护的效果。高污染、高能耗和高排放的地区往往环境信息公开水平较低，应着力提高该区域环境信息公开水平，并有效发挥环境信息公开水平较高地区的示范效应和竞争效应，适度的环境信息公开和透明度将有助于提升生态效率（Li et al., 2017；Yu et al., 2018a）。最后，环境规制程度的提高有助于提高城市之间环境保护力度和环境质量。因此，环境规制可以通过污染扩散效应、公众监督效应和环境质量提升效应影响邻近

城市生态效率空间溢出，进而影响该区域城市生态效率提升，具体如图4-5所示。

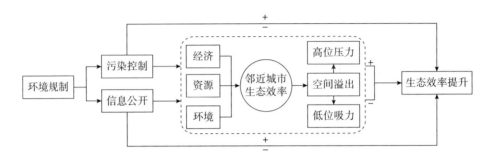

图4-5 环境规制驱动生态效率空间溢出的机制

本章小结

随着城市环境污染特别是空气污染问题日益凸显，在区域绿色发展背景下，研究城市生态效率及其空间溢出的驱动机制具有重要的意义。由于生态效率综合考虑了资源、经济和环境的协调发展，因此，影响生态效率提升的因素非常复杂，在理论和实证方面的研究无法将所有的因素考虑在内，精准识别和检验生态效率及其空间溢出的主要驱动机制具有深刻的理论和现实意义。本章在已有研究的基础上，重点探讨了经济交往、交通发展、区域创新和环境规制对生态效率及其空间溢出的影响，以突出城市生态效率提升的关键点。四类机制具有一定的内在逻辑关系，交通发展程度的提高缩短城市间的时空距离和促进生产要素流动，通过经济分布效应和生产率提升效应影响经济交往和区域创新。经济交往越密切越有助于技术和人力资本的扩散和流动，进而对区域创新产生一定程度的影响。而环境规制政策通过创新扩散效应和补偿效应影响技术创新和区域创新。邻近城市生态效率空间溢出主要通过"见贤思齐"效应和"占优更进"效应对生态效率提升产生显著的促进作用，而通过"见劣自缓"效应和"不思进取"效应对生态效率提升产生显著的抑制作用。本书在生态效率及其空间溢出的测度、生态效率空间溢出的驱动机制等方面均对已有文献进行了拓展和深化，研究符合中国生态文明建设和推进绿色发展等战略部署。

第五章

经济交往驱动生态效率空间溢出的实证研究

城市生态效率协同提升的最终落脚点在于城市间经济交往和经济联系的不断深化，城市间经济交往不仅加大资本、劳动和技术等要素的流动速度和流动空间，还有助于降低市场交易费用和提高资源共享程度。因此，经济交往至少可以通过要素配置与重组效应、市场规模效应和资源利用效率等途径影响城市生态效率的空间溢出，进而影响城市生态效率的提升。本章考察的经济交往包括经济竞争和经济合作，具体地，主要探究经济竞争和经济合作如何通过影响城市生态效率的空间溢出进而影响城市生态效率提升的途径，并对影响路径及其影响效应进行了实证检验。

第一节　引言

随着经济一体化进程的不断深入，城市间经济交往越来越紧密，而经济交往主要包括经济竞争和经济合作两种形式，以此带来了经济融合发展效应、经济带动效应和经济涡漩效应等，不仅对城市经济社会发展产生深远的影响而且对城市间生态效率的空间溢出具有潜在的影响。

其一，经济增长方面。自1994年实行分税制改革以来，地方政府拥有足够的财政自主权，中国区域之间的经济增长竞争愈演愈烈（郭庆旺和贾俊雪，2009；傅强和朱浩，2013）。出于对区域外经济资源的争夺和区域内正外部性的提升需求，地方政府会想方设法控制和获得能促进经济增长的要素，诸如资本、劳动、技术和制度等（马青和傅强，2016），进而形成以地方政府为主导的经济增长。一方面，在中国财政分权的体制下，中央将地区经济增长与地方政府官员晋升结合起来考察，使地区经济增长与官员自身的利益需求形成了"内在一致"，地方政府支持和参与发展经济的热情被充分调动起来，在"晋升锦标赛"的激励下，地方官员努力在经济发展上相互竞争，最终实现整体上高速发展的经济绩效（Blanchard and Shleifer，2001；Li and Zhou，2001；张军，2005；王贤彬和徐现祥，2010）。另一方面，由于地方政府官员晋升竞争是一种锦标赛式的零和博弈，受到官员任期、变更等因素的影响，地方政府官员出于政治晋升激励的考虑可能使得官员主导型的投资过度进入某个行业或项目，甚至形成恶性竞争。经济增长竞争可能会在地方政府扩展利益的情况下，使参与竞争的地方政府陷入"囚徒困境"，从而不利于经济增长（周黎安，2007；方红生和张军，2009；陈潭和刘兴云，2011）关于经济增长对城市生态效率影响的外文文献相对较少，尤其在实证研究方面，可能在于生态效率的内涵本身已经包含了经济，即生态效率是一个更具综合性的概念。少量文献从行业和区域层面对生态效率的动态演变趋势及其与经济增长脱钩问题进行了研究。Caneghem 等（2010）分析了 Flemish 工业的环境影响和经济增长的解耦问题，并研究了 1995-2006 年间生态效率的变化趋势，结果表明对于不同环境影响类型，尽管产量增加，总的环境影响却有所减少，环境影响与经济增长完全脱钩。Yu 等（2013）研究了中国 1978-2010 年生态效率的变化趋势及其动态演变的影响因素。结果表明，各类环境污染物排放与经济增长脱钩，且末端治理的技术效应在提升生态效率等方面起着关键性作用。Wang 等（2015b）则对天津市 2001-2013 年生态效率的变化趋势和环境压力脱钩问题进行了探讨。

其二，经济合作方面。在区域和经济一体化日益推进的过程中，由于环境污染的流动性和跨界性，导致跨行政边界环境问题的产生，而原有的区域化环境行政管理模式很难有效地处理跨区域环境污染问题，使得相邻地区之间的矛盾加重。在这种背景下，分析经济合作的生态效率提升效应对实现区域经济协调可持续发展与生态环境保护双赢的良性循环态势具有重要的意义。虽然关于这方面的实证研究相对较少，但是已有文献从合作博弈模型的角度分析区域环境污染治理问题（赖苹等，2011；刘红刚等，2011；齐亚伟和陶长琪，2013；齐亚伟，2013；石广明等，2015；高明等，2016；许光清和董小琦，2017；周伟铎等，2018），为研究经济合作对生态效率提升的影响和机制检验提供了文献依据和理论支撑。鉴于数据的可得性，本书涉及的经济合作特指合作效果而非合作过程。经济合作是城市化发展中的重要过程，合作带来规模经济效应，合作带来范围经济效应，合作带来交易成本节约。空气污染具有流动性和跨界性，同样地，流域污染也具有流动性，要达到整体污染减排的目标，单纯依靠一个城市的力量是无法解决的，需要通过跨区域环保合作、联防联控等措施和途径实现。

本章主要探讨生态效率空间溢出的驱动路径，即经济交往通过影响城市生态效率的空间溢出进而影响生态效率提升的机制，对这一问题的研究不仅有助于识别生态效率提升的关键机制，而且有利于厘清生态效率空间溢出的基础驱动路径，具有重要的现实意义和政策启示。

第二节　模型、数据与变量

一、计量模型设定

本书在验证经济交往影响生态效率空间溢出进而影响生态效率变化这一作用路径是否成立时，采用了联立方程组似不相关回归（SUR）方法①进行估计，因为固定效应比随机效应更令人信服。在对各模型分别进行单方程估计时同样发现，豪斯曼检验总能显著地拒绝随机效应更合适的原假设。由于面板数据中联立方程估计的特殊性，本书沿用 Ayres 和 Levitt（1998）的估计程序，首先采用固定效应变换，对原始数据做除时间均值处理，随后运用 SUR 对 Pooling 数据进行估计，这一方法已被研究者广泛使用（龚锋和卢洪友，2009）。具体地，构建如下回归模型：

$$EE_{it} = \alpha_0 + \beta_1 X_{it} + \beta_2 Controls_{it} + \varepsilon \qquad (5-1)$$

$$M_{it} = \alpha_0 + \beta_1 X_{it} + \beta_2 Controls_{it} + \varepsilon \qquad (5-2)$$

$$EE_{it} = \alpha_0 + \beta_1 M_{it} + \beta_2 X_{it} + \beta_3 Controls_{it} + \varepsilon \qquad (5-3)$$

式（5-1）中，X_{it} 代表城市 i 在 t 期的 $COMP_{it}$ 和 $COOP_{it}$，分别对经济竞争和经济合作与生态效率的关系进行检验。$Controls_{it}$ 为控制变量，包括经济发展水平、人口密度、产业结构等。式（5-2）中，M_{it} 代表城市 i 在 t 期的生态效率空间溢出，包括对称空间溢出和非对称空间溢出，以检验经济竞争和经济合作对生态效率空间溢出的作用。式（5-3）分别将经济竞争和经济合作与生态效率的空间溢出加入回归方程。本书在式（5-1）、式（5-2）和式（5-3）的基础上，做出时间均值处理之后，再估计方程。

---

① 实证过程中还采用了交互效应模型、中介效应模型和结构方程模型进行检验，对实证模型不断调整和优化以确定最终估计策略，以下同。因此，对于机制检验的研究方法与思路框架可能会存在不一致的情况。

二、数据来源与变量说明

（一）样本数据

以中国 251 个地级及以上城市为观测对象。根据数据可得性，研究样本暂不包括香港地区、澳门地区、台湾地区和西藏自治区的城市。观测周期为 2003～2016 年。数据主要来源于《中国城市统计年鉴》（2004-2017 年）《中国城市建设统计年鉴》（2003-2016 年）《中国区域经济统计年鉴》（2004-2014 年）《中国环境统计年鉴》（2004-2017 年）《中国能源统计年鉴》（2004-2017 年）以及各省市历年的统计年鉴等。

（二）变量选取

1. 经济竞争

城市间经济竞争的原动力在于地方官员晋升激励，因此，在某种程度上，政治属性强化了经济属性。大量文献基于引力模型等方法测度了城市间的经济联系强度，但这并不是严格意义上的经济竞争。由于城市间经济竞争较难量化，本书选取官员晋升概率（刘佳等，2012）作为经济竞争代理变量，具体测算方法为：$COMP = \dfrac{\sum_{i=1}^{M} \theta_{it} - \theta_{it}}{2M}$。其中，$M$ 为某省下辖地级市数量，第 t 期该省下辖的 i 市官员更替人数为 θ_{it}。考虑到有些地级市的市长信息只到 2010 年，本书暂时采用市委书记的信息，相关数据主要来源于中国经济网地方党政领导人物库[1]。

2. 经济合作

本质上，城市间经济合作是一个动态的过程，但鲜有文献采取动态的指标对经济合作进行刻画和衡量。基于此，本书采取经济合作的结果来度量经济合作，即采用产业分工水平系数作为城市间合作关系的代理变量。区域间的产业分工是区域合作的结果，同时提高产业分工水平也会促进和加强区域间的合作关系。因此，城市的产业分工水平越高，其与其他城市的合作越多，产业分工水平从某种程度上能够反映城市间的合作关系。分工和专业化水平是产业结构演进的决定性因素，劳动生产率提高则是分工和专业化的必然结果（周昌林和

---

[1] 详见 http://district.ce.cn/zt/rwk/。

魏建良，2007）。产业分工水平系数的计算公式为：$COOP = \sum S_k \times (P_k/L_k)^{1/2}$，$k = 1，2，\cdots，K$。其中，$K$ 是产业部门数，S_k 是 k 产业所占比例，P_k 是 k 产业的产值，L_k 是 k 产业的从业人数，P_k/L_k 是 i 产业的劳动生产率，在不对其曲线变化趋势产生本质影响的前提下，对生产率加以开方化处理，以提高水平变化的敏感性（周荣荣，2012）。

3. 控制变量方面

参考已有文献，选取 7 个方面的影响因素和代理变量，具体如下：经济发展水平（PGDP）用人均 GDP 衡量；城市规模（POPD）用人口密度衡量；外资利用（SFDI）用工业总产值与外商投资工业企业总产值占比衡量；产业结构（SIND）用第二产业占比衡量；城镇化水平（URBAN）用非农从业人员占比衡量；资本支持力度（FINA），用存贷比（金融机构年末贷款余额/金融机构年末存款余额）衡量；收入水平（WAGE）用年末职工平均工资（对数值）衡量。后文如无特别说明，回归结果中控制变量均用上述符号表示。经济交往相关变量描述性统计见表 5-1。

表 5-1 经济交往相关变量描述性统计

Variable	Obs.	Mean	Std. Dev.	Min.	Max.
$EE_{\text{NCMeta-US-SBM}}$	3514	0.4388	0.1942	0.1351	1.2973
$EE_{\text{NCMeta-US-DDF}}$	3514	0.6420	0.1884	0.1857	1.6164
COMP	3514	0.1511	0.1103	0.0000	1.0000
COOP	3514	7.3831	3.1405	1.5464	32.4447
PGDP	3514	2.9523	3.1972	0.2390	32.9734
POPD	3514	0.0453	0.0332	0.0005	0.2662
SFDI	3514	0.1492	0.1622	0.0000	0.9383
SIND	3514	0.4921	0.1081	0.1495	0.9097
URBAN	3514	0.9699	0.0666	0.2603	1.0000
FINA	3514	0.6457	0.2136	0.1520	5.6132
WAGE	3514	10.2302	0.5958	2.2834	11.7179

注：$EE_{\text{NCMeta-US-SBM}}$ 和 $EE_{\text{NCMeta-US-DDF}}$ 分别表示基于 NCMeta-US-SBM 和 NCMeta-US-DDF 模型测算的生态效率，以下同。

第三节 实证结果分析

一、经济交往对生态效率的影响

在进行影响机制分析之前，先考察经济交往对城市生态效率的影响。在测度城市生态效率方面，先将城市类型进行划分，即分为东部城市、中西部城市、重点城市、非重点城市、资源型城市、非资源型城市、两控区城市和非两控区城市。类似地，在实证分析时也将样本按此标准进行划分，以考察城市特征异质性。另外，不同城市规模可能在资源获取途径和经济竞争强度等方面存在显著差异，因此，分析城市特征和城市规模异质性下经济交往对生态效率的影响就显得非常有必要。表5-2和表5-3分别报告了城市特征异质性和城市规模异质性下经济竞争对生态效率影响的估计结果。分析表5-2可知，对于全样本估计，经济竞争对生态效率的提升具有显著的抑制作用，平均而言，经济竞争每增加1%，生态效率降低0.08%。

城市特征异质性方面。从区位条件、环境政策和资源禀赋方面考察城市特征异质性。表5-2第（2）和（3）列报告了不同区位条件的估计结果。结果表明，经济竞争对东部城市和中西部城市生态效率的提升具有负向影响。经济竞争对中西部城市生态效率的负效应更加明显，平均而言，经济竞争每增加1%，生态效率降低0.11%。表5-2第（4）和（5）列报告了重点环境保护城市和非重点环境保护城市的估计结果。结果表明，经济竞争对重点城市生态效率的提升具有显著的负向影响，经济竞争每增加1%，生态效率降低0.08%。经济竞争对非重点城市生态效率抑制作用相对较小。表5-2第（6）、（7）、（8）和（9）列分别报告了资源型城市、非资源型城市、两控区城市和非两控区城市的估计结果。结果均表明，经济竞争对城市生态效率的提升具有负向影响，其影响幅度在0.04~0.07之间。

城市规模异质性方面。规模较大的城市具有经济集聚效应，资源配置和利用效率相应较高，经济交往也相对较频繁，能够影响城市生产率水平，进而对生态效率的提升作用产生显著影响。基于这一考虑，本书在考察经济交往对生态效率的影响时，分别对不同规模城市生态效率的影响效应进行验证。关于城市规模的划分，根据2014年国务院发布的《关于调整城市规模划分标准的通知》中的最新标准划定（以下同），由于样本所限，小规模城市较少，导致估计结果不可信，所以只报告中等以上规模城市结果，见表5-3。结果表明，中等城市规模下，城市经济竞争强度的增加抑制了城市生态效率提升，平均而言，经济竞争每增加1%，生态效率降低0.02%。同样地，大型城市经济竞争强度的提高抑制了城市生态效率提升，平均而言，经济竞争每提升1%，生态效率将降低0.06%。表明经济竞争对大型城市生态效率的负向抑制作用更大。这也不难理解，大型城市在基础设施建设、资源利用和招商引资等方面具有明显的优势，由此引发的城市间经济竞争往往也更大，因此，对生态效率提升的负向作用强度也更大。不同类型的大城市经济竞争效应存在差异，但经济竞争对生态效率提升的影响并不随城市规模的增大而增强。Ⅱ型大城市经济竞争对生态效率提升具有显著的负向影响，经济竞争每增加1%，生态效率降低0.14%。Ⅰ型大城市和特大型及以上城市的经济竞争对生态效率提升具有负向抑制作用。

接下来考察经济合作对城市生态效率的影响。表5-4和表5-5分别报告了城市特征和城市规模异质性下经济合作对生态效率影响的估计结果。分析表5-4可知，对于全样本估计，经济合作对生态效率的提升具有显著的促进作用，平均而言，经济合作每增加1%，生态效率提高0.004%。上述研究发现是否具有显著的城市特征异质性和城市规模异质性还需要验证，下面从城市特征异质性和城市规模异质性的角度出发，探讨经济合作对生态效率的影响。

城市特征异质性方面。表5-4第（2）和（3）列报告了不同区位条件的估计结果。结果表明，经济合作对东部城市和中西部城市生态效率的提升具有正向促进作用。经济合作对东部城市生态效率的提升效应更加明显，平均而言，经济合作每增加1%，生态效率提高0.11%。表5-4第（4）和（5）列报告了重点环境保护城市和非重点环境保护城市的估计结果。结果表明，经济合作对重点城市和非重点城市生态效率的提升具有显著的正向影响，经济合作每增加1%，生态效率分别提高0.01%和0.003%。经济合作对非重点城市生态效率的提升效应相对较小。表5-4第（6）和（7）报告了资源型城市和非资源型城市的估计结果。结果表明，经济合作对非资源型城市生态效率的提升效应更加显著，平均而言，经济合作每提高1%，生态效率提高0.005%。表5-4第（8）和（9）列报告了两控区城市和非两控区城市的估计结果。结果表明，经济合作对两控区城市生态效率的提升具有显著正向影响，经济合作每提高1%，生态效率提高0.008%。而经济合作对非两控区城市生态效率的提升具有抑制作用，但不显著。

表 5-2 经济竞争影响城市生态效率的估计结果：城市特征异质性

VARIABLES	(1) 全样本	(2) 东部城市	(3) 中西部城市	(4) 重点城市	(5) 非重点城市	(6) 资源型城市	(7) 非资源型城市	(8) 两控区城市	(9) 非两控区城市
COMP	-0.0774+	-0.0574	-0.1062*	-0.0767+	-0.0181	-0.0611	-0.0446	-0.0436	-0.0716
	(-1.4734)	(-0.3952)	(-1.9154)	(-1.5012)	(-0.1597)	(-0.6691)	(-0.6936)	(-0.5543)	(-0.9775)
Control Variables	Yes	Yes	Yes	Yes	Yes	Yes	Yes	Yes	Yes
Observations	3514	1260	2254	1652	1862	1414	2100	2058	1456
R-squared	0.8262	0.8390	0.8156	0.8767	0.7929	0.7885	0.8371	0.8506	0.8007

注：括号内为 t 统计量；+、*、** 和 *** 分别表示在统计显著性水平 15%、10%、5% 和 1% 上显著；所有模型均控制了时间和个体效应。

表 5-3 经济竞争影响城市生态效率的估计结果：城市规模异质性

VARIABLES	(1) 全样本	(2) 中等城市	(3) 大型城市	(4) II 型大城市	(5) I 型大城市	(6) 特大及以上城市
COMP	-0.0774+	-0.0222	-0.0589	-0.1434*	-0.0887	0.1145
	(-1.4918)	(-0.1966)	(-0.9377)	(-1.8596)	(-1.0228)	(1.1082)
Control Variables	Yes	Yes	Yes	Yes	Yes	Yes
Observations	3514	104	3372	1048	1006	1313
R-squared	0.8262	0.9165	0.8144	0.8116	0.8672	0.8232

注：括号内为稳健 t 统计量；+、*、** 和 *** 分别表示在统计量显著性水平 15%、10%、5% 和 1% 上显著；所有模型均控制了时间和个体效应。

表 5-4　经济合作影响城市生态效率的估计结果：城市特征异质性

VARIABLES	(1)全样本	(2)东部城市	(3)中西部城市	(4)重点城市	(5)非重点城市	(6)资源型城市	(7)非资源型城市	(8)两控区城市	(9)非两控区城市
COOP	0.0035***	0.0144***	0.0008	0.0086***	0.0025**	0.0011	0.0045***	0.0083***	-0.0002
	(3.6066)	(6.4952)	(0.7241)	(4.2723)	(2.1363)	(0.7781)	(3.4524)	(6.0308)	(-0.1652)
Control Variables	Yes	Yes	Yes	Yes	Yes	Yes	Yes	Yes	Yes
Observations	3514	1260	2254	1652	1862	1414	2100	2058	1456
R-squared	0.8268	0.8447	0.8153	0.8780	0.7935	0.7886	0.8381	0.8534	0.8006

注：括号内为 t 统计量；+、*、**和***分别表示在统计显著性水平 10%、5%和 1%上显著；所有模型均控制了时间和个体效应。

表 5-5　经济合作影响城市生态效率的估计结果：城市规模异质性

VARIABLES	(1)全样本	(2)中等城市	(3)大型城市	(4)II型大城市	(5)I型大城市	(6)特大及以上城市
COOP	0.0035***	0.0077	0.0028	0.0072	0.0052	-0.0021
	(3.6066)	(0.4348)	(1.1232)	(1.2423)	(1.3911)	(-0.6761)
Control Variables	Yes	Yes	Yes	Yes	Yes	Yes
Observations	3514	104	3372	1048	1006	1313
R-squared	0.8268	0.9168	0.8148	0.8138	0.8688	0.8233

注：括号内为稳健 t 统计量；+、*、**和***分别表示在统计显著性水平 15%、10%、5%和 1%上显著；所有模型均控制了时间和个体效应。

表5-5报告了考虑城市规模异质性时，经济合作对城市生态效率影响的估计结果。结果表明，中等城市规模下，城市经济合作的增加促进了城市生态效率提升，但显著性较弱。平均而言，经济合作每增加1%，生态效率提高0.008%。同样地，大型城市经济合作强度的提高促进了城市生态效率提升，平均而言，经济合作每提升1%，生态效率提高0.003%。表明经济合作对中等城市生态效率的正向促进作用更大。不同类型的大城市经济合作效应存在差异，且经济合作对生态效率提升的影响随城市规模的增大而减弱。经济合作对Ⅱ型大城市、Ⅰ型大城市和特大型及以上城市生态效率的影响强度分别是0.007、0.005和-0.002。

二、经济交往影响生态效率空间溢出的实证检验：全样本观察

（一）经济竞争

本节基于全样本考察经济竞争影响生态效率对称空间溢出和非对称空间溢出的实证检验。表5-6报告了经济竞争影响生态效率对称空间溢出的检验结果。结果表明，当距离阈值为300km时，经济竞争对邻近城市生态效率对称空间溢出的高位压力和低位吸力均具有抑制作用，经济竞争每增加1%，高位压力和低位吸力分别降低0.06%和0.01%。特别地，经济竞争对邻近城市生态效率对称空间溢出的高位压力的负向影响幅度随距离阈值的增加而逐渐减弱，符合随距离衰减的规律。当距离阈值大于300km时，经济竞争对邻近城市生态效率对称空间溢出的低位吸力影响由负变为正，且经济竞争对低位吸力的提升作用随距离阈值的增加而逐渐增强，最后趋于稳定，提升幅度在0.05~0.06之间。当距离阈值为1700km时，经济竞争对高位压力和低位吸力的影响出现波峰，且均表现为提升作用，经济竞争对低位吸力的提升幅度在0.07左右，而对高位压力的提升作用相对较小。考虑全局空间溢出（距离阈值为4100km）时，经济竞争每增加1%，高位压力和低位吸力分别降低0.02%和提高0.06%。影响机制方面，邻近城市生态效率对称空间溢出的高位压力和低位吸力对本地城市生态效率的提升分别具有显著的抑制和促进作用，且随着距离阈值的增加，对称空间溢出对生态效率的影响幅度也随之增加，并不严格符合随距离衰减的规律。距离阈值为300km时，低位吸力和经济竞争对生态效率的提升具有显著的促进作用，低位吸力和经济竞争每增加1%，生态效率分别提高1.24%和0.07%，而高位压力对生态效率的提升具有负向的抑制作用。距离阈值为4100km时，高位压力和经济竞争对生态效率的提升具有显著的抑制作用，高位压力和经济竞

争每提高 1%，生态效率分别降低 0.20% 和 0.03%。而低位吸力对生态效率的提升具有显著的促进作用，低位吸力每提高 1%，生态效率提高 1.27%。

表 5-6　经济竞争影响生态效率对称空间溢出的机制检验

VARIABLES	距离阈值为 300km			距离阈值为 4100km		
	SIH	SIL	EE	SIH	SIL	EE
SIH			−0.0361			−0.1974 ***
			(−1.6424)			(−9.3556)
SIL			1.2411 ***			1.2682 ***
			(87.3430)			(121.2898)
COMP	−0.0570 ***	−0.0139	0.0678 ***	−0.0193 **	0.0590 ***	−0.0260 ***
	(−4.6466)	(−0.7341)	(4.7486)	(−1.9992)	(3.0265)	(−2.5888)
Control Variables	Yes	Yes	Yes	Yes	Yes	Yes
Constant	0.0005	0.4132 ***	0.4941 ***	−0.0267	0.3902 ***	0.5068 ***
	(0.0166)	(8.1396)	(12.8217)	(−1.0303)	(7.4722)	(18.6512)
Observations	3263	3263	3263	3263	3263	3263
R-squared	0.1070	0.0800	0.7996	0.1387	0.1069	0.9000

注：括号内为稳健 z 统计量；*、** 和 *** 分别表示在统计显著性水平 10%、5% 和 1% 上显著；SIH、SIL 和 EE 分别表示高位压力、低位吸力和基于 NCMeta-US-SBM 模型测算的生态效率，基于 NCMeta-US-DDF 模型测算的生态效率及其空间溢出用于稳健性检验，以下同。

图 5-1 报告了经济竞争影响生态效率对称空间溢出的高位压力和低位吸力的距离效应。由图 5-1 可知，经济竞争对生态效率对称空间溢出的影响具有明显的距离效应，尤其是在距离阈值为 500～1700km 范围内，经济竞争对生态效率对称空间溢出的低位吸力的正向促进作用随距离阈值的增加而增强，距离阈值大于 1700km 时，经济竞争对生态效率对称空间溢出的低位吸力的影响幅度稳定在 0.05～0.06。经济竞争对生态效率对称空间溢出的高位压力具有抑制作用，且随距离阈值的增加而逐渐增强。存在一个波峰位于距离阈值为 1700km 处，此时，经济竞争对高位压力具有促进作用，但不明显。距离阈值大于 1700km 时，经济竞争对高位压力具有负向影响，且影响幅度稳定在 −0.02 附近。图 5-2 报告了对称空间溢出的高位压力和低位吸力影响生态效率的距离效应。由图 5-2 可知，高位压力和低位吸力对生态效率的影响具有明显的距离效

应，前者抑制，后者促进。尤其是距离阈值为 300~1700km 时，低位吸力对生态效率的提升作用先升后降；而高位压力对生态效率的抑制作用随距离阈值的增加而逐渐增强，距离阈值为 1700km 时，出现波谷，负向影响幅度在 0.6 左右。上述研究结论表明，经济竞争对生态效率对称空间溢出的高位压力和低位吸力具有显著的影响，且经济竞争主要通过低位吸力的途径提升生态效率。

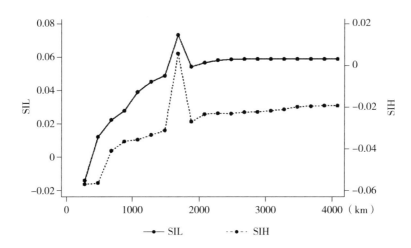

图 5-1　经济竞争影响生态效率对称空间溢出高位压力和低位吸力的距离效应

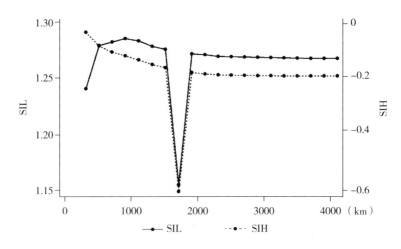

图 5-2　对称空间溢出高位压力和低位吸力影响生态效率的距离效应

接下来考察经济竞争影响生态效率非对称空间溢出的实证检验。表5-7报告了经济竞争影响生态效率非对称空间溢出的检验结果。结果表明，当距离阈值为300km时，经济竞争对邻近城市生态效率非对称空间溢出的高位压力和低位吸力分别具有抑制和促进作用，经济竞争每增加1%，高位压力和低位吸力分别降低0.01%和提高0.04%。特别地，经济竞争对邻近城市生态效率非对称空间溢出的高位压力的负向影响幅度随距离阈值的增加而逐渐增加。同样地，经济竞争对邻近城市生态效率非对称空间溢出的低位吸力的正向影响幅度随距离阈值的增加而逐渐增加，最后趋于稳定。考虑全局空间溢出时，经济竞争每提高1%，高位压力和低位吸力分别降低0.03%和提高0.05%，且分别通过了1%和5%统计显著性水平的检验。影响机制方面，邻近城市生态效率非对称空间溢出的高位压力和低位吸力分别对本地城市生态效率的提升具有负向和正向影响，但显著性较弱。考虑生态效率非对称空间溢出时，经济竞争对生态效率的提升反而具有显著的正向促进作用。经济竞争每提高1%，生态效率提升0.05%。经济竞争的生态效率提升效应随着距离阈值的增加而逐渐减弱。

表5-7　经济竞争影响生态效率非对称空间溢出的机制检验

VARIABLES	距离阈值为300km			距离阈值为4100km		
	SIH	SIL	EE	SIH	SIL	EE
SIH			−0.0877			−0.2087
			（−1.0185）			（−1.2706）
SIL			0.2207			0.1760
			（1.0289）			（0.4315）
COMP	−0.0061	0.0419**	0.0552**	−0.0303***	0.0489**	0.0532*
	（−0.3376）	（1.9808）	（1.9971）	（−2.9301）	（2.1104）	（1.9206）
Control Variables	Yes	Yes	Yes	Yes	Yes	Yes
Constant	−0.0499	−0.1834***	1.0149***	0.0118	−0.2600***	1.0075***
	（−1.0363）	（−3.2388）	（13.4732）	（0.4252）	（−4.1916）	（13.0694）
Observations	3263	3263	3263	3263	3263	3263
R-squared	0.0059	0.0137	0.2448	0.0126	0.0187	0.2439

注：括号内为稳健 z 统计量；*、**和***分别表示在统计显著性水平10%、5%和1%上显著。

图5-3报告了经济竞争影响生态效率非对称空间溢出的高位压力和低位吸

力的距离效应。由图 5-3 可知，经济竞争对生态效率非对称空间溢出的影响具有明显的距离效应，经济竞争对生态效率非对称空间溢出的低位吸力的正向促进作用随距离阈值的增加而增强，但生态效率的提升幅度比较稳定，在 0.04～0.05 之间。而经济竞争对生态效率非对称空间溢出的高位吸力的负向影响波动较大，尤其是在距离阈值为 700km 之内，存在一个波谷在距离阈值为 700km 处，此时经济竞争对高位压力的负向影响达到 -0.04，一个波峰在距离阈值为 2100km 处，此时经济竞争对高位压力的负向影响达到 -0.02。图 5-4 报告了非对称空间溢出的高位压力和低位吸力影响生态效率的距离效应。由图 5-4 可知，高位压力和低位吸力对生态效率的影响具有明显的距离效应，前者抑制，后者促进。深入分析发现，高位压力对生态效率的有效作用边界为 500～1700km，低位吸力对生态效率的有效作用边界为 500～900km。在有效作用边界范围内，低位吸力对生态效率的提升作用非常明显，存在一个波峰位于距离阈值为 900km 处，此时生态效率的提升幅度达到 0.5。

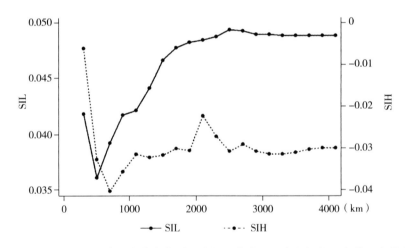

图 5-3　经济竞争影响生态效率非对称空间溢出高位压力和低位吸力的距离效应

（二）经济合作

本节基于全样本考察经济合作影响生态效率对称空间溢出和非对称空间溢出的实证检验。表 5-8 报告了经济合作影响生态效率对称空间溢出的检验结果。结果表明，当距离阈值为 300km 时，经济合作对邻近城市生态效率对称空间溢出的高位压力和低位吸力分别具有显著的负向和正向影响，经济合作每增加 1%，高位压力和低位吸力分别降低 0.001% 和提高 0.003%。当距离阈值为

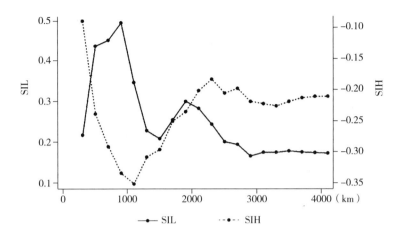

图 5-4 非对称空间溢出高位压力和低位吸力影响生态效率的距离效应

4100km 时，经济合作对邻近城市生态效率对称空间溢出的高位压力和低位吸力分别具有显著的负向和正向影响，经济合作每增加 1%，高位压力和低位吸力分别降低 0.003% 和提高 0.003%。影响机制方面，邻近城市生态效率对称空间溢出的高位压力和低位吸力对本地城市生态效率的提升分别具有显著的抑制和促进作用。距离阈值为 300km 时，低位吸力和经济合作对生态效率的提升具有显著的促进作用，低位吸力和经济合作每增加 1%，生态效率分别提高 1.23% 和 0.004%。而高位压力对生态效率的提升具有显著的负向抑制作用，高位压力每增加 1%，生态效率降低 0.04%。距离阈值为 4100km 时，低位压力和经济合作对生态效率的提升具有显著的促进作用，低位吸力和经济合作每提高 1% 时，生态效率分别提高 1.27% 和 0.003%。而高位压力对生态效率的提升具有显著的抑制作用，低位吸力每提高 1%，生态效率降低 0.18%。

表 5-8 经济合作影响生态效率对称空间溢出的机制检验

VARIABLES	距离阈值为 300km			距离阈值为 4100km		
	SIH	SIL	EE	SIH	SIL	EE
SIH			-0.0426^{*}			-0.1805^{***}
			(-1.9559)			(-8.5985)
SIL			1.2320^{***}			1.2658^{***}
			(86.9155)			(122.3325)

续表

VARIABLES	距离阈值为300km			距离阈值为4100km		
	SIH	SIL	EE	SIH	SIL	EE
COOP	−0.0014*** (−2.7901)	0.0033*** (4.3617)	0.0037*** (6.6258)	−0.0026*** (−6.6893)	0.0032*** (4.1079)	0.0034*** (8.4253)
Control Variables	Yes	Yes	Yes	Yes	Yes	Yes
Constant	−0.0542 (−1.5107)	0.5074*** (9.2000)	0.6261*** (14.9348)	−0.1075*** (−3.8373)	0.4996*** (8.7908)	0.6018*** (20.4911)
Observations	3263	3263	3263	3263	3263	3263
R−squared	0.1032	0.0852	0.8009	0.1493	0.1090	0.9020

注：括号内为稳健 z 统计量；＊、＊＊和＊＊＊分别表示在统计显著性水平10%、5%和1%上显著。

图 5-5 报告了经济合作影响生态效率对称空间溢出的高位压力和低位吸力的距离效应。由图 5-5 可知，经济合作对生态效率对称空间溢出的影响具有明显的距离效应，尤其是在距离阈值 1700km 内，经济合作对生态效率对称空间溢出的影响波动较大，距离阈值大于 1700km 时，经济合作对生态效率对称空间溢出的影响幅度较稳定。经济合作对生态效率对称空间溢出的低位吸力具有正向促进作用，且随着距离阈值的增加而逐渐减弱，存在一个波峰在距离阈值为 1700km 处，此时经济合作对低位吸力的正向影响幅度达到 0.0035。经济合作对生态效率对称空间溢出的高位压力具有负向抑制作用，且随着距离阈值的增加，经济合作对高位压力的负向影响幅度逐渐增大，存在一个波谷在距离阈值 1700km 处，此时经济合作对高位压力的负向影响幅度接近−0.0035。表明在距离阈值 1700km 内，经济合作对生态效率的对称空间溢出具有明显的距离效应，在距离阈值 1700km 外，经济合作对生态效率的对称空间溢出的距离效应较弱。图 5-6 报告了对称空间溢出的高位压力和低位吸力影响生态效率的距离效应。由图 5-6 可知，高位压力和低位吸力对生态效率的影响具有明显的距离效应，前者抑制，后者促进。尤其是距离阈值为 300~1700km 时，低位吸力对生态效率的提升作用先升后降，而高位压力对生态效率的抑制作用随距离阈值的增加而逐渐增强，距离阈值为 1700km 时，出现波谷，负向影响幅度在 0.6 左右。上述研究结论表明，经济合作对生态效率对称空间溢出的高位压力和低位吸力同样具有显著的影响，且与经济竞争类似，经济合作主要通过低位吸力提升生态效率。

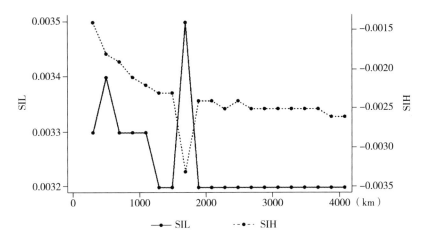

图 5-5　经济合作影响生态效率对称空间溢出高位压力和低位吸力的距离效应

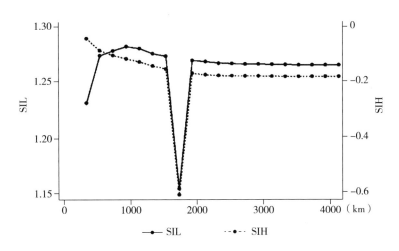

图 5-6　对称空间溢出高位压力和低位吸力影响生态效率的距离效应

　　上述研究显示，经济合作通过邻近城市生态效率对称空间溢出的途径显著影响了本地城市生态效率提升，于是进一步考察经济合作影响生态效率非对称空间溢出的实证检验。表 5-9 报告了经济合作影响生态效率非对称空间溢出的检验结果。结果表明，当距离阈值为 300km 时，经济合作对邻近城市生态效率非对称空间溢出的高位压力和低位吸力均具有抑制作用，但显著性较弱。考虑全局空间溢出时，经济合作对邻近城市生态效率非对称空间溢出的高位压力和低位吸力分别具有负向和正向影响，经济合作每提高 1%，低位吸力显著提高

0.001%，且通过了5%统计显著性水平的检验。影响机制方面，邻近城市生态效率非对称空间溢出的高位压力和低位吸力分别对本地城市生态效率的提升具有负向和正向影响。考虑生态效率非对称空间溢出时，经济合作对生态效率的提升具有显著的正向促进作用。经济合作每提高1%，生态效率提升0.01%。经济合作的生态效率提升效应随着距离阈值的增加而逐渐减弱。

　　图5-7报告了经济合作影响生态效率非对称空间溢出的高位压力和低位吸力的距离效应。由图5-7可知，经济合作对生态效率非对称空间溢出的影响具有明显的距离效应，经济合作对生态效率非对称空间溢出的低位吸力的负向抑制作用随距离阈值的增加而增强，但影响幅度比较稳定，在-0.0005~-0.001之间。而经济合作对生态效率非对称空间溢出的高位吸力具有正向影响。由图5-8可知，高位压力和低位吸力对生态效率的影响具有明显的距离效应，前者抑制，后者促进。深入分析发现，随着距离阈值的增大，低位吸力对生态效率的提升效应先增强后减弱，存在一个波峰在距离阈值为1100km处，此时低位吸力对生态效率的提升幅度超过0.25。高位压力对生态效率的负向影响幅度由大变小，存在两个波谷在距离阈值为500km和900km处，此时高位压力对生态效率的负向抑制作用在-0.40左右。

表5-9　经济合作影响生态效率非对称空间溢出的机制检验

VARIABLES	距离阈值为300km			距离阈值为4100km		
	SIH	SIL	EE	SIH	SIL	EE
SIH			-0.2117			-0.0834
			(-0.9597)			(-0.1984)
SIL			0.0531			0.1692
			(0.6232)			(0.9729)
COOP	-0.0007	-0.0002	0.0078^{***}	-0.0010	0.0008^{**}	0.0078^{***}
	(-0.8295)	(-0.2642)	(7.1647)	(-1.1064)	(1.9858)	(7.1733)
Control Variables	Yes	Yes	Yes	Yes	Yes	Yes
Constant	-0.1234^{**}	-0.0658	1.2587^{***}	-0.2193^{***}	0.0575^{**}	1.2498^{***}
	(-2.0724)	(-1.2435)	(15.4998)	(-3.3625)	(2.0018)	(15.1051)
Observations	3263	3263	3263	3263	3263	3263
R-squared	0.0085	0.0084	0.2556	0.0136	0.0125	0.2548

注：括号内为稳健z统计量；*、**和***分别表示在统计显著性水平10%、5%和1%上显著。

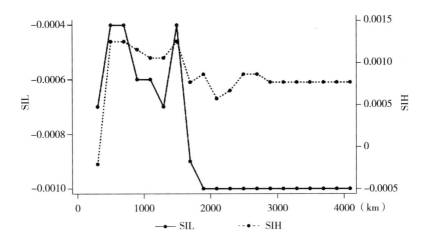

图 5-7 经济合作影响生态效率非对称空间溢出高位压力和低位吸力的距离效应

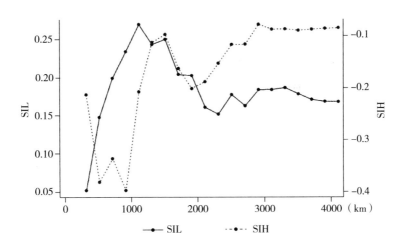

图 5-8 非对称空间溢出高位压力和低位吸力影响生态效率的距离效应

三、经济交往影响生态效率空间溢出的实证检验：分组观察

(一) 经济竞争

本节对经济交往影响生态效率空间溢出的机制进行分组考察。鉴于经济交往影响生态效率空间溢出随距离阈值的增加而变化很平稳，在分组回归中，仅

报告全局空间溢出的结果，即距离阈值为 4100km。表 5-10 报告了经济竞争对东部城市生态效率空间溢出影响的估计结果。从表 5-10 可知，经济竞争对东部城市对称空间溢出的高位压力和低位吸力均有正向影响，而经济竞争对东部城市非对称空间溢出的高位压力和低位吸力分别具有显著的负向和正向影响，经济竞争每提高 1%，高位压力和低位吸力分别降低 0.05% 和提高 0.18%。进一步分析发现，邻近城市生态效率空间溢出的高位压力对本地城市生态效率的提升具有显著的促进作用。平均而言，生态效率对称空间溢出的高位压力每提高 1%，本地城市生态效率会显著提高 0.11%；生态效率非对称空间溢出的高位压力每提高 1%，本地城市生态效率提高 0.36%，但显著性较弱。此外，对称空间溢出和非对称空间溢出的低位吸力均对本地城市生态效率的提升具有显著的促进作用，低位吸力每提高 1%，生态效率分别提升 1.52% 和 1.57%，且均通过了 1% 统计显著性水平的检验。考虑对称空间溢出时，经济竞争对东部城市生态效率的提升具有显著的抑制作用，经济竞争每提高 1%，生态效率降低 0.11%。考虑非对称空间溢出时，经济竞争对东部城市生态效率的提升具有促进作用，但不显著。

表 5-10　经济竞争影响东部城市生态效率空间溢出的机制检验

VARIABLES	对称空间溢出			非对称空间溢出		
	SIH	SIL	EE	SIH	SIL	EE
SIH			0.1144 ***			0.3648
			(2.7176)			(1.4722)
SIL			1.5244 ***			1.5660
			(61.0616)			(2.1665)
COMP	0.0030	0.0673	−0.1112 ***	−0.0476 *	0.1803 ***	0.0137
	(0.1220)	(1.5979)	(−3.5601)	(−1.6604)	(2.7857)	(0.1953)
Control Variables	Yes	Yes	Yes	Yes	Yes	Yes
Constant	−0.1589	0.5892 ***	0.3206 **	−0.0633	−0.1748	1.2863 ***
	(−1.3423)	(2.9508)	(2.1618)	(−0.4660)	(−0.5698)	(3.8540)
Observations	1170	1170	1170	1170	1170	1170
R-squared	0.2401	0.2447	0.8715	0.0246	0.0276	0.3549

注：括号内为稳健 z 统计量；*、** 和 *** 分别表示在统计显著性水平 10%、5% 和 1% 上显著。

表 5-11 报告了经济竞争对中西部城市生态效率空间溢出影响的估计结果。从表 5-11 可知，经济竞争对中西部城市对称空间溢出和非对称空间溢出的高位压力和低位吸力分别具有负向的抑制作用和正向的促进作用。具体而言，经济竞争每提高 1%，邻近城市生态效率对称空间溢出和非对称空间溢出的高位压力分别降低 0.01% 和 0.02%；邻近城市生态效率对称空间溢出和非对称空间溢出的低位压力则分别提高 0.05% 和 0.03%。影响机制方面，无论是考虑对称空间溢出还是非对称空间溢出，高位压力均对中西部城市生态效率的提升具有显著的负向影响，高位压力每提高 1%，生态效率分别降低 0.33% 和 0.55%。仅考虑对称空间溢出时，低位吸力对中西部城市生态效率的提升具有显著的促进作用，低位吸力每提高 1%，生态效率显著提高 1.19%。

表 5-11　经济竞争影响中西部城市生态效率空间溢出的机制检验

VARIABLES	对称空间溢出			非对称空间溢出		
	SIH	SIL	EE	SIH	SIL	EE
SIH			−0.3277***			−0.5502**
			(−16.7655)			(−2.5612)
SIL			1.1854***			−0.1986
			(132.5911)			(−0.4060)
COMP	−0.0116	0.0469**	−0.0102	−0.0210*	0.0286	0.0481
	(−1.0929)	(2.0129)	(−1.2627)	(−1.9000)	(1.1597)	(1.5669)
Control Variables	Yes	Yes	Yes	Yes	Yes	Yes
Constant	−0.0132	0.4673***	0.6148***	0.0059	−0.2240***	1.1502***
	(−0.4310)	(6.9678)	(26.1318)	(0.1848)	(−3.1550)	(12.4477)
Observations	2093	2093	2093	2093	2093	2093
R-squared	0.0960	0.0674	0.9394	0.0134	0.0177	0.1220

注：括号内为稳健 z 统计量；*、** 和 *** 分别表示在统计显著性水平 10%、5% 和 1% 上显著。

表 5-12 报告了经济竞争对重点城市生态效率空间溢出影响的估计结果。从表 5-12 可知，经济竞争对重点城市对称空间溢出和非对称空间溢出的高位压力和低位吸力分别具有负向的抑制作用和正向的促进作用。具体而言，经济竞争每提高 1%，邻近城市生态效率对称空间溢出和非对称空间溢出的高位压力分别降低 0.01% 和 0.02%，邻近城市生态效率对称空间溢出和非对称空间溢出的低

位压力则分别提高 0.09% 和 0.06%。影响机制方面，无论是考虑对称空间溢出还是非对称空间溢出，高位压力均对中西部城市生态效率的提升具有负向影响，高位压力每提高 1%，生态效率分别降低 0.11% 和 0.25%。仅考虑对称空间溢出时，低位吸力对重点城市生态效率的提升具有显著的促进作用，低位吸力每提高 1%，生态效率显著提高 1.36%。考虑非对称空间溢出时，经济竞争对生态效率的提升具有显著的促进作用，经济竞争每提高 1%，生态效率提升 0.12%。

表5-12 经济竞争影响重点城市生态效率空间溢出的机制检验

VARIABLES	对称空间溢出			非对称空间溢出		
	SIH	SIL	EE	SIH	SIL	EE
SIH			−0.1115***			−0.2501
			(−3.8355)			(−1.1975)
SIL			1.3635***			0.6008
			(87.4767)			(1.0775)
COMP	−0.0073	0.0910***	−0.0025	−0.0213*	0.0607**	0.1233***
	(−0.6886)	(4.5875)	(−0.2439)	(−1.7662)	(2.2425)	(4.1663)
Control Variables	Yes	Yes	Yes	Yes	Yes	Yes
Constant	0.0156	0.4518***	0.7017***	−0.0462	−0.3510**	1.3338***
	(0.2823)	(4.3838)	(12.9293)	(−0.7375)	(−2.4950)	(8.5061)
Observations	1534	1534	1534	1534	1534	1534
R−squared	0.1382	0.1967	0.9211	0.0194	0.0256	0.3581

注：括号内为稳健 z 统计量；*、**和***分别表示在统计显著性水平 10%、5% 和 1% 上显著。

表5-13 报告了经济竞争对非重点城市生态效率空间溢出影响的估计结果。从表5-13 可知，经济竞争对非重点城市对称空间溢出的高位压力具有显著的负向影响，而对低位吸力的影响不显著，经济竞争每提高 1%，高位压力分别提高 0.09% 和 0.05%。经济竞争对生态效率的提升具有负向的抑制作用，经济竞争每提高 1%，生态效率分别降低 0.05% 和 0.03%。影响机制方面，邻近城市生态效率对称空间溢出的高位压力和低位吸力分别对本地城市生态效率的提升具有显著的负向和正向影响。具体地，高位压力和低位吸力分别提高 1%，重点城市生态效率分别降低 0.27% 和提高 1.19%。

表 5-13　经济竞争影响非重点城市生态效率空间溢出的机制检验

VARIABLES	对称空间溢出			非对称空间溢出		
	SIH	SIL	EE	SIH	SIL	EE
SIH			−0.2729 ***			−0.0979
			(−9.5214)			(−0.4072)
SIL			1.1892 ***			−0.6097
			(85.8165)			(−1.0930)
COMP	−0.0863 ***	−0.0002	−0.0519 **	−0.0547 **	0.0387	−0.0302
	(−4.1287)	(−0.0058)	(−2.3988)	(−2.5193)	(0.7969)	(−0.5140)
Control Variables	Yes	Yes	Yes	Yes	Yes	Yes
Constant	−0.0375	0.5147 ***	0.4423 ***	0.0431	−0.1980 **	1.0306 ***
	(−1.1169)	(7.4171)	(12.5860)	(1.2388)	(−2.5395)	(10.5123)
Observations	1729	1729	1729	1729	1729	1729
R-squared	0.1715	0.1288	0.8977	0.0133	0.0160	0.2415

注：括号内为稳健 z 统计量；＊、＊＊和＊＊＊分别表示在统计显著性水平 10%、5% 和 1% 上显著。

表 5-14 报告了经济竞争对资源型城市生态效率空间溢出影响的估计结果。从表 5-14 可知，经济竞争对资源型城市对称空间溢出和非对称空间溢出的高位压力分别具有显著的正向和负向影响，而对低位吸力的影响则不显著。分别考虑对称空间溢出和非对称空间溢出时，经济竞争每提高 1%，高位压力分别提高 0.07% 和降低 0.04%。经济竞争对生态效率的提升具有显著的抑制作用，经济竞争每提高 1%，生态效率分别降低 0.13% 和 0.23%。影响机制方面，邻近城市生态效率对称空间溢出的高位压力和低位吸力分别对本地城市生态效率的提升具有显著的负向和正向影响。具体地，高位压力和低位吸力分别提高 1%，资源型城市生态效率分别降低 0.42% 和提高 1.13%。而邻近城市生态效率非对称空间溢出对本地城市生态效率的提升作用有限。

表 5-14　经济竞争影响资源型城市生态效率空间溢出的机制检验

VARIABLES	对称空间溢出			非对称空间溢出		
	SIH	SIL	EE	SIH	SIL	EE
SIH			−0.4212 ***			−0.2243
			(−14.2899)			(−1.0580)

续表

VARIABLES	对称空间溢出			非对称空间溢出		
	SIH	SIL	EE	SIH	SIL	EE
SIL			1.1261 ***			−0.0054
			(87.3327)			(−0.0114)
COMP	0.0749 ***	−0.0607	−0.1294 ***	−0.0445 **	0.0237	−0.2321 ***
	(4.5602)	(−1.6173)	(−8.2060)	(−1.9604)	(0.4582)	(−4.7859)
Control Variables	Yes	Yes	Yes	Yes	Yes	Yes
Constant	−0.1500 ***	0.5198 ***	0.6543 ***	0.0459	−0.2534 ***	1.3048 ***
	(−5.1196)	(7.7634)	(22.9040)	(1.1334)	(−2.7483)	(14.5046)
Observations	1313	1313	1313	1313	1313	1313
R-squared	0.3010	0.1387	0.9199	0.0120	0.0155	0.2343

注：括号内为稳健 z 统计量；*、** 和 *** 分别表示在统计显著性水平 10%、5% 和 1% 上显著。

表 5-15 报告了经济竞争对非资源型城市生态效率空间溢出影响的估计结果。从表 5-15 可知，经济竞争对非资源型城市生态效率空间溢出的高位压力和低位吸力分别具有显著的负向和正向影响。分别考虑对称空间溢出和非对称空间溢出时，经济竞争每提高 1%，高位压力分别降低 0.05% 和 0.02%，低位吸力则分别提高 0.09% 和 0.05%。与资源型城市相反，经济竞争对非资源型城市生态效率的提升具有促进作用，经济竞争每提高 1%，生态效率分别提高 0.02% 和 0.14%。影响机制方面，邻近城市生态效率对称空间溢出的高位压力和低位吸力对本地城市生态效率的提升分别具有负向和正向影响。具体地，高位压力和低位吸力分别提高 1%，非资源型城市生态效率分别降低 0.08% 和提高 1.35%。邻近城市生态效率非对称空间溢出的高位压力和低位吸力对本地城市生态效率的提升分别具有负向和正向影响，但不显著。

表 5-15　经济竞争影响非资源型城市生态效率空间溢出的机制检验

VARIABLES	对称空间溢出			非对称空间溢出		
	SIH	SIL	EE	SIH	SIL	EE
SIH			−0.0831 ***			−0.0984
			(−3.0758)			(−0.4390)

VARIABLES	对称空间溢出			非对称空间溢出		
	SIH	SIL	EE	SIH	SIL	EE
SIL			1. 3451 ***			0. 5618
			(94. 5104)			(0. 9388)
COMP	−0. 0511 ***	0. 0856 ***	0. 0187	−0. 0237 **	0. 0518 *	0. 1403 ***
	(−4. 1722)	(3. 6866)	(1. 4878)	(−1. 9894)	(1. 9574)	(4. 1011)
Control Variables	Yes	Yes	Yes	Yes	Yes	Yes
Constant	0. 0073	0. 4892 ***	0. 4631 ***	−0. 0063	−0. 2598 ***	1. 1389 ***
	(0. 1632)	(5. 7669)	(10. 0315)	(−0. 1459)	(−2. 6897)	(8. 8308)
Observations	1950	1950	1950	1950	1950	1950
R-squared	0. 1124	0. 1413	0. 8991	0. 0179	0. 0220	0. 2470

注：括号内为稳健 z 统计量；*、** 和 *** 分别表示在统计显著性水平 10%、5% 和 1% 上显著。

表 5-16 报告了经济竞争对两控区城市生态效率空间溢出影响的估计结果。从表 5-16 可知，经济竞争对两控区城市生态效率空间溢出的高位压力影响不显著，但显著抑制对称空间溢出的低位吸力和加强了非对称空间溢出的低位吸力，经济竞争每提高 1%，对称空间溢出和非对称空间溢出的低位吸力分别降低 0.08% 和提高 0.11%。经济竞争对生态效率的提升具有显著的抑制作用，分别考虑对称空间溢出和非对称空间溢出时，经济竞争每提高 1%，生态效率分别降低 0.07% 和 0.17%。影响机制方面，邻近城市生态效率空间溢出的高位压力和低位吸力分别对生态效率具有负向和正向影响，且对称空间溢出对生态效率的影响更加显著。平均而言，高位压力和低位吸力各提高 1%，生态效率分别降低 0.18% 和提高 1.26%。

表 5-16　经济竞争影响两控区城市生态效率空间溢出的机制检验

VARIABLES	对称空间溢出			非对称空间溢出		
	SIH	SIL	EE	SIH	SIL	EE
SIH			−0. 1816 ***			−0. 1642
			(−5. 8191)			(−0. 8368)
SIL			1. 2589 ***			0. 1863
			(79. 0988)			(0. 3611)

续表

VARIABLES	对称空间溢出			非对称空间溢出		
	SIH	SIL	EE	SIH	SIL	EE
COMP	0.0016	−0.0828***	−0.0687***	−0.0288	0.1056***	−0.1708***
	(0.0999)	(−2.6217)	(−3.5615)	(−1.5714)	(2.5841)	(−3.7343)
Control Variables	Yes	Yes	Yes	Yes	Yes	Yes
Constant	−0.0759	0.9942***	0.6285***	−0.0078	−0.1340	1.8978***
	(−1.1682)	(7.7999)	(7.9507)	(−0.1051)	(−0.8130)	(10.1690)
Observations	1911	1911	1911	1911	1911	1911
R−squared	0.1976	0.1303	0.8797	0.0167	0.0181	0.3273

注：括号内为稳健 z 统计量；*、**和***分别表示在统计显著性水平 10%、5%和 1%上显著。

表 5-17 报告了经济竞争对非两控区城市生态效率空间溢出影响的估计结果。从表 5-17 可知，经济竞争对非两控区城市生态效率空间溢出的高位压力具有显著的负向影响，对低位吸力则具有正向影响。具体而言，经济竞争每提高 1%，对称空间溢出和非对称空间溢出的高位压力均降低 0.03%。经济竞争显著提高了邻近城市生态效率空间对称空间溢出的低位吸力，经济竞争每提高 1%，低位吸力提高 0.13%。影响机制方面，邻近城市生态效率对称空间溢出的高位压力和低位吸力分别对生态效率具有显著的负向和正向影响，但非对称空间溢出对生态效率的提升效应不明显。平均而言，对称空间溢出的高位压力和低位吸力分别提高 1%，生态效率分别降低 0.22%和提高 1.24%。

表 5-17　经济竞争影响非两控区城市生态效率空间溢出的机制检验

VARIABLES	对称空间溢出			非对称空间溢出		
	SIH	SIL	EE	SIH	SIL	EE
SIH			−0.2207***			−0.3522
			(−9.0816)			(−1.3490)
SIL			1.2419***			−0.4149
			(102.5678)			(−0.6935)
COMP	−0.0298**	0.1315***	−0.0075	−0.0276**	0.0216	0.1626***
	(−2.4719)	(5.4264)	(−0.7965)	(−2.2355)	(0.7759)	(4.9454)

VARIABLES	对称空间溢出			非对称空间溢出		
	SIH	SIL	EE	SIH	SIL	EE
Control Variables	Yes	Yes	Yes	Yes	Yes	Yes
Constant	−0.0112	0.4466***	0.4804***	0.0538	−0.2804***	0.9971***
	(−0.3099)	(6.1762)	(16.8854)	(1.4584)	(−3.3743)	(9.6686)
Observations	1352	1352	1352	1352	1352	1352
R−squared	0.1285	0.2101	0.9418	0.0134	0.0249	0.2857

注：括号内为稳健 z 统计量；＊、＊＊和＊＊＊分别表示在统计显著性水平10%、5%和1%上显著。

（二）经济合作

前述研究已表明，经济合作对不同类型城市的生态效率具有显著的提升作用，本节对经济合作影响生态效率空间溢出的机制进行分组考察。与经济竞争的估计结果类似，在分组回归中，仅报告全局空间溢出的结果。表5-18 报告了经济合作对东部城市生态效率空间溢出影响的估计结果。从表5-18 可知，经济合作对东部城市生态效率对称空间溢出的高位压力和低位吸力分别具有显著的负向和正向影响，平均而言，经济合作每提高 1%，高位压力和低位吸力分别降低 0.002%和提高 0.01%。经济合作对东部城市生态效率非对称空间溢出的高位压力和低位吸力分别具有负向和正向影响，其中负向影响的显著性较弱。平均而言，经济合作每提高 1%，高位压力和低位吸力分别降低 0.003%和提高0.002%。进一步分析发现，邻近城市生态效率对称空间溢出的高位压力和低位吸力均对本地城市生态效率的提升具有显著的促进作用。生态效率对称空间溢出的高位压力和低位吸力每提高 1%，本地城市生态效率分别显著提高 0.10%和1.50%。生态效率非对称空间溢出的高位压力和低位吸力均对本地城市生态效率的提升具有显著的抑制作用，生态效率非对称空间溢出的高位压力和低位吸力每提高 1%，本地城市生态效率分别显著降低 1.24%和0.49%。分别考虑对称和非对称空间溢出时，经济合作对东部城市生态效率的提升均具有显著的促进作用，经济合作每提高 1%，生态效率分别提高 0.004%和0.02%。

表 5-18　经济合作影响东部城市生态效率空间溢出的机制检验

VARIABLES	对称空间溢出			非对称空间溢出		
	SIH	SIL	EE	SIH	SIL	EE
SIH			0. 1004 **			−1. 2377 *
			(2. 3831)			(−1. 7021)
SIL			1. 4996 ***			−0. 4851 *
			(58. 9206)			(−1. 8710)
COOP	−0. 0015 *	0. 0099 ***	0. 0041 ***	−0. 0026	0. 0022 **	0. 0185 ***
	(−1. 7691)	(7. 1151)	(3. 7907)	(−1. 2122)	(2. 3582)	(8. 0668)
Control Variables	Yes	Yes	Yes	Yes	Yes	Yes
Constant	−0. 2489 *	1. 2202 ***	0. 5428 ***	−0. 2049	0. 0710	2. 4013 ***
	(−1. 9349)	(5. 7299)	(3. 3310)	(−0. 6316)	(0. 5055)	(6. 8181)
Observations	1170	1170	1170	1170	1170	1170
R−squared	0. 2422	0. 2745	0. 8717	0. 0188	0. 0315	0. 3888

注: 括号内为稳健 z 统计量; *、** 和 *** 分别表示在统计显著性水平 10%、5% 和 1% 上显著。

表 5-19 报告了经济合作对中西部城市生态效率空间溢出影响的估计结果。从表 5-19 可知,经济合作对中西部城市生态效率对称空间溢出的高位压力和低位吸力分别具有显著的负向和正向影响,平均而言,经济合作每提高 1%,高位压力和低位吸力分别降低 0.003% 和提高 0.003%。经济合作对中西部城市生态效率非对称空间溢出的高位压力和低位吸力分别具有负向和正向影响,但显著性较弱。平均而言,经济合作每提高 1%,高位压力和低位吸力分别降低 0.003% 和提高 0.002%。进一步分析发现,邻近城市生态效率对称空间溢出的高位压力和低位吸力对本地城市生态效率的提升分别具有显著的抑制和促进作用。生态效率对称空间溢出的高位压力和低位吸力每提高 1%,本地城市生态效率分别显著降低 0.31% 和 1.19%。生态效率非对称空间溢出的高位压力和低位吸力均对本地城市生态效率的提升具有促进作用,低位吸力的生态效率提升效应更加显著,低位吸力每提高 1%,生态效率提高 0.54%。分别考虑对称和非对称空间溢出时,经济合作对中西部城市生态效率的提升均具有显著的促进作用,经济合作每提高 1%,生态效率分别提高 0.002% 和 0.006%。

表 5-19　经济合作影响中西部城市生态效率空间溢出的机制检验

VARIABLES	对称空间溢出			非对称空间溢出		
	SIH	SIL	EE	SIH	SIL	EE
SIH			-0.3099***			0.2793
			(-15.8346)			(0.5512)
SIL			1.1866***			0.5402**
			(133.9754)			(2.3824)
COOP	-0.0031***	0.0026***	0.0022***	-0.0004	0.0004	0.0062***
	(-7.0331)	(2.6523)	(6.3370)	(-0.4084)	(0.9571)	(4.8073)
Control Variables	Yes	Yes	Yes	Yes	Yes	Yes
Constant	-0.1095***	0.5571***	0.6764***	-0.1688**	0.0430	1.3458***
	(-3.3202)	(7.6419)	(26.6972)	(-2.2726)	(1.3017)	(13.5489)
Observations	2093	2093	2093	2093	2093	2093
R-squared	0.1164	0.0687	0.9405	0.0130	0.0115	0.1306

注：括号内为稳健 z 统计量；*、**和***分别表示在统计显著性水平 10%、5%和 1%上显著。

表 5-20 报告了经济合作对重点城市生态效率空间溢出影响的估计结果。从表 5-20 可知，经济合作对重点城市生态效率对称空间溢出的高位压力和低位吸力分别具有显著的负向和正向影响，平均而言，经济合作每提高 1%，高位压力和低位吸力分别降低 0.005%和提高 0.004%。同样地，经济合作对中西部城市生态效率非对称空间溢出的高位压力和低位吸力分别具有负向和正向影响，但不显著。进一步分析发现，邻近城市生态效率空间溢出的高位压力和低位吸力对本地城市生态效率的提升分别具有抑制和促进作用，且考虑生态效率对称空间溢出时更加显著。生态效率对称空间溢出的高位压力和低位吸力每提高 1%，本地城市生态效率分别显著降低 0.06%和提高 1.36%。生态效率非对称空间溢出的高位压力和低位吸力对本地城市生态效率的提升作用均有限。分别考虑对称和非对称空间溢出时，经济合作对重点城市生态效率的提升均具有显著的促进作用，经济合作每提高 1%，生态效率分别提高 0.008%和 0.014%。

表 5-20　经济合作影响重点城市生态效率空间溢出的机制检验

VARIABLES	对称空间溢出			非对称空间溢出		
	SIH	SIL	EE	SIH	SIL	EE
SIH			−0.0617** (−2.1856)			−0.2750 (−0.4798)
SIL			1.3645*** (91.8233)			0.2102 (0.9574)
COOP	−0.0050*** (−7.0707)	0.0044*** (3.3141)	0.0077*** (11.2841)	−0.0015 (−0.8669)	0.0011 (1.4294)	0.0140*** (7.1009)
Control Variables	Yes	Yes	Yes	Yes	Yes	Yes
Constant	−0.1482** (−2.5281)	0.6456*** (5.7965)	0.9450*** (16.7925)	−0.3032** (−2.0689)	0.0339 (0.5247)	1.8371*** (11.0586)
Observations	1534	1534	1534	1534	1534	1534
R−squared	0.1652	0.1915	0.9272	0.0189	0.0180	0.3715

注：括号内为稳健 z 统计量；＊、＊＊和＊＊＊分别表示在统计显著性水平 10%、5%和 1%上显著。

表 5-21 报告了经济合作对非重点城市生态效率空间溢出影响的估计结果。从表 5-21 可知，经济合作对非重点城市生态效率对称空间溢出的高位压力具有显著的负向影响，经济合作每提高 1%，高位压力降低 0.001%，经济合作对生态效率对称空间溢出的负向影响则不显著。经济合作对非重点城市生态效率非对称空间溢出的高位压力和低位吸力影响均不显著。影响机制方面，邻近城市生态效率对称空间溢出的高位压力和低位吸力对本地城市生态效率的提升分别具有显著的负向和正向影响，平均而言，高位压力和低位吸力每提高 1%，生态效率分别降低 0.27%和 1.19%。邻近城市生态效率非对称空间溢出对本地城市生态效率具有正向影响，但不显著。

表 5-21　经济合作影响非重点城市生态效率空间溢出的机制检验

VARIABLES	对称空间溢出			非对称空间溢出		
	SIH	SIL	EE	SIH	SIL	EE
SIH			−0.2662*** (−9.3180)			0.5927 (1.0223)
SIL			1.1909*** (85.9020)			0.0573 (0.2226)

续表

VARIABLES	对称空间溢出			非对称空间溢出		
	SIH	SIL	EE	SIH	SIL	EE
COOP	−0.0011**	−0.0001	−0.0004	−0.0010	0.0006	−0.0002
	(−2.1655)	(−0.0686)	(−0.6782)	(−0.9256)	(1.1213)	(−0.1426)
Control Variables	Yes	Yes	Yes	Yes	Yes	Yes
Constant	−0.0953**	0.5122***	0.4172***	−0.1694**	0.0657*	1.0163***
	(−2.5585)	(6.6735)	(10.7735)	(−2.0377)	(1.7972)	(9.4138)
Observations	1729	1729	1729	1729	1729	1729
R−squared	0.1656	0.1288	0.8974	0.0118	0.0125	0.2414

注：括号内为稳健 z 统计量；*、** 和 *** 分别表示在统计显著性水平 10%、5% 和 1% 上显著。

表 5-22 报告了经济合作对资源型城市生态效率空间溢出影响的估计结果。从表 5-22 可知，经济合作对资源型城市生态效率对称空间溢出的高位压力和低位吸力分别具有负向和正向影响，且负向影响更加显著。平均而言，经济合作每提高 1%，高位压力显著降低 0.001%。而经济合作对资源型城市生态效率非对称空间溢出的高位压力和低位吸力具有正向影响，但显著性较弱。进一步分析发现，邻近城市生态效率空间溢出的高位压力和低位吸力对本地城市生态效率的提升分别具有抑制和促进作用，且考虑生态效率对称空间溢出时更加显著。生态效率对称空间溢出的高位压力和低位吸力每提高 1%，本地城市生态效率分别显著降低 0.44% 和提高 1.13%。分别考虑对称和非对称空间溢出时，经济合作对资源型城市生态效率的提升均具有显著的促进作用，经济合作每提高 1%，生态效率分别提高 0.002% 和 0.003%。

表 5-22　经济合作影响资源型城市生态效率空间溢出的机制检验

VARIABLES	对称空间溢出			非对称空间溢出		
	SIH	SIL	EE	SIH	SIL	EE
SIH			−0.4403***			−0.0453
			(−14.7086)			(−0.0911)
SIL			1.1264***			0.1878
			(85.6440)			(0.8315)
COOP	−0.0013***	0.0001	0.0018***	0.0015	0.0008	0.0026*
	(−2.6451)	(0.1262)	(3.8851)	(1.0698)	(1.3139)	(1.8330)

续表

VARIABLES	对称空间溢出			非对称空间溢出		
	SIH	SIL	EE	SIH	SIL	EE
Control Variables	Yes	Yes	Yes	Yes	Yes	Yes
Constant	−0.1727***	0.5100***	0.6787***	−0.1396	0.0784*	1.3346***
	(−5.2483)	(6.8112)	(20.9424)	(−1.4069)	(1.8123)	(13.2999)
Observations	1313	1313	1313	1313	1313	1313
R-squared	0.2936	0.1370	0.9167	0.0126	0.0125	0.2229

注：括号内为稳健 z 统计量；*、**和***分别表示在统计显著性水平10%、5%和1%上显著。

表5-23 报告了经济合作对非资源型城市生态效率空间溢出影响的估计结果。从表5-23 可知，经济合作对非资源型城市生态效率空间溢出的高位压力和低位吸力分别具有显著的负向和正向影响。平均而言，经济合作每提高1%，生态效率对称空间溢出的高位压力和低位吸力分别降低 0.004%和提高 0.008%，生态效率非对称空间溢出的高位压力显著降低 0.003%，而对低位吸力的提升效应有限。进一步分析发现，邻近城市生态效率空间溢出的高位压力和低位吸力对本地城市生态效率的提升分别具有抑制和促进作用，且考虑生态效率对称空间溢出时更加显著。生态效率对称空间溢出的高位压力和低位吸力每提高1%，本地城市生态效率分别显著降低 0.08%和提高 1.34%。生态效率非对称空间溢出的高位压力和低位吸力对本地城市生态效率的提升作用均有限。分别考虑对称和非对称空间溢出时，经济合作对非资源型城市生态效率的提升均具有显著的促进作用，经济合作每提高1%，生态效率分别提高 0.003%和 0.014%。

表 5-23　经济合作影响非资源型城市生态效率空间溢出的机制检验

VARIABLES	对称空间溢出			非对称空间溢出		
	SIH	SIL	EE	SIH	SIL	EE
SIH			−0.0761***			−0.4312
			(−2.8345)			(−0.7046)
SIL			1.3384***			0.0768
			(94.1699)			(0.3245)
COOP	−0.0036***	0.0079***	0.0030***	−0.0025**	0.0004	0.0138***
	(−6.3217)	(7.2587)	(5.1228)	(−2.0398)	(0.6577)	(8.6768)

续表

VARIABLES	对称空间溢出			非对称空间溢出		
	SIH	SIL	EE	SIH	SIL	EE
Control Variables	Yes	Yes	Yes	Yes	Yes	Yes
Constant	−0.1134 **	0.7420 ***	0.5593 ***	−0.2519 **	0.0396	1.5728 ***
	(−2.4066)	(8.3356)	(11.4256)	(−2.5486)	(0.9052)	(11.7191)
Observations	1950	1950	1950	1950	1950	1950
R-squared	0.1224	0.1580	0.9003	0.0181	0.0178	0.2688

注：括号内为稳健 z 统计量；*、** 和 *** 分别表示在统计显著性水平 10%、5% 和 1% 上显著。

表 5-24 报告了经济合作对两控区城市生态效率空间溢出影响的估计结果。从表 5-24 可知，经济合作对两控区城市生态效率空间溢出的高位压力和低位吸力分别具有负向和正向影响，但对称空间溢出的估计结果更加显著。平均而言，经济合作每提高 1%，生态效率对称空间溢出的高位压力和低位吸力分别降低 0.004% 和提高 0.004%。同样地，经济合作对两控区城市生态效率非对称空间溢出的高位压力和低位吸力分别具有负向和正向影响，但不显著。进一步分析发现，邻近城市生态效率空间溢出的高位压力和低位吸力对本地城市生态效率的提升分别具有抑制和促进作用，且考虑生态效率对称空间溢出时更加显著。生态效率对称空间溢出的高位压力和低位吸力每提高 1%，本地城市生态效率分别显著降低 0.13% 和提高 1.26%。生态效率非对称空间溢出的高位压力和低位吸力对本地城市生态效率的提升作用均有限。分别考虑对称和非对称空间溢出时，经济合作对两控区城市生态效率的提升均具有显著的促进作用，经济合作每提高 1%，生态效率分别提高 0.007% 和 0.013%。

表 5-24　经济合作影响两控区城市生态效率空间溢出的机制检验

VARIABLES	对称空间溢出			非对称空间溢出		
	SIH	SIL	EE	SIH	SIL	EE
SIH			−0.1278 ***			−0.0717
			(−4.2017)			(−0.1364)
SIL			1.2593 ***			0.1323
			(82.0665)			(0.6404)

续表

VARIABLES	对称空间溢出			非对称空间溢出		
	SIH	SIL	EE	SIH	SIL	EE
COOP	−0.0037***	0.0042***	0.0074***	−0.0013	0.0008	0.0132***
	(−7.2548)	(4.1535)	(12.2383)	(−1.0284)	(1.4699)	(9.1419)
Control Variables	Yes	Yes	Yes	Yes	Yes	Yes
Constant	−0.2490***	1.1562***	0.9507***	−0.0863	0.0613	2.4350***
	(−3.6562)	(8.5620)	(11.7059)	(−0.5097)	(0.8207)	(12.5465)
Observations	1911	1911	1911	1911	1911	1911
R-squared	0.2191	0.1350	0.8877	0.0122	0.0193	0.3508

注：括号内为稳健 z 统计量；*、**和***分别表示在统计显著性水平 10%、5%和 1%上显著。

表5-25 报告了经济合作对非两控区城市生态效率空间溢出影响的估计结果。从表5-25 可知，经济合作对非两控区城市生态效率对称空间溢出的高位压力具有显著的负向影响，平均而言，经济合作每提高 1%，生态效率降低 0.001%。而经济合作对非两控区城市生态效率对称空间溢出的低位吸力和非对称空间溢出的影响均不显著。影响机制方面，邻近城市生态效率对称空间溢出的高位压力和低位吸力对本地城市生态效率的提升分别具有显著的抑制和促进作用，高位压力和低位吸力每提高 1%，本地城市生态效率分别显著降低 0.22%和提高 1.24%。生态效率非对称空间溢出的高位压力和低位吸力对本地城市生态效率的提升均具有促进作用，但不显著。分别考虑对称和非对称空间溢出时，经济合作对两非控区城市生态效率的提升分别具有负向和正向影响。

表5-25 经济合作影响两非控区城市生态效率空间溢出的机制检验

VARIABLES	对称空间溢出			非对称空间溢出		
	SIH	SIL	EE	SIH	SIL	EE
SIH			−0.2216***			0.4191
			(−9.1104)			(0.6680)
SIL			1.2407***			0.4255
			(103.3449)			(1.5249)
COOP	−0.0011*	0.0016	−0.0004	−0.0008	0.0008	0.0017
	(−1.8354)	(1.3006)	(−0.7925)	(−0.6469)	(1.4425)	(1.0635)

续表

VARIABLES	对称空间溢出			非对称空间溢出		
	SIH	SIL	EE	SIH	SIL	EE
Control Variables	Yes	Yes	Yes	Yes	Yes	Yes
Constant	−0. 0469	0. 5096 ***	0. 4692 ***	−0. 2429 ***	0. 0997 **	1. 0701 ***
	(−1. 1740)	(6. 2916)	(14. 8922)	(−2. 7373)	(2. 5634)	(9. 3379)
Observations	1352	1352	1352	1352	1352	1352
R−squared	0. 1268	0. 1939	0. 9418	0. 0191	0. 0123	0. 2733

注：括号内为稳健 z 统计量；＊、＊＊和＊＊＊分别表示在统计显著性水平 10%、5%和 1%上显著。

本章小结

城市生态效率提升的最终落脚点在于城市之间的经济交往，密切的经济交往强化了城市间的产业分工，提高了专业化水平，降低了协作成本，相邻城市或更大范围内城市间相互交流合作产生重要的作用，联动效应更加凸显。一般地，经济交往包括经济竞争和经济合作。城市之间在抢夺资源、争取外资、促进地方经济增长方面展开了激烈的竞争（Clarke and Gaile，1998），与此同时，在经济竞争的基础上进行区域协作。因此，城市之间经济竞争和经济合作并重。基于此，本章重点考察经济交往通过影响邻近城市生态效率的空间溢出对本地城市生态效率的提升产生作用，实证检验了全样本和分样本下经济交往影响城市生态效率的途径，深入分析了生态效率提升的关键影响因素。研究表明：①经济竞争显著抑制了城市生态效率的提升，经济合作则显著促进了城市生态效率的提升，且经济竞争和经济合作对生态效率提升的影响均具有显著的城市特征异质性和城市规模异质性。② 经济交往对邻近城市生态效率空间溢出的高位压力和低位吸力具有显著的影响。具体地，经济交往对邻近城市生态效率空间溢出的高位压力具有显著的抑制作用，对低位吸力具有显著的促进作用，且经济交往对邻近城市生态效率空间溢出的作用具有明显的距离效应和显著的区域异质性。③ 邻近城市生态效率对称空间溢出的高位压力和低位吸力对本地城市生态效率的提升分别具有抑制和促进作用，即表现为"不思进取"效应和"占优更进"效应，而非对称空间溢出的高位压力和低位吸力对本地城市生态效率的提升作用有限。④经济发展水平和人口密度均显著促进了城市生态效率提升，而产业结构和工资水平均显著抑制了城市生态效率提升，且对不同类型城市生态效率的影响幅度存在显著差异，人口密度的生态效率提升效应最大。

第六章

交通发展驱动生态效率空间溢出的实证研究

城市交通（包括轨道交通等）发展是推动城市经济社会发展和现代化建设的重要基础，城市交通发展水平与城市经济社会发展水平是否相匹配直接影响着城市功能发挥和城市经济运转的效率，也影响着城镇居民的生产、生活和生态空间。优先发展公共交通尤其是城市绿色交通，是提高中国城市综合竞争力、转变城市发展模式的重要途径之一，对于促进经济社会发展、应对资源耗竭和环境污染等挑战具有十分重要的现实意义，是城市交通发展必须长期坚持的重大战略方针。特别是近年来高速铁路的发展不仅带来经济的快速增长，而且对环境有着不可忽视的污染，主要包括大气污染、水污染、噪声污染、振动以及低频音以及铁路建设过程中的各种污染。交通发展作为生态效率空间溢出的重要机制，本章主要考察其对生态效率空间溢出的影响，进而影响生态效率提升的机理。具体地，主要考察高铁发展如何通过影响生态效率空间溢出，从而影响生态效率提升的机制。

第一节　引　言

理论上，交通基础设施投资可以通过乘数效应和外溢效应来有效刺激所在地区的经济发展。经验研究也肯定了交通基础设施对经济社会发展具有显著的促进作用（刘生龙和胡鞍钢，2010；Holl，2016；Qin，2017）。特别地，作为高技术装备的高速铁路发展对经济增长和生产率的影响引发了学界的热烈讨论。然而，交通基础设施完善也带来了交通污染、交通拥堵和通勤效率低下等城市病。近年来，学者们开始关注交通基础设施的环境效应。综合来看，已有文献并未回答交通基础设施改善对于经济增长和环境污染的净效应的影响如何。可能的原因，一是交通基础设施的经济效应更加明显；二是交通基础设施的环境

中国城市生态效率的空间溢出及其驱动机制研究

效应主要表现为空气污染，而空气污染具有跨界效应，因而难以严格量化和测度。从逻辑推理上来说，交通发展带来的更快捷的人流、物流、信息流或多或少会对城市的经济结构和生态环境带来冲击，从而影响生态效率。因此，合理和科学地测度区域绿色发展水平，以及研究交通发展作用于区域绿色发展的内在机理和传导机制，对厘清生态效率提升的关键影响因素和为政策制定者提供决策参考具有重要的理论和现实意义。

从宏观的区域层面来说，生态效率本质上是资源和环境双重约束下的投入产出效率。这一概念强调以较少的资源投入和较低污染排放，创造较高质量的产品和服务，最终实现经济和环境效益的双赢。生态效率为衡量区域可持续发展水平提供了一个综合性视角，该指标同时考虑了资源效率、经济效率和环境效率。虽然已有文献关注了高铁发展对经济增长和生产率的影响，但缺乏从更加广阔的视角进行讨论。具体地，对高铁发展影响生态效率传导机制的研究颇为少见。本书重点考察高铁发展如何通过生态效率空间溢出进而影响生态效率提升的传导路径。具体而言，高铁发展促进了城市间资本、技术、劳动力等要素的快速流动，压缩了城市之间的时空距离，并进一步影响了城市的空间结构和产业结构形态，或多或少对城市生态效率的空间溢出产生不同程度的影响，进而影响生态效率变化。

虽然既有研究对高铁的经济增长效应、经济分布效应和生产率提升效应等方面进行了较为深入的探讨，而且由于高铁的网络性，通过纳入空间因素等途径考察其空间溢出效应逐渐得到学者们的关注，但是研究生态效率空间溢出的驱动路径，即高铁发展如何通过影响生态效率空间溢出的途径进而影响生态效率提升的相关研究较少，该问题随着国家高铁网络体系的逐渐完善而日益突出，尤其是高铁对沿线城市生态环境影响的准确评估具有重要的现实意义。基于此，相对比以往研究文献，本章的边际贡献主要体现在：第一，采用前沿的数据包络分析方法（DEA）对城市生态效率进行测度。相较单一指标，该方法测算的生态效率更加全面和准确地反映生态环境的综合影响。第二，探讨了高铁发展如何通过生态效率空间溢出的渠道影响城市生态效率提升。第三，受限于城市能源消费量的限制，已有文献通常采用全社会用电量（市辖区）来衡量城市能源投入，但作为非期望产出的工业三废为全市层面的数据，据此测算的生态效率会带来偏差。因此，本书利用 Huang 等（2018b）的方法估算了城市的一次能源消费量和二氧化碳排放量，并对其研究样本进行了拓展，以尽可能地包括所有地级及以上城市和规避由于统计范围不一致而带来的偏差。

第二节　模型、数据与变量

一、计量模型设定

本书先设定一个简单的静态面板模型，考察高铁发展影响生态效率的机制：

$$EE_{it} = \alpha_0 HSR_{it} + \beta Controls_{it} + \lambda_i + \delta_t + u_{it} \tag{6-1}$$

其中，EE_{it} 为城市 i 在时期 t 的生态效率，HSR 度量了城市的高铁发展，$Controls$ 为控制变量，λ_i 为不随时间变化的个体固定效应，δ_t 为时间固定效应，u 表示与解释变量无关的随机扰动项，α_0 度量了城市高铁发展对生态效率的影响。根据已有研究，本书将 HSR 设置为虚拟变量，即当年开通高铁的城市[①]设为 1，未开通高铁的城市设为 0。

本章的研究重点在于考察高铁发展影响生态效率的传导机制，因此，将高铁发展与生态效率空间溢出的交互项引入实证模型中，捕捉两者之间的关联，模型设定如下：

$$EE_{it} = \alpha_0 HSR_{it} + \alpha_1 M_{it} \times HSR_{it} + \beta Controls_{it} + \lambda_i + \delta_t + u_{it} \tag{6-2}$$

式（6-2）中，M 为高铁发展的可能影响机制，即生态效率空间溢出，包括对称空间溢出和非对称空间溢出，式（6-2）的目的是考察高铁发展是否通过机制 M 来影响生态效率。高铁发展对生态效率的总体边际效应为 $\alpha_0 + \alpha_1 M$，影响机制 M 对生态效率的边际影响为 $\alpha_1 HSR$。其中，α_0 反映高铁发展是否促进或抑制生态效率，α_1 反映的变化是否提高或降低该机制 M 对生态效率的影响，即机制 M 的变化是否提高或降低了高铁发展对生态效率的影响。

二、数据来源与变量说明

关于高铁发展，采用当年城市是否开通高铁的虚拟变量衡量，高铁开通时间、路线、营运里程、站点和时速等信息主要来源于维基百科[②]，为保证数据

---

①　根据国际铁路联盟的定义，既有线路改造时速达到 200 千米以上或新建线路设计时速达到 250 千米以上的铁路即为高速铁路。因此，本书将 2003 年 10 月 12 日开通的秦沈铁路纳入研究样本中。

②　详见 https：//en. wikipedia. org/wiki/Main_Page。

质量，从国家铁路局和铁路客户服务中心官方网站进行查询，并对高铁数据信息进行交叉验证，构建城市高铁信息数据库。控制变量的说明同第五章。此外，还掌握了与交通发展密切相关的人均城市道路面积（平方千米/人）。

高铁发展是交通发展的主要方面，为了更加全面综合衡量城市内部和外部交通发展状况，本章还采用交通和经济这两类指标对城市交通枢纽的等级进行测度（胡煜和李红昌，2015）以反映城市交通发展，记为 HUB。交通指标包括客运总量（人）、货运总量（万吨）、邮政业务收入（万元）、对外交通用地（平方千米）和交通仓储邮电业从业人员数（万人），经济指标包括地区生产总值（当年价，万元）、第二产业产值（万元）和社会消费品零售总额（万元）。进一步利用基于熵权法的逼近理想解排序技术（TOPSIS）对城市交通枢纽的等级进行量化，以检验城市交通枢纽的等级程度影响生态效率空间溢出的机制。变量的描述性统计如表6-1所示。

表6-1　交通发展相关变量描述性统计

Variable	Obs.	Mean	Std. Dev.	Min.	Max.
$EE_{\text{NCMeta-US-SBM}}$	3514	0.4388	0.1942	0.1351	1.2973
$EE_{\text{NCMeta-US-DDF}}$	3514	0.6420	0.1884	0.1857	1.6164
HSR	3514	0.2382	0.4260	0.0000	1.0000
HUB	3514	0.1085	0.1123	0.0046	0.8508
PROAD	3499	4.0401	5.9134	0.0261	73.0445
PGDP	3514	2.9523	3.1972	0.2390	32.9734
POPD	3514	0.0453	0.0332	0.0005	0.2662
SFDI	3514	0.1492	0.1622	0.0000	0.9383
SIND	3514	0.4921	0.1081	0.1495	0.9097
URBAN	3514	0.9699	0.0666	0.2603	1.0000
FINA	3514	0.6457	0.2136	0.1520	5.6132
WAGE	3514	10.2302	0.5958	2.2834	11.7179

第三节　实证结果分析

由于高铁的网络特征，本章在实证检验过程中未进行分样本考察，而是利用全样本考察高铁的总体生态效率提升效应以及高铁通过生态效率空间溢出的途径影响生态效率提升。基于式（6-1）检验高铁发展对生态效率的影响，结果见表6-2第（1）列。运用式（6-2）检验高铁发展的两个影响机制，结果见表6-2第（2）-（7）列。表6-3报告了非对称空间溢出的结果。进一步地，本书计算了平均边际效应，用以描述该变量同被解释变量之间的平均弹性。结果发现无论加入何种影响机制变量，高铁发展的边际回归系数均显著为正。这表明，高铁发展程度的强化有助于生态效率的提升。平均而言，高铁发展程度每增加1%，导致生态效率增加0.02%左右。

本书重点分析高铁发展与生态效率空间溢出的交互项。首先，高铁发展与生态效率高位压力的交互项，其系数在回归式（2）和（5）中均在1%水平上为负，这表明两者存在较强的相互作用。高铁发展程度越高，邻近城市生态效率高位压力对生态效率的贡献越小，即高铁发展会弱化邻近城市生态效率高位压力对生态效率的作用。高铁发展同生态效率低位吸力的交互项系数在所有回归模型中均在1%水平上为正。这说明对生态效率低位吸力相同的城市而言，高铁发展程度较高的地区表现为更高的生态效率，即高铁发展强化了邻近城市生态效率低位吸力对生态效率的影响。图6-1报告了对称空间溢出对生态效率影响的距离效应。由图可知，生态效率高位压力和低位吸力对生态效率分别具有负向抑制作用和正向促进作用，其中，正向促进作用的变化幅度在0.5至0.7之间，随着距离阈值的增加，正向促进作用先降后升，最后变化比较平稳，变化幅度基本保持在0.05左右。高位压力和低位吸力在距离阈值为1700km时均有较为明显的跳跃，可能的原因在于，在距离阈值为1700km时，估计自变量空间滞后（SLX）模型的γ参数较小。随后低位吸力对生态效率的影响幅度变化较为平稳，基本保持在-0.06，这是对称空间溢出的估计结果。然而，非对称空间溢出因为考虑了本地城市生态效率的空间溢出，其对生态效率的影响幅度和方向可能没有那么显著。

表6-2 高铁发展影响生态效率空间溢出的机制检验：对称空间溢出

VARIABLES	(1)	(2)	(3)	(4)	(5)	(6)	(7)
			距离阈值为300km			距离阈值为4100km	
HSR	0.0185**	0.0496***	-0.0181**	-0.0164*	0.0725***	-0.0235***	-0.0176
	(2.4777)	(4.0048)	(-2.2568)	(-1.6625)	(4.6430)	(-2.7978)	(-1.2455)
HSR×SIH		-0.4074***		0.0177	-0.6649***		-0.0582
		(-3.0138)		(-0.1891)	(-3.8762)		(-0.4193)
HSR×SIL			0.6716***	0.6654***		0.6033***	0.5858***
			(7.6246)	(7.9547)		(7.2760)	(7.0757)
Control Variables	Yes	Yes	Yes	Yes	Yes	Yes	Yes
Observations	3499	3254	3254	3254	3254	3254	3254
R-squared	0.8297	0.8534	0.8691	0.8691	0.8565	0.8702	0.8703

注：括号内为稳健 t 统计量；*、**和***分别表示在统计显著性水平10%、5%和1%上显著；交互效应模型中回归系数报告的是平均边际效应，以下同；所有模型均控制了时间和个体效应，以下同。

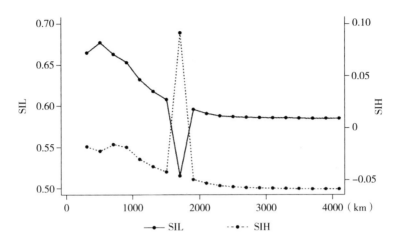

图6-1　对称空间溢出对生态效率影响的距离效应

（基准回归）

表6-3报告了高铁发展影响生态效率非对称空间溢出的估计结果，可以得出结论，高铁发展对生态效率具有显著的提升作用，平均而言，高铁发展程度每增加1%，生态效率增加0.02%左右。影响机制方面，高铁发展与生态效率高位压力的交互项的估计系数为负，而高铁发展与生态效率低位吸力的交互项的估计系数为正，虽然在统计上不显著，但在经济上是显著的。这表明，高铁发展程度越高，邻近城市生态效率高位压力对生态效率的贡献越小，即高铁发展会弱化邻近城市生态效率高位压力对生态效率的作用，但会强化邻近城市生态效率低位吸力对生态效率的作用。同样地，本书给出非对称空间溢出对生态效率影响的距离效应，见图6-2。一个有趣的发现是，随着距离阈值的增大，高位压力和低位吸力对生态效率的作用强度递减，即两种力量存在距离衰减效应。因此，如果不考虑非对称空间溢出，那么得出的结论可能存在偏差，在政策制定过程中也会带来偏误。

表 6-3 高铁发展影响生态效率空间溢出的机制检验：非对称空间溢出

VARIABLES	距离阈值为300km			距离阈值为4100km		
	(1)	(2)	(3)	(4)	(5)	(6)
HSR	0.0211**	0.0159**	0.0186**	0.0274**	0.0173**	0.0266**
	(2.5906)	(2.1370)	(2.0662)	(2.5904)	(2.2862)	(2.2126)
HSR ×SIH	-0.0215		-0.0192	-0.0580		-0.0565
	(-0.6885)		(-0.6033)	(-1.2334)		(-1.1539)
HSR ×SIL		0.0222	0.0205		0.0079	0.0048
		(1.2129)	(1.0757)		(0.5068)	(0.2904)
Control Variables	Yes	Yes	Yes	Yes	Yes	Yes
Observations	3254	3254	3254	3254	3254	3254
R-squared	0.8491	0.8491	0.8491	0.8491	0.8490	0.8491

注：括号内为稳健 t 统计量；*、**和***分别表示在统计显著性水平 10%、5%和 1%上显著。

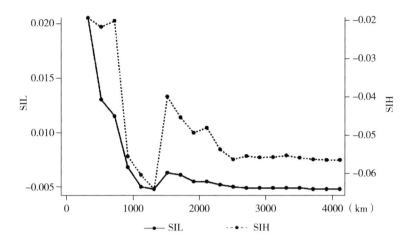

图 6-2　非对称空间溢出对生态效率影响的距离效应（基准回归）

第四节　稳健性检验

本章还做了以下四个方面的工作：

首先，采用 Cutler 和 Lleras-Muney（2010）的方法，在式（6-1）中逐步增添本书所关注的渠道变量①（即生态效率的空间溢出），以考察渠道变量在解释高铁发展对生态效率的作用中所占的比例，估计结果见表 6-4 和表 6-5。由表 6-4 可以看出，高铁发展的系数在所有回归模型中均在给定统计水平上为正，表明高铁发展程度的提高有助于城市生态效率的提升。进一步地，本书发现邻近城市生态效率的低位吸力对城市生态效率具有显著的正向作用，而高位压力则具有显著的负向作用。以距离阈值为 300km 为例，平均而言，低位吸力每提升 1%，城市生态效率提升 1.10% 左右，而高位压力每提升 1%，城市生态效率下降 0.20% 左右。图 6-3 报告了对称空间溢出（包括高位压力和低位吸力两种力量）对生态效率影响的距离效应，可以得出结论，以距离阈值 1700km 为界，生态效率空间溢出的低位吸力对生态效率具有显著的正向促进作用，且作用强度随距离阈值的增大而逐渐增强，而生态效率空间溢出的高位压力对生

---

　① 参考程令国等（2014）的研究，"渠道变量"定义为受高铁发展影响或决定转而会影响生态效率的变量。本书的渠道变量为生态效率的空间溢出，包括对称空间溢出和非对称空间溢出。

表 6-4　对称空间溢出的稳健性检验：渠道变量估计

VARIABLES	距离阈值为 300km				距离阈值为 4100km	
	(1)	(2)	(3)	(4)	(5)	(6)
HSR	0.0120*	0.0130***	0.0116***	0.0045	0.0094***	0.0064**
	(1.7322)	(3.4193)	(3.0182)	(0.6950)	(3.6233)	(2.5782)
SIH	-0.6979***		-0.1789***	-1.2600***		-0.3171***
	(-5.9086)		(-4.0528)	(-5.7779)		(-4.3371)
SIL		1.1146***	1.0816***		1.1719***	1.1115***
		(36.3395)	(39.0883)		(48.7021)	(49.6724)
Control Variables	Yes	Yes	Yes	Yes	Yes	Yes
Observations	3254	3254	3254	3254	3254	3254
R-squared	0.8679	0.9743	0.9754	0.8850	0.9876	0.9895

注：括号内为稳健 t 统计量；*、**和***分别表示在统计显著性水平 10%、5% 和 1% 上显著。

表6-5　非对称空间溢出的稳健性检验：渠道变量估计

VARIABLES	(1)	(2)	(3)	(4)	(5)	(6)
	距离阈值为300km			距离阈值4100km		
HSR	0.0184***	0.0183***	0.0184***	0.0185***	0.0183***	0.0184***
	(2.6572)	(2.6488)	(2.6588)	(2.6721)	(2.6456)	(2.6682)
SIH	-0.0050		-0.0059	-0.0131		-0.0141
	(-0.3251)		(-0.3909)	(-0.5627)		(-0.6040)
SIL		-0.0042	-0.0051		-0.0033	-0.0041
		(-0.4257)	(-0.5139)		(-0.3513)	(-0.4313)
Control Variables	Yes	Yes	Yes	Yes	Yes	Yes
Observations	3254	3254	3254	3254	3254	3254
R-squared	0.8490	0.8490	0.8490	0.8490	0.8490	0.8490

注：括号内为稳健t统计量；*、**和***分别表示统计显著性水平10%、5%和1%上显著。

态效率具有显著的负向促进作用，且作用强度随距离阈值的增大而逐渐减弱。距离阈值越过 1700km 后，低位吸力和高位压力的变化幅度变得相对平稳，影响幅度分别保持在 1.105 和-0.32 左右。

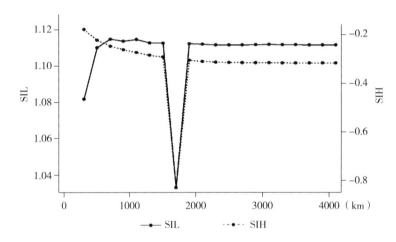

图 6-3　对称空间溢出对生态效率影响的距离效应（渠道变量估计）

其次，参考程令国等（2014）的证明方法和计算过程，本书进一步计算了渠道变量在解释高铁发展对生态效率的作用中所占的比重，并将结果以累计分布图呈现，见图6-4。结果表明，距离阈值为300km时，分别增加生态效率空间溢出的高位压力和低位吸力时，能够解释高铁发展对生态效率提升作用的35.14%和29.73%，而同时增加这两种力量时，则能够解释37.30%。解释力度随距离阈值的增加而增强，距离阈值越过1700km后，解释力度变得比较平稳。这一发现说明，高铁发展确实可以通过生态效率空间溢出的高位压力和低位吸力的渠道影响城市生态效率提升，也从侧面表明高铁发展通过影响生态效率空间溢出影响本地城市生态效率的机制的合理性。

图6-4报告了考虑对称空间溢出时高铁发展对生态效率的累计百分比分布，从图中可看出，仅仅考虑生态效率的高位压力时，在距离阈值为300~1700km时，高铁发展对生态效率的解释逐渐增强，解释强度从低于50%升至接近100%；距离阈值大于1700km时，解释强度随距离阈值的增加变得较为稳定，其值在70%左右。而仅仅考虑低位吸力时，高铁发展对生态效率的解释强度均较为稳定，变化不大。但是同时考虑高位压力和低位吸力时，高铁发展对生态效率影响的解释强度变化较大，且随着距离阈值的增加，解释强度也逐渐增加，特别是在距离阈值为1700km时，增加幅度最大。

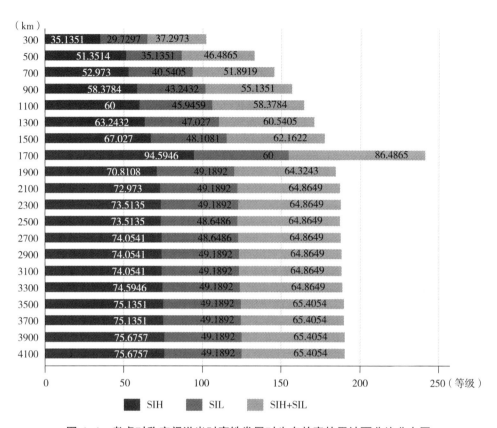

图 6-4　考虑对称空间溢出时高铁发展对生态效率的累计百分比分布图

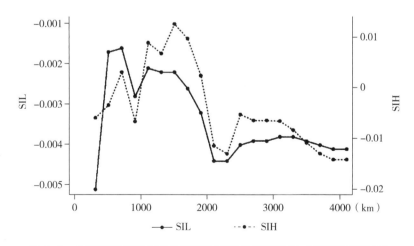

图 6-5　非对称空间溢出对生态效率影响的距离效应（渠道变量估计）

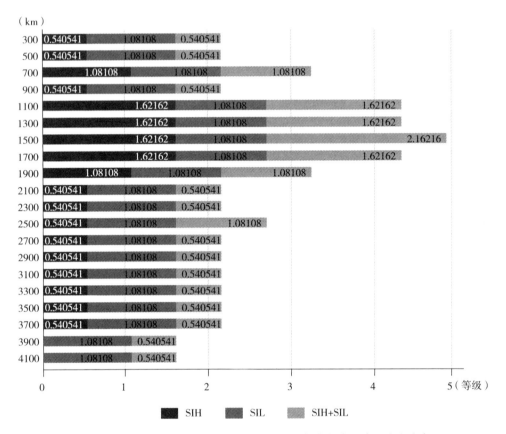

图 6-6　考虑非对称空间溢出时高铁发展对生态效率的累计百分比分布图

　　再次，替代核心解释变量，即采用城市交通枢纽等级程度衡量交通发展，并考察其通过生态效率空间溢出的途径影响城市生态效率提升的机制。估计结果见表 6-6 和表 6-7。比较发现，主要观测变量的系数符号和显著性变化不大，表明前文结论是稳健的。同时，图 6-7 和图 6-8 分别报告了对称空间溢出和非对称空间溢出影响生态效率的距离效应。

　　最后，作为补充分析，本书还参考 Brandt 等（2017）的研究，采用 1990 年中国各地级及以上城市铁路射线数量作为交通发展的工具变量，并采用工具变量法重新估计模型。同样发现，主要观测变量的系数符号和显著性变化不大，表明前文结论是稳健的。综合上述研究发现，交通发展对生态效率具有显著的促进作用，生态效率空间溢出是交通发展影响生态效率提升的主要机制和途径。从侧面印证了交通发展确实可以通过影响生态效率的空间溢出进而影响生态效率提升。

表 6-6　交通枢纽等级影响生态效率空间溢出的机制检验：对称空间溢出

VARIABLES	(1)	(2)	(3)	(4)	(5)	(6)	(7)
			距离阈值为 300km			距离阈值为 4100km	
HUB	0.2270***	0.0151	-0.2591***	-0.2222**	0.1335	-0.2570**	-0.2024
	(-3.7043)	(0.1611)	(-2.7265)	(-2.0464)	(1.1187)	(-2.5234)	(-1.5364)
HUB×SIH		-2.8310***		-0.5033	-3.6752***		-0.6093
		(-4.3547)		(-0.8023)	(-3.9875)		(-0.7586)
HUB×SIL			2.9968***	2.8297***		3.0199***	2.8386***
			(5.6892)	(5.1986)		(5.9716)	(5.3483)
Control Variables	Yes	Yes	Yes	Yes	Yes	Yes	Yes
Observations	3499	3254	3254	3254	3254	3254	3254
R-squared	0.8298	0.8623	0.8865	0.8868	0.8655	0.8898	0.8901

注：括号内为稳健 t 统计量；+、*、**和***分别表示在统计显著性水平 15%、10%、5%和 1%上显著。

表 6-7　交通枢纽等级影响生态效率空间溢出的机制检验：非对称空间溢出

VARIABLES	(1)	(2)	(3)	(4)	(5)	(6)
		距离阈值为300km			距离阈值为4100km	
HUB	-0.1319	-0.1669*	-0.1369	-0.1088	-0.1647*	-0.1022
	(-1.5335)	(-1.9228)	(-1.5814)	(-1.2680)	(-1.8770)	(-1.1397)
HUB×SIH	-0.2009*	0.0615	0.1102	-0.3411*		-0.1519
	(-1.9411)	(1.1155)	(0.3366)	(-1.9200)		(-0.3444)
HUB×SIL			1.1620**		0.0234	1.1081
			(2.0370)		(0.4860)	(1.0392)
Control Variables	Yes	Yes	Yes	Yes	Yes	Yes
Observations	3254	3254	3254	3254	3254	3254
R-squared	0.8489	0.8487	0.8490	0.8490	0.8487	0.8490

注：括号内为稳健 t 统计量；*、**和***分别表示在统计显著性水平 10%、5% 和 1% 上显著。

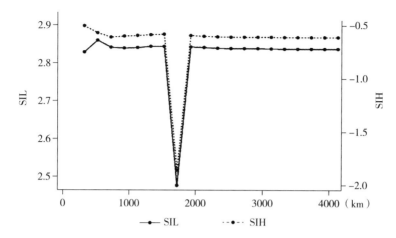

图 6-7　对称空间溢出对生态效率影响的距离效应（替代核心解释变量）

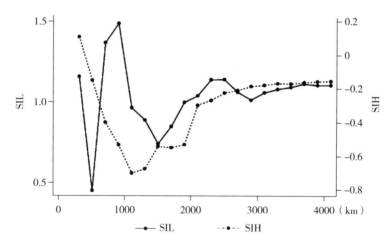

图 6-8　非对称空间溢出对生态效率影响的距离效应（替代核心解释变量）

本章小结

　　交通基础设施的网络性与外部性特征决定了其对城市生态效率提升存在正向或负向空间溢出效应，具体取决于城市的资源禀赋、产业结构、科技实力、环境规制等因素的综合作用。高铁发展通过生态效率对称空间溢出和非对称空间溢出的途径影响生态效率提升，且可能存在显著的距离效应和区间效应。本章基于中国 251 个地级及以上城市 2003-2016 年的面板数据进行了严格的实证检验。结果表明，高铁发展显著促进了生态效率低位吸力对生态效率的影响，但抑制了生态效率高位压力对生态效率的影响，不同的稳健性检验下，这一结论均显著成立。

　　本章的研究具有明显的政策含义。一是以高铁为依托，重视高铁沿线城市的生态环境保护，发挥中心城市的经济辐射作用，切实提升城市生态效率。虽然高铁运行主要依靠电力，但是在高铁建设过程中主要还是以煤炭等资源为主，不可避免地会造成严重的环境污染，这种污染主要是隐性的。因此，在高铁带动周边城市共同发展的同时，必须把生态环境保护放在首位，避免走先污染后治理的旧发展模式。二是以高铁发展为依托，加速城市间要素流动和提高资源利用效率，重视本地城市生态效率空间溢出对城市总体生态效率提升的作用。由于邻近城市生态效率空间溢出的低位吸力对本地城市生态效率具有显著的提升作用，意味着努力提升本地城市生态效率将有助于城市生态效率的总体提升。此外，在产业结构调整的过程中，不仅要扩大低能耗、低污染产业在国民经济中的比重，更要积极通过技术进步等途径来提高清洁产业的附加值。第一产业比重过大的城市的主导产业往往属于资源初级开发和加工类型，而仅仅依靠开发当地资源的经济发展模式是不可持续的。三是以高铁发展为依托，重点提高城市经济集聚水平，促进城市生态效率提升。人口密度在某种程度上反映了经济集聚水平或者城市集聚程度，而提高经济集聚水平有助于城市生态效率的提升。此外，在资源耗竭和环境污染双重压力下，合理提高城市产业结构水平，以主导产业为核心积极拓展上游、下游及其关联产业，形成可持续发展的产业群生态环境，对于促进城市经济、资源和环境协同发展具有积极的意义。

第七章

区域创新驱动生态效率空间溢出的实证研究

创新驱动发展已上升为国家战略高度，创新驱动绿色发展是实现区域可持续发展的重要途径之一。2005 年 10 月，胡锦涛总书记在党的十六届五中全会上明确提出了建设创新型国家的重大战略思想。2006 年 1 月召开的全国科学技术大会提出要坚持走中国特色自主创新道路，用 15 年左右的时间把中国建设成为创新型国家。提升城市创新能力、建设创新型城市是建设创新型国家的重要基础，中国早在 2006 年的《国家中长期科学和技术发展规划纲要（2006-2020）》中明确提出到 2020 年进入创新型国家行列。从国家创新和城市创新的关系出发，城市创新是国家创新的基础，是对城市创新能力的综合评价也是建设创新型国家的先决条件之一。为深入贯彻全国科技创新大会精神和《国家创新驱动发展战略纲要》部署，认真落实习近平总书记提出的要发挥各地在创新发展中的积极性和主动性，尊重科技创新的区域集聚规律，因地制宜探索差异化的创新发展路径，建设若干具有强大带动力的创新型城市和区域创新中心，有力支撑创新型省份和创新型国家建设，科技部、国家发展改革委制定了《建设创新型城市工作指引》。基于上述现实背景，研究区域创新的生态效率提升效应符合国家以创新驱动绿色发展的战略，具有重要的现实意义。

第一节　引言

党的十九大报告中指出，创新是引领发展的第一动力，是建设现代化经济体系的战略支撑。从唯物辩证法的角度看，发展的实质和途径就是创新（王永芹，2014）。然而，技术进步与创新发展空间巨大，国民整体研究水平仍有待提高（连平等，2018），不仅是因为技术进步与创新是一个经济体实现长期可持续增长的关键，更重要的是，技术创新对城市绿色发展具有显著的促进作用（Zhang et. al，

2018）。生态效率综合考虑了资源、环境和经济的协调发展，为衡量区域绿色发展和生态文明建设水平提供了一个综合性视角（黄建欢，2016），而城市创新通过提高资源利用效率、降低环境污染和提高经济产出等渠道进一步影响生态效率。基于此，本章将深入考察城市创新对生态效率的影响机制，在实施创新驱动绿色发展阶段，对这一问题的阐释将有利于进一步识别城市生态效率提升的关键因素，为推进绿色发展和建设"美丽中国"进程中相关政策的制定和设计提供参考。

国内外研究创新与生态效率的文献相对较少，主要是从某个侧面研究创新与效率的关系，如科技创新与技术效率（马述忠和柴宇曦，2016），科技创新与资源效率（叶依广和孙林，2002），科技创新与能源效率（贾军和张卓，2013）等。现有文献对中国生态效率的研究主要有两条主线：一是深化和拓展生态效率的测度方法。现有的测算方法主要有单一比值法、DEA、SFA 和 EF 等几种方法。如前所述，DEA 和 SFA 具有客观赋权的优势，因而被广泛用于测度生态效率。为了得到更加全面、准确的测度结果，学者们仍在不断对 DEA 模型进行改进和拓展，相关研究仍是今后长时间内学界关注的重点之一。二是生态效率提升的影响机制分析。与本书主题密切相关的主要文献有王瑾（2014）、陈林心等（2016）、黄建欢与许和连（2016）、梁星和卓得波（2017）、卢燕群和袁鹏（2017）以及 Zhang 等（2018）。值得注意的是，Zhang 等（2018）基于105 个城市的面板数据和空间计量方法研究了技术创新对城市生态效率的影响，发现技术创新对生态效率提升具有显著的推动作用。本章的不同之处在于：一是改进和拓展了生态效率的测度方法；二是利用更加综合的城市创新指数（寇宗来和刘学悦，2017）衡量区域创新；三是研究样本更大。

基于上述分析，本章重点讨论区域创新驱动生态效率空间溢出的实证检验，对这一问题的研究将有助于检验区域创新的生态效率提升效应，识别生态效率提升的关键影响机制，判定区域创新对生态效率提升的作用强度，厘清生态效率空间溢出的驱动路径，即区域创新通过生态效率空间溢出的途径影响生态效率提升。

第二节　模型、数据与变量

一、计量模型设定

借鉴 Baron 和 Kenny（1986）的方法，本书在验证区域创新影响生态效率空间溢出进而影响生态效率变化这一作用路径是否成立时，采用了中介效应检验方法，构建如下回归模型：

$$EE_{it} = \alpha_0 + \beta_1 INNO_{it} + \beta_2 Controls_{it} + \varepsilon \tag{7-1}$$

式（7-1）中，$INNO_{it}$ 代表城市 i 在 t 期的城市创新，对区域创新与生态效率的关系进行检验，即中介效应检验的步骤一。$Controls_{it}$ 为控制变量，包括经济发展水平、人口密度、产业结构等。

$$M_{it} = \alpha_0 + \beta_1 INNO_{it} + \beta_2 Controls_{it} + \varepsilon \tag{7-2}$$

式（7-2）中，M_{it} 代表城市 i 在 t 期的生态效率空间溢出，包括邻近城市生态效率的空间溢出和本地城市生态效率的空间溢出，检验区域创新对生态效率空间溢出的作用，即中介效应检验的步骤二。

$$EE_{it} = \alpha_0 + \beta_1 M_{it} + \beta_2 INNO_{it} + \beta_3 Controls_{it} + \varepsilon \tag{7-3}$$

式（7-3）分别将区域创新和生态效率的空间溢出加入回归方程，即中介效应检验的步骤三。中介效应模型在心理学、社会学等领域有着广泛的应用。温忠麟等（2004）讨论了中介效应模型的检验程序，温忠麟和叶宝娟（2014）详细阐述了中介效应分析的方法和模型进展。

二、数据来源与变量说明

本章主要关注的核心解释变量是区域创新，数据来源于寇宗来和刘学悦（2017）的研究。进一步地，采用替换核心解释变量的方法进行稳健性检验，即采用 NCMeta-US-SBM 和 NCMeta-US-DDF 模型测算的技术缺口比衡量城市的创新追赶水平，其描述性统计见表7-1第5和第6行。其他数据来源与第五章相同。相关变量的描述性统计见表7-1。

表7-1 区域创新相关变量描述性统计

Variable	Obs.	Mean	Std. Dev.	Min.	Max.
$EE_{NCMeta-US-SBM}$	3514	0.4388	0.1942	0.1351	1.2973
$EE_{NCMeta-US-DDF}$	3514	0.6420	0.1884	0.1857	1.6164
INNO	3514	0.0783	0.4120	0.0000	10.6137
$TGR_{NCMeta-US-SBM}$	3514	0.8503	0.1640	0.2412	1.0000
$TGR_{NCMeta-US-DDF}$	3514	0.8819	0.1439	0.3141	1.0000
PGDP	3514	2.9523	3.1972	0.2390	32.9734

Variable	Obs.	Mean	Std. Dev.	Min.	Max.
POPD	3514	0.0453	0.0332	0.0005	0.2662
SFDI	3514	0.1492	0.1622	0.0000	0.9383
SIND	3514	0.4921	0.1081	0.1495	0.9097
URBAN	3514	0.9699	0.0666	0.2603	1.0000
FINA	3514	0.6457	0.2136	0.1520	5.6132
WAGE	3514	10.2302	0.5958	2.2834	11.7179

注：为使变量 INNO 的估计系数不至于过小，实证过程中将城市创新指数缩小为原数的百分之一，下同。

第三节　实证结果分析

一、区域创新对生态效率的影响

在进行影响机制分析之前，先考察区域创新对生态效率的提升效应。如前所述，生态效率具有显著的区域异质性，不同城市类型和城市规模的技术创新也有所差别。因此，分析城市特征和城市规模异质性下区域创新对生态效率的影响就显得非常有必要。表 7-2 和表 7-3 分别报告了城市特征和城市规模异质性下区域创新对生态效率影响的估计结果。分析表 7-2 可知，对于全样本估计，区域创新对生态效率提升具有显著的促进作用，平均而言，区域创新每增加1%，生态效率提高 0.04%。

城市特征异质性方面。按照前文城市类型划分标准，从区位条件、环境政策和资源禀赋方面考察城市特征异质性。表 7-2 第（2）和（3）列报告了不同区位条件的估计结果，结果表明，区域创新对东部城市和中西部城市生态效率的提升具有显著的正向影响，且均通过了 1% 显著性水平的统计检验。区域创新对中西部城市生态效率的提升效应更加明显，平均而言，区域创新每增加1%，生态效率提高 0.12%。表 7-2 第（4）和（5）列报告了重点环境保护城市和非重点环境保护城市的估计结果，结果表明，区域创新对重点城市生态效率的提升具有显著的正向影响，区域创新每增加1%，生态效率提高 0.04%。然而，区域

表7-2　区域创新对生态效率的影响：城市特征异质性

VARIABLES	(1)全样本	(2)东部城市	(3)中西部城市	(4)重点城市	(5)非重点城市	(6)资源型城市	(7)非资源型城市	(8)两控区城市	(9)非两控区城市
INNO	0.0396***	0.0395***	0.1163***	0.0413***	-0.7174	0.3806**	0.0399***	0.0451***	0.3193*
	(3.3178)	(3.7094)	(3.5342)	(4.6855)	(-1.3391)	(2.4214)	(3.8886)	(3.8994)	(1.6871)
Control Variables	Yes	Yes	Yes	Yes	Yes	Yes	Yes	Yes	Yes
Observations	3514	1260	2254	1652	1862	1414	2100	2058	1456
R-squared	0.8286	0.8450	0.8171	0.8819	0.7966	0.7900	0.8406	0.8560	0.8031

注：括号内为稳健t统计量；*、**和***分别表示在统计显著性水平10%、5%和1%上显著；所有模型均控制了时间和个体效应，且结果聚类到城市层面，以下同。

表7-3　区域创新对生态效率的影响：城市规模异质性

VARIABLES	(1)全样本	(2)中等城市	(3)大型城市	(4)Ⅱ型大城市	(5)Ⅰ型大城市	(6)特大及以上城市
INNO	0.0396***	5.2336**	0.0384***	0.0158	0.0127	0.0440***
	(3.3178)	(2.4133)	(3.3107)	(0.3353)	(0.2677)	(5.9538)
Control Variables	Yes	Yes	Yes	Yes	Yes	Yes
Observations	3514	104	3372	1048	1006	1313
R-squared	0.8286	0.9213	0.8170	0.8112	0.8671	0.8324

注：括号内为稳健t统计量；*、**和***分别表示在统计显著性水平10%、5%和1%上显著。

创新对非重点城市生态效率的提升具有抑制作用。长期以来，非重点城市相较于重点城市具有更好的环境质量和更大的环境保护力度，清洁技术水平也相对较高。新技术的引入需要时间来转化和吸收，一旦技术未实现有效转化和吸收，就无法达到创新转移的效果，因而对城市生态效率提升的影响幅度不升反降。表 7-2 第（6）和（7）列报告了资源型城市和非资源型城市的估计结果，结果表明，区域创新对资源型和非资源型城市生态效率的提升均具有显著的正向影响，区域创新每增加 1%，生态效率分别提高 0.40% 和 0.04%。研究发现从侧面验证了丰富的自然资源并没有限制城市经济发展，即资源诅咒效应不明显，反而通过提高经济发展水平和资源利用效率以提高生产率，进而提升生态效率。表 7-2 第（8）和（9）列报告了两控区城市和非两控区城市的估计结果，结果表明，区域创新对两控区和非两控区城市生态效率的提升作用具有正向影响，区域创新每提高 1%，生态效率分别提高 0.05% 和 0.32%。

　　城市规模异质性方面。规模较大的城市具有经济集聚效应，资源配置和利用效率相应较高，技术创新水平也较高，能够提高城市生产率，进而对生态效率具有提升作用。基于这一考虑，本书在考察区域创新对生态效率的影响时，对不同规模城市生态效率的提升效应进行验证，估计结果见表 7-3。结果表明，中等城市规模下，城市区域创新的增加显著提升了城市生态效率，区域创新每增加 1%，生态效率提高 5.23%，说明城市规模较小更加有利于提高资源利用效率，更加有利于环境保护，进而提升生态效率。同样地，大型城市区域创新水平的提高显著提升了生态效率，平均而言，区域创新每提升 1%，生态效率将提高 0.04%。进一步分析发现，不同类型的大城市区域创新效应存在差异，区域创新对生态效率提升的影响随城市规模的增大而增强。Ⅱ型大城市和Ⅰ型大城市区域创新对生态效率有明显的提升作用，但显著性较弱。特大型及以上城市的区域创新产生的生态效率提升效应不仅比大型城市区域创新产生的生态效率提升效应更强，而且显著性也更高。

二、区域创新影响生态效率空间溢出的实证检验：全样本观察

　　本节基于全样本考察不同距离阈值下区域创新影响生态效率空间溢出的机制，估计结果见表 7-4。距离阈值为 300km 时，区域创新对邻近城市生态效率对称空间溢出的高位压力和低位吸力分别具有显著的抑制和促进作用，区域创新每增加 1%，高位压力和低位吸力分别降低 0.02% 和提高 0.03%，且通过了 1% 统计显著性水平的检验。特别地，区域创新对高位压力的抑制和低位吸力的提升作用随距离阈值的增加而逐渐衰减，符合随距离衰减的规律。考虑全局空

间溢出时，区域创新每增加 1%，高位压力和低位吸力分别降低 0.02% 和提高 0.03%。影响机制方面，邻近城市生态效率对称空间溢出的高位压力和低位吸力对本地城市生态效率的提升分别具有显著的抑制和促进作用，且随着距离阈值的增加，对称空间溢出对生态效率的影响幅度也随之增加，并不符合严格的随距离衰减的规律。距离阈值为 300km 时，高位压力和区域创新对生态效率的提升分别具有显著的抑制和促进作用，高位压力和区域创新每提高 1% 时，生态效率分别降低 0.68% 和提高 0.02%；低位吸力和区域创新对生态效率的提升均具有促进作用，低位吸力每提高 1%，生态效率显著提高 1.11%；区域创新每提高 1%，生态效率提高 0.003%。同时考察高位压力、低位吸力和区域创新对生态效率的影响时，高位压力和低位吸力对生态效率的提升仍然具有显著的抑制和促进作用，高位压力和低位吸力每提高 1%，生态效率分别降低 0.18% 和提高 1.08%。而区域创新对生态效率的提升作用有限。距离阈值为 4100km 时，高位压力和区域创新对生态效率的提升分别具有显著的抑制和促进作用，高位压力和区域创新每提高 1% 时，生态效率分别降低 1.25% 和提高 0.02%；低位吸力和区域创新对生态效率的提升均具有促进作用，低位吸力每提高 1%，生态效率显著提高 1.17%；区域创新每提高 1%，生态效率提高 0.003%。同时考察高位压力、低位吸力和区域创新对生态效率的影响时，高位压力和低位吸力对生态效率提升仍然具有显著的抑制和促进作用，高位压力和低位吸力每提高 1%，生态效率分别降低 0.32% 和提高 1.11%。而区域创新对生态效率的提升作用具有负向影响。

图 7-1 报告了区域创新影响生态效率对称空间溢出的高位压力和低位吸力的距离效应。由图 7-1 可知，区域创新对生态效率对称空间溢出的影响具有明显的距离效应，尤其是在距离阈值为 1700km 内，区域创新对生态效率对称空间溢出的低位吸力具有显著的正向促进作用，且波动比较大，两个波谷分别位于距离阈值为 700km 和 1700km 处，而距离阈值为 300km 时，影响幅度达到了 0.03 以上。距离阈值大于 1700km 时，区域创新对低位吸力的促进作用变得非常平稳，影响幅度稳定在 0.028 和 0.029 之间。区域创新对生态效率对称空间溢出的高位压力具有显著的负向抑制作用，且影响幅度随距离阈值的增加呈现先增大后平稳的趋势，存在一个波峰位于距离阈值为 1700km 处，影响幅度接近 -0.01。图 7-2 报告了对称空间溢出的高位压力和低位吸力影响生态效率的距离效应。由图 7-2 可知，高位压力和低位吸力对生态效率的影响具有明显的距离效应，前者抑制，后者促进。尤其是距离阈值为 300~1700km 时，低位吸力对生态效率的提升作用先升后降；而高位压力对生态效率的抑制作用随距离阈值的增加而逐渐增强，距离阈值为 1700km 时，出现波谷，负向影响幅度接近 0.9。

表7-4 不同距离阈值下区域创新影响生态效率的路径分析

VARIABLES	距离阈值为300km					距离阈值为4100km				
	SIH	SIL	EE	EE	EE	SIH	SIL	EE	EE	EE
SIH			-0.6822*** (-5.7950)		-0.1839*** (-4.1357)			-1.2529*** (-5.6640)		-0.3243*** (-4.4342)
SIL				1.1145*** (34.9509)	1.0822*** (38.0461)				1.1731*** (46.6479)	1.1126*** (48.8796)
INNO	-0.0182*** (-4.0486)	0.0303*** (4.1496)	0.0240** (2.0252)	0.0026 (0.4098)	0.0002 (0.0303)	-0.0157*** (-4.0211)	0.0283*** (3.5385)	0.0167 (1.5513)	0.0032 (0.7012)	-0.0002 (-0.0481)
Control Variables	Yes	Yes	Yes	Yes	Yes	Yes	Yes	Yes	Yes	Yes
Observations	3263	3263	3263	3263	3263	3263	3263	3263	3263	3263
R-squared	0.7696	0.7397	0.8665	0.9737	0.9749	0.7905	0.7612	0.8839	0.9873	0.9893

注：括号内为稳健t统计量；*、**和***分别表示在统计显著性水平10%、5%和1%上显著。

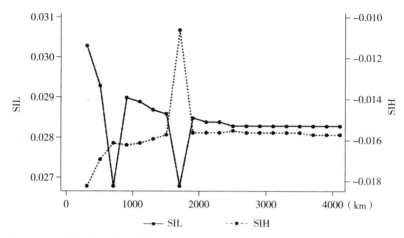

图 7-1　区域创新影响生态效率对称空间溢出高位压力和低位吸力的距离效应

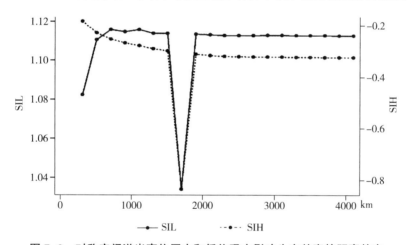

图 7-2　对称空间溢出高位压力和低位吸力影响生态效率的距离效应

三、区域创新影响生态效率空间溢出的实证检验：分组观察

　　基于城市特征异质性，本节考察区域创新对不同城市生态效率空间溢出的高位压力和低位吸力的影响。在控制了不同城市的经济发展水平、人口密度、产业结构和城镇化水平等因素后，图 7-3 报告了距离阈值为 4100km 时，区域创新对不同城市生态效率空间溢出的高位压力和低位吸力影响的估计系数和显著性水平。其中，从左到右分别为东部城市、中西部城市、重点城市、非重点城市、资源型城市、非资源型城市和两控区城市和非两控区城市。深入分析发

现，区域创新对非重点城市生态效率空间溢出的高位压力具有显著的正向影响，区域创新每提高1%，高位压力提高0.26%；而区域创新对非重点城市生态效率空间溢出的低位吸力具有显著的负向影响，区域创新每提高1%，低位吸力降低0.57%。相反地，对于其他类型城市而言，区域创新对生态效率空间溢出的高位压力均有负向的抑制作用，对生态效率空间溢出的低位吸力均有正向的促进作用。尤其是区域创新对资源型城市生态效率空间溢出的高位压力的负向影响幅度最大，达到了0.13；区域创新对非两控区城市生态效率空间溢出的低位吸力的正向影响幅度最大，达到了0.21。其他估计结果均显著为正或负，且通过了1%（5%）统计显著性水平的检验。上述研究发现表明，区域创新对生态效率空间溢出的影响具有显著的城市特征异质性，也意味着区域创新确实显著影响了生态效率空间溢出的方向和形式。

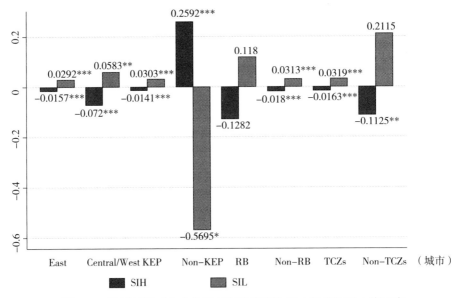

图7-3 区域创新对生态效率空间溢出高位压力和低位吸力的影响

进一步分析生态效率对称空间溢出的高位压力和低位吸力以及区域创新对不同城市生态效率的影响，估计结果见表7-5。从表7-5可知，邻近生态效率对称空间溢出的高位压力（低位吸力）对本地城市生态效率的提升具有显著的负向（正向）影响，影响幅度在0.2~0.5（1.1~1.2），且具有显著的区域异质性。此外，考虑生态效率对称空间溢出的高位压力和低位吸力后，区域创新对城市生态效率的提升作用有限。区域创新对中西部城市、资源型城市和非两控区城市的生态效率具有较明显的提升效应。

表 7-5 生态效率全局空间溢出和区域创新对生态效率的影响

VARIABLES		(1) 东部城市	(2) 中西部城市	(3) 重点城市	(4) 非重点城市	(5) 资源型城市	(6) 非资源型城市	(7) 两控区城市	(8) 非两控区城市
SIH		-0.3190***	-0.3668***	-0.2684***	-0.3462***	-0.5031***	-0.2428***	-0.3230***	-0.3083**
		(-3.4591)	(-3.2389)	(-3.5499)	(-2.9182)	(-6.8799)	(-2.9805)	(-4.7270)	(-2.3024)
SIL		1.1647***	1.0680***	1.1564***	1.0949***	1.0598***	1.1366***	1.1245***	1.1003***
		(31.9882)	(47.3949)	(40.7875)	(39.0753)	(50.1596)	(38.0742)	(38.5723)	(31.5754)
INNO		-0.0020	0.0124	-0.0003	-0.0036	0.1834***	-0.0032	-0.0001	0.0348
		(-0.6114)	(0.9297)	(-0.0899)	(-0.0287)	(2.9152)	(-0.6754)	(-0.0286)	(0.9055)
Control Variables		Yes	Yes	Yes	Yes	Yes	Yes	Yes	Yes
Observations		1170	2093	1534	1729	1313	1950	1911	1352
R-squared		0.9896	0.9919	0.9902	0.9889	0.9902	0.9899	0.9889	0.9906

注：括号内为稳健 t 统计量；*、**和***分别表示在统计量显著性水平10%、5%和1%上显著。

本章小结

  本章实证检验了城市生态效率空间溢出的根本机制——区域创新，重点分析了区域创新如何通过邻近城市生态效率对称空间溢出的途径影响本地城市生态效率提升，同时还控制了经济发展水平、人口密度、产业结构和城镇化水平等因素对生态效率及其空间溢出的影响，在此基础上利用中介效应模型进行了机制检验。主要结论和启示如下：

  第一，区域创新水平的提高显著提升了城市生态效率，且具有明显的城市特征异质性和城市规模异质性。相对于东部城市、非重点城市、非资源型城市和两控区城市，区域创新对中西部城市、重点城市、资源型城市和非两控区城市的生态效率具有更强的提升作用，提升幅度在 0.04～0.32。分不同城市规模考察时，同样发现，区域创新水平的提高显著促进了城市生态效率的提升。对大型城市进行细分发现，区域创新对城市生态效率的提升作用随城市规模的增大而增强，特别是对特大型及以上城市生态效率的提升幅度达到了 0.04。

  第二，基于全样本考察区域创新影响城市生态效率对称空间溢出的估计，区域创新对邻近城市生态效率对称空间溢出的高位压力具有显著的负向影响，而对对称空间溢出的低位吸力具有显著的正向影响。邻近城市生态效率对称空间溢出的高位压力和低位吸力对本地城市生态效率的提升分别具有抑制和促进作用，且具有明显的距离效应，其影响强度符合随距离的增加而衰减的规律。

  第三，基于分样本考察区域创新影响城市生态效率对称空间溢出的估计，区域创新对邻近城市生态效率空间溢出的影响方向和幅度具有显著的区域异质性。而邻近城市生态效率空间溢出的高位压力和低位吸力对不同城市生态效率的提升均显著表现为高位抑制和低位促进，分别表现为"不思进取"效应和"占优更进"效应，即邻近城市生态效率越低于本地城市生态效率，越有利于本地城市生态效率提升。

第八章

环境规制驱动生态效率空间溢出的实证研究

环境规制作为社会性规制的一项重要内容，是指由于环境污染具有负外部性，政府通过制定相应的政策或措施，对企业的经济活动进行调节，以达到保持环境与经济发展相协调的目标。环境规制的目的是使生产者和消费者在做出决策时将外部成本考虑在内，从而将他们的行为调节到社会最优化生产和消费组合（傅京燕，2006）。在环境与经济发展关系约束下，环境容量资源的稀缺性、环境污染的负外部性、环境资源产权不明晰及交易费用昂贵是城市进行环境规制的主要依据。值得注意的是，一个城市环境规制强度的提高，可能会挤出高能耗、高污染、高排放等污染密集型工业企业，这些工业企业将转移到环境规制强度更低的邻近城市，导致污染转移或转嫁，本质上并没有降低总体的环境污染水平。因此，城市间应该形成环境规制合作，达到协同治理和联防联控的共识。环境规制是城市生态效率空间溢出的关键机制，加大环境规制的力度不仅有助于提高环境质量，而且将会影响城市生态效率的空间溢出，进而影响城市生态效率的协同提升。

第一节 引言

由于环境的公共物品性质和环境污染的外部性，所以进行环境规制。然而，环境规制设计是一个难题，诸如环境规制与区域发展政策的协同性不高、环境规制执行和环境规制效果不匹配、跨区域的环境规制政策不完善、各地区各自为政等问题仍然亟待解决。若这些问题未得到有效解决，将不利于区域绿色发展和生态效率提升。而在经济进入高质量发展阶段，通过提高环境规制强度倒逼产业结构调整和升级与技术创新，对城市生态效率及其空间溢出具有显著的影响。对环境规制驱动生态效率空间溢出的实证检验表明，在构建和完善适应

中国城市生态效率的空间溢出及其驱动机制研究

绿色发展的区域环境规制体系的过程中的作用日益凸显，对该问题的研究也成为推动区域绿色发展的现实需要。

地方政府主导的区域经济竞争，使各地方政府在发展本区域经济的同时，不顾生态成本竞相放松环境规制，严重影响中国的生态环境（李胜兰等，2014）。从区域、行业和企业等层面出发，国内外关于环境规制影响生态效率的研究相对较为丰富。Honkasalo 等（2005）较早以英国、芬兰和瑞典的乳制品行业为案例，定性研究了环境许可对生态效率的影响。Rosano-Peña 和 Daher（2015）研究了环境规制对巴西农业生态效率的影响，发现环境规制对生态效率具有显著影响，且在没有环境规制的情况下农业整体产量反而具有更高的增长率。Zhang 等（2017）利用三阶段数据包络分析方法研究了中国 30 个省市区 2005-2013 年的工业生态效率及其影响因素，结果显示环境规制对工业生态效率的提升具有正向的促进作用。Yuan 等（2017）利用中国制造业 2003-2013 年 28 个行业的面板数据，研究了环境规制对生态效率（分为高、中和低三个群组）的影响，结果发现环境规制对生态效率的影响存在 U 型关系。值得注意的是，不同的环境规制类型对生态效率提升的影响存在显著地区差异（Ren et al.，2018）。

现有文献研究中国环境规制对生态效率的影响时主要利用省级样本开展研究，样本数量偏少，未充分考虑省域内各城市的异质性。此外，地区间环境规制可能存在相互模仿和竞争等互动关系。大量文献研究了环境规制对区域生态效率的影响，且得出的结论大体一致，均认为环境规制显著促进了区域生态效率提升。然而，环境规制对城市生态效率影响的相关实证研究较少，尤其是在环境规制对生态效率空间溢出的影响机制检验和生态效率空间溢出的驱动路径分析方面。主要原因可能在于：其一，城市层面的环境规制、能源消耗和碳排放量等指标较难获取；其二，关于生态效率空间溢出的量化研究较少。因此，本章着重探讨环境规制驱动生态效率空间溢出的实证检验，试图研究环境规制如何通过邻近生态效率空间溢出的途径影响城市生态效率提升的机制。对这方面的深入研究，有助于厘清环境规制影响城市生态效率提升的主要路径，丰富现有研究的理论成果，为制定区域绿色发展战略的相关措施及评估其实施效果提供实证依据。

基于上述分析，本章进一步讨论环境规制驱动生态效率空间溢出的实证检验，对这一问题的研究将有助于检验环境规制的生态效率提升效应，识别生态效率提升的关键影响机制，检定环境规制对生态效率提升的作用强度，厘清生态效率空间溢出的驱动路径，即环境规制如何通过生态效率空间溢出的途径影响生态效率提升。

第二节　模型、数据与变量

一、计量模型设定

本书在验证环境规制影响生态效率空间溢出进而影响生态效率变化这一作用路径是否成立时，采用了中介效应检验方法，构建如下回归模型：

$$EE_{it} = \alpha_0 + \beta_1 ERS_{it} + \beta_2 Controls_{it} + \varepsilon \qquad (8-1)$$

式（8-1）中，ERS_{it} 代表城市 i 在 t 期的环境规制程度，对环境规制程度与生态效率的关系进行检验，即中介效应检验的步骤一。$Controls_{it}$ 为控制变量，包括经济发展水平、人口密度、产业结构等。

$$M_{it} = \alpha_0 + \beta_1 ERS_{it} + \beta_2 Controls_{it} + \varepsilon \qquad (8-2)$$

式（8-2）中，M_{it} 代表城市 i 在 t 期的生态效率空间溢出，包括邻近城市生态效率的空间溢出和本地城市生态效率的空间溢出，检验环境规制程度对生态效率空间溢出的作用，即中介效应检验的步骤二。

$$EE_{it} = \alpha_0 + \beta_1 M_{it} + \beta_2 ERS_{it} + \beta_3 Controls_{it} + \varepsilon \qquad (8-3)$$

式（8-3）分别将环境规制程度和生态效率的空间溢出加入回归方程，即中介效应检验的步骤三。

二、数据来源与变量说明

已有不少国内外学者（Goldar and Banerjee，2004；Blackman and Kildegaard，2010；沈能，2012；李胜兰等，2014；张子龙等，2015；任海军和姚银环，2016；任胜钢等，2016；韩永辉等，2016；卢燕群和袁鹏，2017）对于环境规制与生态效率之间的关系进行了较为详细的探讨，但在环境规制是否有效提升了生态效率这一问题上仍存在一定争议。特别地，环境规制竞争的空间溢出显著影响了生态效率的提升（黄建欢等，2018a）。然而，基于省际层面的研究大多采用环境规制的成本指标，即工业污染治理完成投资额占工业总产值的比重来刻画环境规制程度。由于城市层面的工业污染治理完成投资额的数据限制，环境规制程度的测算具有一定的挑战性，而且主要是通过构建环境规制的收益指标来衡量，包括污染控制指标和环境质量指标。沈坤荣等（2017）在王杰和刘斌（2014）的基础上，采用加权线性和法，基于二氧化硫去除率、工业烟（粉）尘去除率这两个单项指标构建了环境规制综合指数。参考已有研究的指标构建方法，黄建欢等（2018a）基于二氧化硫去除率、生活污水处理率和固体废弃物综合利用率3个指标，并运用熵权法综合3类指标来整体衡量环境规制强度。其中，二氧化硫去除率为工业二氧化硫产生量与工业二氧化硫排放量之差占工业二氧化硫产生量的比。二氧化硫产生量和排放量、生活污水处理率和固体废弃物综合利用率直接来源于《中国城市统计年鉴》（2004—2017年）。综合各方面的考虑，本书分别采用黄建欢等（2018a）和沈坤荣等（2017）的方法构建城市环境规制综合指数，分别记为 ER 和 ERS。其中，基于沈坤荣等（2017）的方法构建的环境规制指标作为稳健性检验。实证过程中相关变量的描述性统计见表8-1。

表 8-1　环境规制相关变量描述性统计

Variable	Obs.	Mean	Std. Dev.	Min.	Max.
$EE_{NCMeta-US-SBM}$	3514	0.4388	0.1942	0.1351	1.2973
$EE_{NCMeta-US-DDF}$	3514	0.6420	0.1884	0.1857	1.6164
ER	3514	0.2846	0.1281	0.0036	0.5443
ERS	3514	0.0059	0.0262	0.0000	0.9801
PGDP	3514	2.9523	3.1972	0.2390	32.9734
POPD	3514	0.0453	0.0332	0.0005	0.2662
SFDI	3514	0.1492	0.1622	0.0000	0.9383
SIND	3514	0.4921	0.1081	0.1495	0.9097
URBAN	3514	0.9699	0.0666	0.2603	1.0000
FINA	3514	0.6457	0.2136	0.1520	5.6132
WAGE	3514	10.2302	0.5958	2.2834	11.7179

第三节　实证结果分析

一、环境规制对生态效率的影响

作为"环境管制"型的政策工具，环境规制程度的提高能够为改善和治理环境问题提供保障，进而提高城市生态效率。因此，本书首先评估环境规制对生态效率的影响。表8-2和表8-3均报告了全样本和分样本的估计结果。前文分析表明城市环境规制能够通过降低城市废气、废水和废固排放，改善城市环境和提高生态效率，对不同特征和规模的城市而言，环境规制对生态效率的提升效应是否存在？如果存在，那么提升效果是否存在显著差异？从城市特征的角度出发，由于地区工业污染程度存在差异，中西部城市可能具有更加严格的环境管制。进一步分析发现，设立重点城市、资源型城市和两控区城市的环境政策在某种程度上也反映了环境规制，为了不出现政策倾斜现象，地方政策制定者可能更加倾向于管制非重点城市、非资源型城市和非两控区城市，并提高这类城市的环境管制程度。环境规制变量的分组统计也证实了这一研究发现。从城市规模的角度而言，规模较大的城市具有经济集聚效应，资源配置和利用效率相应较高，环境规制强度也较高，能够降低环境污染程度，进而对生态效率具有提升作用。基于这一考虑，本章在考察环境规制对生态效率的影响时，对不同规模城市生态效率的提升效应进行验证，估计结果见表8-3。结果表明，中等城市规模下，城市环境规制程度的增加不利于生态效率的提升，说明城市规模较小资源利用效率反而越低，越不利于环境保护。而大型城市环境规制程度的提高显著提升了生态效率，平均而言，环境规制程度每提升1%，生态效率将提升0.04%。进一步分析发现，不同类型的大城市环境规制效应存在差异，环境规制强度对生态效率提升的影响随城市规模的增大而增强。Ⅰ型大城市和Ⅱ型大城市环境规制对生态效率有明显的提升作用，但显著性较弱。特大型及以上城市的环境规制产生的生态效率提升效应不仅比大型城市环境规制产生的生态效率提升效应更强，而且显著性也更高。这一结论强化了城市规模越大，环境规制产生的生态效率提升效应越强的观点。从这一结论可以看出，当城市治理模式变革以及城市技术创新深化发展后，传统城市发展过程中的拥挤和污染问题将迎刃而解。生态效率提升的关键不在于城市规模的大小，而在于城市治理模式是否革新，技术是否进步。

表 8-2 环境规制对生态效率的影响：城市特征异质性

VARIABLES	(1) 全样本	(2) 东部城市	(3) 中西部城市	(4) 重点城市	(5) 非重点城市	(6) 资源型城市	(7) 非资源型城市	(8) 两控区城市	(9) 非两控区城市
ER	0.0283***	0.0207***	0.0569**	0.0160***	0.0458	0.0727**	0.0273**	0.0365**	0.0718**
	(6.3515)	(10.5879)	(2.2310)	(4.6213)	(1.4379)	(2.2338)	(2.0179)	(2.3928)	(2.0846)
Control Variables	Yes	Yes	Yes	Yes	Yes	Yes	Yes	Yes	Yes
Observations	3514	1260	2254	1652	1862	1414	2100	2058	1456
R-squared	0.8262	0.8391	0.8157	0.8766	0.7932	0.7893	0.8371	0.8508	0.8012

注：括号内为稳健 t 统计量；*、**和***分别表示在统计显著性水平 10%、5% 和 1% 上显著；被解释变量为 NCMeta-US-SBM 模型测算的生态效率；所有模型均控制了时间和个体效应，以下同。

表 8-3 环境规制对生态效率的影响：城市规模异质性

VARIABLES	(1) 中等城市	(2) 大型城市	(3) II 型大城市	(4) I 型大城市	(5) 特大型及以上城市
ER	-0.2252	0.0436**	0.0066	0.0385	0.0564*
	(-1.6392)	(2.0686)	(0.1459)	(1.2774)	(1.8688)
Control Variables	Yes	Yes	Yes	Yes	Yes
Observations	104	3372	1048	1006	1313
R-squared	0.9194	0.8146	0.8112	0.8674	0.8235

注：括号内为稳健 t 统计量；*、**和***分别表示在统计显著性水平 10%、5% 和 1% 上显著；被解释变量为 NCMeta-US-SBM 模型测算的生态效率。

二、环境规制影响生态效率空间溢出的实证检验：全样本观察

本节考察环境规制通过影响邻近城市生态效率空间溢出进而对本地城市生态效率产生作用的机制。表 8-4 报告了距离阈值为 300km 和 4100km 时，环境规制影响生态效率对称空间溢出的估计结果。从估计结果可以看出，环境规制程度提高将促进邻近城市生态效率空间溢出，其对生态效率高位压力的影响更加显著，影响幅度在 0.0002~0.0003 之间，环境规制程度对生态效率空间溢出影响的距离效应较不明显，且随着距离阈值的增加，影响幅度变化较小。在传导机制方面，邻近城市生态效率空间溢出的高位压力对本地城市生态效率的提升具有显著的抑制作用，而邻近城市生态效率空间溢出的低位吸力对本地城市生态效率的提升具有显著的促进作用，且这种抑制作用和促进作用随着距离阈值的增大而逐渐增强。综合考虑两种力量时，低位吸力的估计系数比高位压力的估计系数分别大 0.8981 （距离阈值为 300km）、0.7884 （距离阈值为 4100km），进一步表明，从长期均衡的角度出发，低位吸力对本地城市生态效率提升作用更加明显，但由于随距离衰减效应的存在，提升作用随距离增加而逐渐减弱。

表 8-5 报告了距离阈值为 300km 和 4100km 时，环境规制影响生态效率非对称空间溢出的估计结果。由表 8-5 可知，考虑局部空间溢出时，环境规制对邻近城市生态效率的高位压力具有显著的负向作用，平均而言，环境规制程度每提高 1%，高位压力将降低 0.0005%。而环境规制对邻近城市生态效率的低位吸力具有正向作用，但不显著。在影响机制方面，考虑高位压力和低位吸力对生态效率的影响时，环境规制程度对生态效率的影响几乎接近 0.0001，且不显著。表明在生态效率非对称空间溢出的情况下，环境规制对生态效率的提升作用有限。可能的原因在于，虽然城市间存在要素流动和资源共享等利好现象，但也可能存在信息不对称，使得城市之间无法实现融合发展，城市之间环境污染的联防联控措施也无法有效展开。进一步地，生态效率空间溢出的流出地和流入地也不能实现均衡。因此，环境规制程度的提高对本地城市生态效率的提升作用有限。邻近城市生态效率空间溢出的高位压力和低位吸力对本地城市生态效率的提升作用也不显著，且不存在明显的距离效应。这一发现表明，环境规制更有可能是通过生态效率对称空间溢出对本地城市生态效率产生作用，而不是通过生态效率非对称空间溢出。

表8-4 环境规制影响生态效率对称空间溢出的估计结果

VARIABLES	距离阈值为300km					距离阈值为4100km				
	SIH	SIL	EE	EE	EE	SIH	SIL	EE	EE	EE
SIH			-0.7019***		-0.1841***			-1.2733***		-0.3242***
			(-5.9139)		(-4.1759)			(-5.7776)		(-4.4589)
SIL				1.1158***	1.0822***				1.1746***	1.1126***
				(35.3211)	(38.3436)				(47.4151)	(49.1645)
ER	0.0003**	0.0001	0.0003	-0.0000	0.0000	0.0002**	0.0001	0.0004	-0.0000	0.0000
	(2.1403)	(0.2404)	(0.7690)	(-0.1515)	(0.2667)	(2.3017)	(0.3116)	(1.1013)	(-0.4447)	(0.3342)
Control Variables	Yes	Yes	Yes	Yes	Yes	Yes	Yes	Yes	Yes	Yes
Observations	3263	3263	3263	3263	3263	3263	3263	3263	3263	3263
R-squared	0.7663	0.7356	0.8656	0.9737	0.9749	0.7866	0.7579	0.8835	0.9872	0.9893

注：括号内为稳健 t 统计量；*、**和***分别表示在统计计显著性水平 10%、5%和 1%上显著。

表 8-5 环境规制影响生态效率非对称空间溢出的估计结果

VARIABLES	距离阈值为300km					距离阈值为4100km				
	SIH	SIL	EE	EE	EE	SIH	SIL	EE	EE	EE
SIH			0.0002 (0.0158)		-0.0055 (-0.5631)			-0.0066 (-0.2869)		-0.0077 (-0.3330)
SIL				-0.0054 (-0.5473)	-0.0008 (-0.0545)				-0.0041 (-0.4283)	-0.0045 (-0.4711)
ER	-0.0005*** (-2.9951)	-0.0002 (-0.4083)	0.0001 (0.1515)	0.0000 (0.1475)	0.0000 (0.1459)	0.0001 (0.3975)	-0.0001 (-0.1819)	0.0001 (0.1525)	0.0001 (0.1499)	0.0001 (0.1511)
Control Variables	Yes	Yes	Yes	Yes	Yes	Yes	Yes	Yes	Yes	Yes
Observations	3263	3263	3263	3263	3263	3263	3263	3263	3263	3263
R-squared	0.1565	0.1513	0.8463	0.8463	0.8463	0.1191	0.2216	0.8463	0.8463	0.8463

注：括号内为稳健 t 统计量；*，**和***分别表示在统计显著性水平10%、5%和1%上显著。

三、环境规制影响生态效率空间溢出的实证检验：分组观察

本节对环境规制影响生态效率空间溢出的机制进行分组考察。鉴于环境规制影响生态效率空间溢出随距离阈值的增加而变化很平稳，在分组回归中，仅报告全局空间溢出的结果，即距离阈值为4100km。表8-6报告了环境规制对东部城市生态效率空间溢出影响的估计结果。从表8-6可知，环境规制对东部城市对称空间溢出的高位压力有正向影响，而对低位吸力存在负向影响。环境规制对东部城市非对称空间溢出的高位压力和低位吸力均存在负向影响。进一步分析发现，邻近城市生态效率空间溢出的高位压力对本地城市生态效率的提升具有显著的抑制作用。平均而言，生态效率对称空间溢出的高位压力每提高1%，本地城市生态效率会降低0.32%；生态效率非对称空间溢出的高位压力每提高1%，本地城市生态效率会降低0.07%。而对称空间溢出的低位吸力对本地城市生态效率的提升具有显著的促进作用，低位吸力每提高1%，生态效率会提升1.16%，但生态效率非对称空间溢出的低位吸力对本地城市生态效率的提升具有抑制作用。

表8-6　环境规制影响东部城市生态效率空间溢出的机制检验

VARIABLES	对称空间溢出			非对称空间溢出		
	SIH	SIL	EE	SIH	SIL	EE
SIH			−0.3159***			−0.0689*
			(−12.1519)			(−1.7932)
SIL			1.1628***			−0.0118
			(84.1977)			(−0.6743)
ER	0.0021	−0.0163	−0.0071	−0.0094	−0.0410	−0.0279
	(0.1458)	(−0.6116)	(−0.7515)	(−0.3322)	(−0.6600)	(−0.7903)
Control Variables	Yes	Yes	Yes	Yes	Yes	Yes
Observations	1170	1170	1170	1170	1170	1170
R-squared	0.7825	0.7307	0.9896	0.1492	0.2026	0.8543

注：括号内为稳健t统计量；*、**和***分别表示在统计显著性水平10%、5%和1%上显著。

表 8-7 报告了环境规制对中西部城市生态效率空间溢出影响的估计结果。从表 8-7 可知，环境规制对中西部城市对称空间溢出的高位压力有显著的负向影响，而对低位吸力存在正向影响。环境规制对中西部城市非对称空间溢出的高位压力和低位吸力均存在正向影响。进一步分析发现，邻近城市生态效率对称空间溢出的高位压力对本地城市生态效率的提升具有显著的抑制作用。平均而言，生态效率对称空间溢出的高位压力每提高 1%，本地城市生态效率会降低 0.37%。而生态效率非对称空间溢出的高位压力对本地城市生态效率具有正向提升作用，但不显著。邻近城市生态效率对称空间溢出的低位吸力对本地城市生态效率的提升具有显著的促进作用，低位吸力每提高 1%，生态效率会提升 1.07%；生态效率非对称空间溢出的低位吸力对本地城市生态效率的提升具有抑制作用。同时考虑生态效率对称空间溢出时，环境规制对中西部城市生态效率具有显著的提升作用，环境规制每提高 1%，生态效率会提升 0.01%，且在 10% 统计显著性水平上通过了检验。

表 8-7　环境规制影响中西部城市生态效率空间溢出的机制检验

VARIABLES	对称空间溢出			非对称空间溢出		
	SIH	SIL	EE	SIH	SIL	EE
SIH			-0.3713^{***}			0.0248
			(-26.0317)			(0.8529)
SIL			1.0681^{***}			-0.0106
			(173.4736)			(-0.7246)
ER	-0.0212^{**}	0.0143	0.0091^{*}	0.0192	0.0491	0.0322
	(-2.3639)	(0.6891)	(1.7027)	(1.0137)	(1.3044)	(1.3437)
Control Variables	Yes	Yes	Yes	Yes	Yes	Yes
Observations	2093	2093	2093	2093	2093	2093
R-squared	0.8050	0.7742	0.9919	0.1185	0.3020	0.8361

注：括号内为稳健 t 统计量；＊、＊＊和＊＊＊分别表示在统计显著性水平 10%、5% 和 1% 上显著。

表 8-8 报告了环境规制对重点城市生态效率空间溢出影响的估计结果。从表 8-8 可知，环境规制对重点城市对称空间溢出的高位压力有显著的负向影响，而对低位吸力存在正向影响。环境规制对重点城市非对称空间溢出的高位压力和低位吸力均存在正向影响。进一步分析发现，邻近城市生态效率对称空间溢

出的高位压力对本地城市生态效率的提升具有显著的抑制作用。平均而言，生态效率对称空间溢出的高位压力每提高1%，本地城市生态效率会降低0.27%。而生态效率非对称空间溢出的高位压力对本地城市生态效率的提升具有负向影响，但不显著。邻近城市生态效率对称空间溢出的低位吸力对本地城市生态效率的提升具有显著的促进作用，低位吸力每提高1%，生态效率会提升1.16%；生态效率非对称空间溢出的低位吸力对本地城市生态效率的提升具有促进作用。然而，同时考虑生态效率对称空间溢出时，环境规制对重点城市生态效率的提升具有负向作用。

表8-8 环境规制影响重点城市生态效率空间溢出的机制检验

VARIABLES	对称空间溢出			非对称空间溢出		
	SIH	SIL	EE	SIH	SIL	EE
SIH			-0.2688^{***}			-0.0233
			(-12.7063)			(-0.8133)
SIL			1.1559^{***}			0.0030
			(98.5519)			(0.2169)
ER	-0.0329^{***}	0.0065	-0.0031	0.0086	0.0000	0.0135
	(-3.0609)	(0.3365)	(-0.4098)	(0.3667)	(0.0004)	(0.5383)
Control Variables	Yes	Yes	Yes	Yes	Yes	Yes
Observations	1534	1534	1534	1534	1534	1534
R-squared	0.7940	0.8202	0.9902	0.1231	0.2325	0.8919

注：括号内为稳健t统计量；*、**和***分别表示在统计显著性水平10%、5%和1%上显著。

表8-9报告了环境规制对非重点城市生态效率空间溢出影响的估计结果。从表8-9可知，环境规制对非重点城市对称空间溢出的高位压力有负向影响，而对低位吸力存在正向影响。环境规制对东部城市非对称空间溢出的高位压力和低位吸力均存在正向影响。进一步分析发现，邻近城市生态效率空间溢出的高位压力对本地城市生态效率的提升具有显著的抑制作用。平均而言，生态效率对称空间溢出的高位压力每提高1%，本地城市生态效率会降低0.35%；生态效率非对称空间溢出的高位压力对本地生态效率的提升同样具有抑制作用。而对称空间溢出的低位吸力对本地城市生态效率的提升具有显著的促进作用，低位吸力每提高1%，生态效率会提升1.10%；但生态效率非对称空间溢出的低位

吸力对本地城市生态效率的提升具有抑制作用。

表 8-9　环境规制影响非重点城市生态效率空间溢出的机制检验

VARIABLES	对称空间溢出			非对称空间溢出		
	SIH	SIL	EE	SIH	SIL	EE
SIH			−0. 3462 ***			−0. 0014
			(−18. 9244)			(−0. 0388)
SIL			1. 0950 ***			−0. 0104
			(138. 8920)			(−0. 6124)
ER	−0. 0078	0. 0032	0. 0044	0. 0074	0. 0037	0. 0107
	(−0. 7110)	(0. 1261)	(0. 5871)	(0. 3456)	(0. 0821)	(0. 3487)
Control Variables	Yes	Yes	Yes	Yes	Yes	Yes
Observations	1729	1729	1729	1729	1729	1729
R−squared	0. 7915	0. 7240	0. 9890	0. 1275	0. 2214	0. 8131

注：括号内为稳健 t 统计量；＊、＊＊和＊＊＊分别表示在统计显著性水平 10%、5%和 1%上显著。

表 8-10 报告了环境规制对资源型城市生态效率空间溢出影响的估计结果。从表 8-10 可知，无论是考察对称空间溢出还是非对称空间溢出，环境规制对资源型城市生态效率的高位压力有负向影响，而对低位吸力存在正向影响。进一步分析发现，邻近城市生态效率空间溢出的高位压力对本地城市生态效率的提升具有显著的抑制作用。平均而言，生态效率对称空间溢出的高位压力每提高1%，本地城市生态效率会降低 0.52%；而生态效率非对称空间溢出的高位压力对本地生态效率的提升具有促进作用，且 "见贤思齐" 效应较弱。对称空间溢出的低位吸力对本地城市生态效率的提升具有显著的促进作用，低位吸力每提高 1%，生态效率会提升 1.10%；但生态效率非对称空间溢出的低位吸力对本地城市生态效率的提升具有抑制作用。考虑资源型城市生态效率对称空间溢出时，环境规制对城市生态效率具有显著的提升作用，环境规制每提高 1%，生态效率提升 0.02%；但考虑非对称空间溢出时，生态效率提升效应变大，但不显著。

表 8-10　环境规制影响资源型城市生态效率空间溢出的机制检验

VARIABLES	对称空间溢出			非对称空间溢出		
	SIH	SIL	EE	SIH	SIL	EE
SIH			−0.5163***			0.0125
			(−23.3939)			(0.3872)
SIL			1.0598***			−0.0095
			(126.2763)			(−0.6190)
ER	−0.0150	0.0219	0.0161**	−0.0198	0.0710	0.0479
	(−1.5206)	(0.8437)	(2.2606)	(−0.7243)	(1.2328)	(1.5784)
Control Variables	Yes	Yes	Yes	Yes	Yes	Yes
Observations	1313	1313	1313	1313	1313	1313
R−squared	0.8452	0.7475	0.9898	0.1181	0.2484	0.8149

注：括号内为稳健 t 统计量；*、**和***分别表示在统计显著性水平 10%、5%和 1%上显著。

表 8-11 报告了环境规制对非资源型城市生态效率空间溢出影响的估计结果。从表 8-11 可知，环境规制对非资源型城市对称空间溢出的高位压力有显著的负向影响，而对低位吸力存在正向影响。环境规制对非资源型城市非对称空间溢出的高位压力和低位吸力分别有正向和负向影响。进一步分析发现，邻近城市生态效率空间溢出的高位压力对本地城市生态效率的提升具有显著的抑制作用。平均而言，生态效率对称空间溢出的高位压力每提高 1%，本地城市生态效率会降低 0.24%；生态效率非对称空间溢出的高位压力对本地城市生态效率的提升具有负向影响。而对称空间溢出的低位吸力对本地城市生态效率的提升具有显著的促进作用，低位吸力每提高 1%，生态效率会提升 1.14%；但生态效率非对称空间溢出的低位吸力对本地城市生态效率的提升具有抑制作用。

表 8-11　环境规制影响非资源型城市生态效率空间溢出的机制检验

VARIABLES	对称空间溢出			非对称空间溢出		
	SIH	SIL	EE	SIH	SIL	EE
SIH			−0.2390***			−0.0218
			(−14.1664)			(−0.6750)
SIL			1.1351***			−0.0044
			(133.1540)			(−0.2865)

VARIABLES	对称空间溢出			非对称空间溢出		
	SIH	SIL	EE	SIH	SIL	EE
ER	−0.0199*	0.0035	−0.0022	0.0218	−0.0132	0.0069
	(−1.8505)	(0.1648)	(−0.3241)	(1.1193)	(−0.3208)	(0.2628)
Control Variables	Yes	Yes	Yes	Yes	Yes	Yes
Observations	1950	1950	1950	1950	1950	1950
R−squared	0.7745	0.7626	0.9899	0.1348	0.2174	0.8528

注：括号内为稳健 t 统计量；*、**和***分别表示在统计显著性水平 10%、5%和 1%上显著。

表 8-12 报告了环境规制对两控区城市生态效率空间溢出影响的估计结果。从表 8-12 可知，环境规制对两控区城市生态效率的空间溢出存在负向影响，且对称空间溢出的高位压力影响更加显著。进一步分析发现，邻近城市生态效率空间溢出的高位压力对本地城市生态效率的提升具有显著的抑制作用。平均而言，生态效率对称空间溢出的高位压力每提高 1%，本地城市生态效率会降低 0.32%；而对称空间溢出的低位吸力对本地城市生态效率的提升具有显著的促进作用，低位吸力每提高 1%，生态效率会提升 1.12%；生态效率非对称空间溢出的高位压力和低位吸力对本地城市生态效率的提升分别具有抑制和促进作用，但不显著。同时考虑空间溢出的高位压力和低位吸力时，环境规制对生态效率的提升具有抑制作用，影响幅度在 0.01~0.02 之间，显著性较弱，表明环境规制对两控区城市生态效率的提升作用有限。一个潜在的原因是，两控区城市的设立从侧面反映了该地区的环境规制水平，该类城市具有较高的生态效率，而两控区城市设立得越多，表明城市环境规制水平越低，从而对生态效率的提升存在反向的抑制作用。

表 8-12　环境规制影响两控区城市生态效率空间溢出的机制检验

VARIABLES	对称空间溢出			非对称空间溢出		
	SIH	SIL	EE	SIH	SIL	EE
SIH			−0.3239***			−0.0169
			(−17.3238)			(−0.5945)
SIL			1.1240***			0.0038
			(116.5782)			(0.2889)

续表

VARIABLES	对称空间溢出			非对称空间溢出		
	SIH	SIL	EE	SIH	SIL	EE
ER	-0.0187*	-0.0244	-0.0066	-0.0094	-0.0075	-0.0281
	(-1.7908)	(-1.2058)	(-0.8929)	(-0.4315)	(-0.1620)	(-1.1015)
Control Variables	Yes	Yes	Yes	Yes	Yes	Yes
Observations	1911	1911	1911	1911	1911	1911
R-squared	0.7867	0.7740	0.9889	0.1261	0.1979	0.8665

注：括号内为稳健 t 统计量；*、**和***分别表示在统计显著性水平 10%、5%和 1%上显著。

表 8-13 报告了环境规制对非两控区城市生态效率空间溢出影响的估计结果。从表 8-13 可知，环境规制对非两控区城市对称空间溢出的高位压力有负向影响，而对低位吸力存在正向影响。环境规制对非两控区城市非对称空间溢出的高位压力和低位吸力均存在正向影响。进一步分析发现，邻近城市生态效率空间溢出的高位压力对本地城市生态效率的提升具有显著的抑制作用。平均而言，生态效率对称空间溢出的高位压力每提高 1%，本地城市生态效率会降低 0.31%；生态效率非对称空间溢出的高位压力对本地城市生态效率的提升具有促进作用。对称空间溢出的低位吸力对本地城市生态效率的提升具有显著的促进作用，低位吸力每提高 1%，生态效率会提升 1.10%；但生态效率非对称空间溢出的低位吸力对本地城市生态效率的提升具有抑制作用。然而，无论是考察对称空间溢出还是非对称空间溢出，环境规制对生态效率的影响在统计上均不显著。但考虑非对称空间溢出时，环境规制对生态效率的影响在经济上是显著的，环境规制程度每提高 1%，生态效率会提升 0.02%。

表 8-13　环境规制影响非两控区城市生态效率空间溢出的机制检验

VARIABLES	对称空间溢出			非对称空间溢出		
	SIH	SIL	EE	SIH	SIL	EE
SIH			-0.3121***			0.0093
			(-15.8967)			(0.2324)
SIL			1.1013***			-0.0214
			(129.9134)			(-1.1032)

VARIABLES	对称空间溢出			非对称空间溢出		
	SIH	SIL	EE	SIH	SIL	EE
ER	−0.0112	0.0139	−0.0007	0.0295	0.0203	0.0183
	(−0.9442)	(0.5046)	(−0.0956)	(1.2565)	(0.4193)	(0.5558)
Control Variables	Yes	Yes	Yes	Yes	Yes	Yes
Observations	1352	1352	1352	1352	1352	1352
R-squared	0.7916	0.7486	0.9906	0.1241	0.2785	0.8244

注：括号内为稳健 t 统计量；＊、＊＊和＊＊＊分别表示在统计显著性水平 10%、5% 和 1% 上显著。

本章小结

本章实证检验了城市生态效率空间溢出的关键机制——环境规制，重点分析了环境规制如何通过邻近城市生态效率对称空间溢出和非对称空间溢出的途径影响本地城市生态效率提升，同时还控制了经济发展水平、人口密度、产业结构和城镇化水平等因素对生态效率及其空间溢出的影响，在此基础上利用中介效应模型进行了机制检验。主要结论如下：

第一，环境规制程度的提高显著提升了城市生态效率，且具有明显的城市特征异质性和城市规模异质性。相对于东部城市、重点城市、非资源型城市和两控区城市，环境规制对中西部城市、非重点城市、资源型城市和非两控区城市的生态效率分别具有更强的提升作用，提升幅度在 0.05~0.07 之间。城市规模异质性方面，环境规制强度的提高促进了大型城市生态效率的提升，但抑制了其对中等城市生态效率的提升作用。对大型城市进行细分发现，环境规制对城市生态效率的提升作用随城市规模的增大而增强，特别是对特大型及以上城市生态效率的提升幅度达到了 0.05。

第二，基于全样本考察环境规制影响城市生态效率空间溢出的估计，结果显示，环境规制对邻近城市生态效率对称空间溢出的高位压力具有显著的正向影响，而对对称空间溢出的低位吸力的正向影响显著性较弱。邻近城市生态效率对称空间溢出的高位压力和低位吸力对本地城市生态效率的提升分别具有抑制和促进作用，且具有明显的距离效应，但其影响强度并不是严格的随距离的增加而衰减。环境规制对邻近城市生态效率非对称空间溢出的高位压力具有显著的负向影响，而对非对称空间溢出的低位吸力影响不显著。邻近城市生态效率非对称空间溢出的高位压力和低位吸力对本地城市生态效率的提升作用有限，且不显著。

第三，基于分样本考察环境规制影响城市生态效率空间溢出的估计，结果显示，环境规制对邻近城市生态效率空间溢出的影响方向和幅度具有显著的区域异质性。而邻近城市生态效率空间溢出的高位压力和低位吸力对不同城市生态效率的提升均显著表现为高位抑制和低位促进，分别表现为"不思进取"效应和"占优更进"效应，即邻近城市生态效率越低于本地城市生态效率，越有利于本地城市生态效率提升。然而，邻近城市生态效率低于本地城市生态效率的这部分，是否通过溢出和扩散等形式，转移至本地城市进而推升了本地城市的生态效率，这是未来值得深入研究的主要方向之一。此外，由于城市生态效率高的地方环境规制程度往往也越高，因此两者之间可能存在内生性问题。采用欧洲中期天气预报中心数据库的基础数据，计算城市历年空气流通系数作为环境规制的工具变量，再进行理论分析和实证检验是另一个值得深入研究的方向。

第九章

完善机制、优化溢出以促进城市生态效率提升的对策

生态环境是人类赖以生存和发展的基础，生态环境发展良好与否，关系到广大人民的根本利益，关系着中华民族的长远利益，也是实现可持续发展和"美丽中国"的必然要求。近年来，环境污染问题的严峻性、绿色发展的重要性和生态文明建设的紧迫性已极度凸显。作为世界上最大的发展中国家，中国需要兼顾经济增长的高质量和高速度，实现有质量的增长，因此实现经济发展和环境保护以及资源利用的协调尤为关键。考虑到中国的环境污染现状和现实发展情况，综合本书的理论和实证研究发现，充分考虑多维异质性因素，建议从以下几个方面着手，采取有力措施提升城市生态效率，实现区域绿色发展。

第一，以高质量协调为区域发展导向，着力打破生态效率坏收敛格局。长期以来，先经济后环境、先发展后治理和先倾斜后均衡的发展理念一直主导着各区域发展。许多城市通过加大资源开发、能源投入、放松环境管制等途径以增加经济产出。理论上，即使经济产出的绝对规模不大，只要资源消耗减少、环境代价降低，仍可以实现资源、经济和环境的高质量协调发展，并保持较高的生态效率。生态效率协同提升来源于资源效率、经济效率和环境效率三个方面子效率的提升，不同的子效率高低及其增长代表着一个城市对相对应效率的重视程度，可能具有不同的空间溢出效应和收敛特征。实践中，经济相对发达的东部城市生态效率较经济欠发达的中西部城市生态效率高，然而，部分中西部城市多数年份均处于前沿面上，说明经济不发达地区亦可实现协调发展，但要实现高质量协调发展，仍然需要转变该区域的旧发展模式，并转向绿色发展以全面提升城市生态效率。此外，在推进新型工业化、信息化和城镇化同步发展的过程中，必须高度重视城市异质性。实证研究表明，不同类型城市的生态效率具有显著的区域异质性，特别地，相比于重点城市、资源型城市和非两控区城市，非重点城市、非资源型城市和两控区城市分别具有更高的生态效率。从另外一个角度来看，重点城市、资源型城市和非两控区城市在生态效率提升方面具有更大的发展空间，其生态效率的提升将对中国整体的生态效率产生重

要的边际贡献，通过管理创新、技术创新等手段，这些城市也有可能快速提升生态效率。因此，在实现绿色发展和"美丽中国"的过程中，必须将重点放在这些瓶颈区域。

研究还表明，与中西部城市、非资源型城市、重点城市和非两控区城市相比，东部城市、资源型城市、非重点城市和两控区城市的生态效率具有更快的收敛速度。实证发现不仅暗示着相对落后的中西部城市未发挥后发优势实现生态效率的追赶、资源丰裕城市可能受到资源诅咒效应的影响而被锁定于较低的生态效率状态，还表明国家设立环境保护重点城市和两控区的相关政策对促进效率的提升和收敛存在一定程度的滞后性。同时也意味着城市生态效率存在高者更高、低者恒低的坏收敛现象。为建立更加有效的区域协调发展新机制，打破城市生态效率坏收敛格局，本书建议：①有关管理部门必须采取有力措施，鼓励中西部城市采取清洁能源技术和新能源补贴政策，着力突破技术锁定，促进地区间资源和劳动力等要素流动，帮助中西部城市走出黑色发展模式，转向绿色发展，有效提升生态效率。②地方政府应以更加积极的政策，使东部沿海城市、非重点城市、非资源型城市和非两控区城市的生态效率集聚区域向周边城市逐渐扩散，形成生态效率增长极的示范效应，从而打破中西部城市、重点城市、资源型城市和两控区城市生态效率低值集聚路径依赖的局面，进而实现城市生态效率的协同提升。③加大对"三废"污染严重城市的环境治理投入，因地制宜，推进环境污染第三方治理模式，构建环保技术创新驱动生态环境可持续发展的内在动力机制；加大改革力度、制定针对性政策和提高城市环境规制强度，促使其实现经济均衡发展和生态效率全面提升的双赢目标。

第二，倡导竞争基础上的合作，实现城市可持续发展。实证研究表明，城市竞争对生态效率的提升具有显著的负向影响，而城市合作则能有效推动生态效率提升。城市竞争和城市合作通过邻近城市生态效率空间溢出的途径影响本地城市生态效率的提升幅度，具有显著的区域异质性和边界效应。目前中国各级政府官员的政绩考核指标存在经济绩效和短期绩效等缺陷，这将有可能导致政策制定者在决策过程中的短期行为，消除了政府主导的城市竞争中重复博弈的可能性（杨保军，2004）。将长期绩效考核指标设计得更加合理，以避免出现一次性博弈的困局，将其由静态博弈转变为无限次动态博弈的过程，以完善生态环境绩效考核和评估体系。因此，在实现城市可持续发展过程中，不应"为增长而竞争"，而是在竞争的基础上合作。根据杨保军（2004）的研究，可以采用博弈论思想解释在竞争的基础上进行合作的策略行为。地区本位的城市竞争往往导致"囚徒困境"。通过城市合作和共同限制污染性产业发展的策略将有助于走出这一困境，在竞争的基础上合作以实现城市经济、资源和环境的协调和可持续发展。

研究经济交往影响城市生态效率的提升机制对城市间融合发展具有明显的政策启示。具体而言建议：①优化城市竞争机制。引导城市间良性竞争，促进经济增长高质量发展的同时规避为增长而竞争的问题。要求各城市在实现绿色发展过程中，弱化唯GDP论的观念，优化竞争机制和加强效率约束，并在年度统计报告中全面披露土地资源、人力资源、水资源和矿产资源的利用效率以及各类污染物对应的经济产出效率情况，并且将相关效率指标整合到城市发展考核体系中。②构建有效的多层次、全方位城市合作网络。城市是区域经济发展的先导力量和重要阵地，不同等级、不同规模和不同功能的城市构成了城市区域内的城市体系，并呈现出一定的布局状态。各城市之间只有在既分工合作又功能互补的条件下，才能实现资源共享、共同治理和协同减排的目标。城市合作内容涉及经济、社会、环境、行政、基础设施和公共服务各个方面。未来应将着眼点和关键点放在构建有效的多层次、全方位城市网络上，加强城市间的合作和提高资源利用效率，以全面提升城市生态效率。③重视空间溢出在生态效率提升中的作用。发挥生态效率增长极城市的空间溢出效应和示范效应，以带动周边城市生态效率提升和实现区域内部所有城市共同进步的良性发展局面。

第三，发挥高铁城市的增长极作用，加快推进城市绿色发展进程。以高速度、大运量、全天候为特点的高铁，缩短了城市与城市之间的时间距离。使各个城市圈不再是一个个割裂的个体，高铁带来的通达性的提高使各城市圈围绕中心城市（高铁的起点和终点）形成以"n小时经济圈"的形式紧密联系在一起，加快了区域经济一体化的进程，改变了城市的经济结构和形态，对提升城市生态效率和推进区域绿色发展起到了积极的作用。研究结果表明，开通高铁城市的生态效率显著高于未开通高铁城市的生态效率，且高铁发展显著促进了生态效率低位吸力对生态效率的影响，但抑制了生态效率高位压力对生态效率的影响，在不同的稳健性检验下，这一结论均显著成立。除此之外，高铁的生态效率提升效应具有明显的距离效应和边界效应。前文的经验发现为中国城市绿色交通发展战略的具体贯彻途径提供了有意义的政策启示。具体表现在：①以高铁为依托，加快生产要素在空间的重新配置，对城市空间格局重新洗牌。高铁的网络化发展，将带来区域经济的高度一体化，这将对城市各自为政的治理方式提出重要的挑战。面对高铁带来的新环境，中国各城市和城市群应加快由传统的行政区治理向横向一体化区域综合治理转型，未来应充分发挥政府、市场及多种社会力量，构建跨区域综合治理的新体系；应形成以高铁站点城市为节点的城市增长极，通过网络化的交通设施，推进高铁沿线城市合理分工、错位发展，形成合作共赢的新格局。②以高铁为依托，重视高铁沿线城市的生

中国城市生态效率的空间溢出及其驱动机制研究

态环境保护，发挥高铁站点城市的经济经济增长极和辐射作用，防止可能形成高铁"虹吸效应"，将经济要素向大城市和特大及以上城市抽离的现象，切实提升城市生态效率。虽然高铁运行主要依靠电力，但是在高铁建设过程中主要还是以煤炭等资源为主，不可避免地会造成严重的环境污染，这种污染主要是隐性的。因此，在高铁带动周边城市共同发展的同时，必须把生态环境保护放在第一位，避免走先污染后治理的老路。从某种程度上讲，高铁是一把"双刃剑"，"集聚效应"和"虹吸效应"并存，关键在于如何把握全局、趋利避害，实现效益的最大化。因此，应结合本地特色，全力优化城市的营商环境，推进商贸服务和文化等产业发展。③以高铁发展为依托，加速城市间要素流动和提高资源利用效率，重视本地城市生态效率空间溢出对城市总体生态效率提升的作用。由于邻近城市生态效率空间溢出的低位吸力对本地城市生态效率具有显著的提升作用，意味着努力提升本地城市生态效率将有助于城市生态效率的总体提升。坚持产业错位发展，与邻近城市形成优势互补。在高铁拉近城市之间的时空距离后，中小城市仍应坚持差异化发展的产业政策，要力争与大城市形成产业上的互补，而不是替代关系。只有培育了特色产业，才不会被"虹吸效应"困扰，不会出现产业空心化问题。此外，在产业结构调整的过程中，不仅要扩大低能耗、低污染产业在国民经济中的比重，更要积极通过技术进步等途径来提高清洁产业的附加值。第二产业比重过大的城市的主导产业往往属于资源初级开发和加工类型，而仅仅依靠开发当地资源的经济发展模式是不可持续的。④以高铁发展为依托，重点提高城市经济集聚水平，促进城市生态效率提升。人口密度在某种程度上反映了经济集聚水平或者城市集聚程度，而提高经济集聚水平有助于城市生态效率的提升。此外，在资源耗竭和环境污染双重压力下，合理提高城市产业结构水平，以主导产业为核心积极拓展上游、下游及其关联产业，形成可持续发展的产业群生态环境，对于促进城市经济、资源和环境协同发展具有积极的意义。

第四，激励区域创新提升的内生动力机制，推动区域可持续发展。技术创新是经济增长和发展的主要动力，创新实现的过程就是经济增长的过程。技术创新突出人的主动性和能动性，故研究技术创新与经济增长、资源消耗和环境污染之间的关系更能反映创新这一重要指标对于人类社会发展以及生态环境的影响。城市是区域经济发展的增长极，也是环境污染的重要源头，城市创新是区域创新的重要载体。创新已称为城市发展的重要手段，党的十八大更是将创新提升到战略高点，创新不仅成为衡量国家和地区竞争力强弱的重要指标，而且有助于区域绿色发展。研究区域创新如何通过生态效率空间溢出的渠道影响生态效率提升，为创新驱动发展战略的具体贯彻提供了有意义的政策借鉴。具体表现在：①为发挥区域创新的生态效率提升效应，应完善现有的制度环境和激励机制，提高区域创新水平，加大研发投入，确保经济高质量增长的同时，降低资源消耗和环境污染，实现经济、资源和环境协调发展。一方面，区域创新水平的提高有利于城市生态效率的提升；另一方面，长期以来人类技术创新的主要目的是提高生产力水平和促进经济增长，而不是保持经济、资源和环境协调发展。在社会发展初期，技术创新带来的经济正效应远远超过其带来的资源环境负效应，而随着工业化进程的不断深入，人们对于资源、环境的使用和破坏程度已接近资源、环境的承受极限，因此，需要充分发挥技术创新对于资源节约和环境保护的积极作用。技术创新是人类主观能动性的有效体现，如何让技术创新由产生环境问题的手段转变为解决环境问题的工具，是摆在本书面前的严峻问题。②重视生态效率的对称空间溢出，提高空间溢出在生态效率提升中的作用。本章研究结论表明，区域创新对生态效率对称空间溢出具有显著的影响，同时，邻近城市生态效率对称空间溢出的高位压力和低位吸力对本地生态效率的提升分别具有抑制和促进作用。因此，在全面提升城市生态效率的过程中，其空间溢出效应和空间扩散效应不容忽视。具体地，应充分发挥东部城市等生态效率增长极和空间溢出的作用，通过示范效应和溢出效应带动和辐射周边城市生态效率协同提升。③针对中国各地区经济发展阶段存在较大差异性的基本现实，创新创业等政策的实施在中国各城市之间也要有差异性和特色性，创新对不同城市生态效率的提升效应也具有明显的区域异质性。因此，城市生态效率提升过程中需要重视区域异质性，坚持分类指导，特色发展。由于城市在经济发展水平、资源禀赋、制度环境和技术吸收能力等方面存在显著差异，区域创新水平对生态效率的提升也同样存在明显的差异。因此，在区域创新驱动城市生态效率提升的过程中，需要充分考虑区域异质性。

第五，加强环境规制合作和联防联控力度，避免污染向邻近城市转移。近年来中国经济发展迅速，综合实力明显增强，但是在经济快速发展的同时，不可持续的粗放型经济增长方式对生态环境造成的负面影响也开始制约经济的可持续发展。特别地，部分地区为了招商引资，片面追求经济增长而降低环境规制力度，沿用"高生产、高耗能、高污染"的传统经济增长模式，增大生态环境承载力，不利于城市生态效率提升。随着经济的不断发展、人口的不断增加，人们对资源和服务的需求也随着增加，为满足这些需求而产生的废弃物也不断增加，人类在未来所面临的压力将不断增加。因此，采用适合的环境规制，进一步促进经济和生态环境的协调发展是人类赖以永续生存和发展的必由之路。实证研究发现，环境规制具有显著的生态效率提升效应，与此同时，本地城市环境规制程度的提高会引发污染向邻近城市转移，从而恶化邻近城市环境质量，抑制了生态效率提升。因此，需要加强城市间环境规制合作，采取联防联控、集体行动和协同减排等措施才能达到生态环境保护和治理的目标，以全面提升环境质量和生态效率。局部调控政策虽有利于当地生态效率的提升，但生态效率全面提升的效果可能并不显著。

基于生态效率空间溢出的关键机制——环境规制的主要研究结论，提出以下政策启示：①加大城市间环境规制合作力度，避免污染就近转移。一方面，环境规制强度的提高有利于本地城市生态效率的提升；另一方面，本地城市环境规制强度的提高可能会引发污染就近转移，从而对邻近城市环境质量产生不利影响，进而抑制了邻近城市生态效率的提升。总体上，环境规制对生态效率具有显著的提升作用，但对部分城市而言，可能是存在反向的抑制作用，而这部分是隐性和潜在的。因此，需要进一步加大城市间环境规制合作的力度，实现共同治理和协同减排的双赢目标。②实施联防联控措施，重视生态效率的空间溢出，提高空间溢出在生态效率提升中的作用。由于污染尤其是空气污染具有流动性和跨界性等特征，城市间应该采取联防联控措施，切实打好蓝天保卫战，通过提高环境质量等途径全面快速提升城市生态效率。应充分发挥东部城市等生态效率增长极和空间溢出的作用，通过示范效应和溢出效应带动和辐射周边城市生态效率协同提升。③城市生态效率提升过程中需要重视区域异质性，坚持分类指导，特色发展。由于城市在经济发展水平、资源禀赋、制度环境和技术吸收能力等方面存在显著差异，环境规制程度对生态效率的提升也同样存在明显的差异。因此，在制定环境政策和生态效率提升过程中，需要充分考虑区域异质性。

第十章
研究结论与展望

生态效率的本质在于以最小化自然资源消耗和环境退化获取最大化的经济产出，该理念不仅表明生态效率可以在分析经济活动的效率中扮演重要角色，还刻画了资源节约、环境友好的绿色发展体系。学术界针对区域生态效率的核算方法、影响因素和收敛性分析等问题做出了深入的研究，然而，在国家以都市区（圈）、城市群和跨区域国家经济区位为主要导向的区域发展战略背景下，基于省际的研究难以满足中国生态环境问题的需要。城市不仅是中国相对完整的基本空间单元，还是区域经济增长的基础层级和重要地区，更是能源消耗和污染排放的重要源头。同时，已有研究主要注重一定区域生态效率及其差异性分析，而对生态效率的空间溢出问题关注较少，这恰恰是生态环境问题的突出特征。因此，非常有必要从城市层面在对生态效率进行科学测度的基础上，深入探讨城市生态效率的空间溢出及其驱动机制问题，这些问题的深入研究对于提升中国城市的生态效率，推动中国经济社会的可持续发展和绿色发展，建设"美丽中国"具有重要的现实意义。

本书在对国内外既有文献的相关研究进行综述分析的基础上，首先，将凸共同前沿拓展到非凸共同前沿领域，并利用改进的数据包络分析模型测度了中国 2003~2016 年 251 个地级及以上城市的生态效率，对城市生态效率的时空演化进行初步观察。其次，基于空间计量经济学前沿理论与方法，测度和分析生态效率空间溢出及其地区差异，深入分析了空间溢出条件下的生态效率收敛性以及空间作用等特征。再次，借鉴相关理论，深入研究了城市生态效率空间溢出的四条驱动路径，即通过经济交往、交通发展、区域创新和环境规制的路径和机制驱动生态效率空间溢出（包括对称和非对称）；两种驱动力量，即相对本地城市而言，邻近城市的生态效率处于高位（低位），这种差距会对本地城市形成一种向上的压力（向下的吸力），从而形高位压力（低位吸力）；四类驱动效应，即"见贤思齐"效应、"不思进取"效应、"占优更进"效应和"见劣自缓"效应。最后，利用联立方程组似不相关回归方法、交互效应模型和中介效应模型对生态效率空间溢出的驱动机制和理论假说进行了实证检验，分析了不同城市类型和城市规模下生态效率空间溢出的变化情况和有效作用边界，并基于理论和实证结果提出了相关的政策建议。

在控制了城市经济发展水平、人口密度、FDI、产业结构、城镇化水平和工资水平等关键影响因素后，本书得到如下主要结论：

第一，研究样本期间，生态效率呈现先降后升的 U 型变化趋势，而且具有显著的区域异质性，与中西部城市、非重点城市、资源型城市和非两控区城市相比，东部城市、重点城市、非资源型城市和两控区城市的生态效率跨期增长更加明显。

第二，生态效率空间溢出的高位压力和低位吸力具有显著的地区差异性，且不同城市生态效率空间溢出高位压力的核密度曲线形态表现为对称分布，而生态效率空间溢出低位吸力的核密度曲线形态表现为左偏分布。尽管整体城市间生态效率的空间溢出的差距有所扩大，但区域内部不同城市之间的生态效率空间溢出差距却在逐步减小。不考虑空间溢出时，城市生态效率具有阶段性的 σ 收敛和 γ 收敛特征，考虑空间溢出条件后，城市生态效率具有显著的俱乐部 β 收敛特征。生态效率跨期增长更快的重点城市和非资源型城市反而具有更慢的生态效率收敛速度。此外，基于两区制空间 Durbin 模型验证空间溢出对区域生态效率的提升效应，邻近城市生态效率的正向溢出对本地城市生态效率的提升作用更加明显。同样地，分样本估计结果显示，重点城市和两控区城市的邻近生态效率正向溢出越大，越有利于本地城市生态效率的提升。但是邻近城市生态效率的正向溢出对东部城市和中西部城市的生态效率提升并不显著。

第三，基于经济交往驱动城市生态效率空间溢出的实证检验结果发现，经济交往对生态效率提升的影响具有显著的城市特征异质性和城市规模异质性，具体地，经济竞争显著抑制了城市生态效率的提升，经济合作则显著促进了城市生态效率的提升。此外，经济交往对邻近城市生态效率空间溢出的高位压力具有显著的抑制作用，对低位吸力具有显著的促进作用，且经济交往对邻近城市生态效率空间溢出的作用具有明显的距离效应和显著的区域异质性。影响机制方面，邻近城市生态效率对称空间溢出的高位压力和低位吸力对本地城市生态效率的提升分别具有抑制和促进作用，即表现为"不思进取"效应和"占优更进"效应，而非对称空间溢出的高位压力和低位吸力对本地城市生态效率的提升作用有限。

第四，基于交通发展驱动城市生态效率空间溢出的实证检验结果发现，交通发展对生态效率提升具有显著的促进作用，且交通发展对生态效率提升的影响幅度具有明显的距离效应。研究结果还表明，高速铁路发展显著促进了生态效率低位吸力对生态效率的影响，但抑制了生态效率高位压力对生态效率的影响，不同的稳健性检验下，这一结论均显著成立。

第五，基于区域创新驱动城市生态效率空间溢出的实证检验结果发现，区域创新水平显著提升了城市生态效率，而且区域创新对城市生态效率的提升作用随城市规模的增大而增强。基于全样本考察区域创新影响城市生态效率对称空间溢出的估计结果显示，区域创新对邻近城市生态效率对称空间溢出的高位压力具有显著的负向影响，而对于对称空间溢出的低位吸力具有显著的正向影响。邻近城市生态效率对称空间溢出的高位压力和低位吸力对本地城市生态效率的提升分别具有抑制和促进作用，且具有明显的距离效应，其影响强度符合随距离的增加而衰减的规律。基于分样本考察区域创新影响城市生态效率对称空间溢出的估计结果显示，区域创新对邻近城市生态效率空间溢出的影响方向和幅度具有显著的区域异质性。

第六，基于环境规制驱动城市生态效率空间溢出的实证检验结果发现，环境规制程度的提高显著提升了城市生态效率，且具有明显的城市特征异质性和城市规模异质性。基于全样本考察环境规制影响城市生态效率空间溢出的估计结果显示，环境规制对邻近城市生态效率对称空间溢出的高位压力具有显著的正向影响，而对于对称空间溢出的低位吸力正向影响的显著性较弱。邻近城市生态效率对称空间溢出的高位压力和低位吸力对本地城市生态效率的提升分别具有抑制和促进作用，且具有明显的距离效应。环境规制对邻近城市生态效率非对称空间溢出的高位压力具有显著的负向影响，而对非对称空间溢出的低位吸力影响不显著。基于分样本考察环境规制影响城市生态效率空间溢出的估计结果显示，环境规制对邻近城市生态效率空间溢出的影响方向和幅度具有显著的区域异质性。而邻近城市生态效率空间溢出的高位压力和低位吸力对不同城市生态效率的提升均显著表现为高位抑制和低位促进，即邻近城市生态效率越低于本地城市生态效率，越有利于本地城市生态效率提升。

文章基于上述研究结论与中国生态环境的现状，从以高质量协调为区域发展导向、倡导竞争基础上的合作、发挥高铁城市的增长极作用、激励区域创新提升的内生动力机制、加强环境规制合作和联防联控力度等多个方面出发，提出了若干具体、可行的城市生态效率提升的政策建议。

本书在城市生态效率对称空间溢出和非对称空间溢出驱动的机理方面进行了深入分析，对城市生态效率空间溢出的驱动路径和驱动机制，即经济交往、交通发展、区域创新和环境规制，进行了实证检验，在城市特征和城市规模多维异质性的框架下，分析了其对城市生态效率及其空间溢出的影响情况，丰富了相关领域的研究成果，并为后续研究提供了思路借鉴。然而，受各种主客观条件的限制，本书依然存在不足，有待进一步完善，主要有：

中国城市生态效率的空间溢出及其驱动机制研究

首先，受到城市单位 GDP 能耗（万元 GDP 能耗）和碳排放量数据的限制，本书研究未能包括所有地级及以上城市，但本书保证了研究样本的代表性。相关统计数据公布的迟滞性在一定程度上也影响了研究的时效性，但本书力争将数据更新至最近年份，以反映出生态效率空间溢出驱动机制在较长时间内的影响变化情况。扩大样本是下一步的研究重点。此外，生态效率的影响因素众多，在实际研究过程中，无法做到面面俱到，将所有的因素纳入实证模型中。因此，在对已有文献梳理的基础上，本书重点考察了经济交往、交通发展、区域创新和环境规制驱动生态效率空间溢出的机制。厘清这些机制的内在机理和纳入统一的分析框架，构建前沿的理论模型并基于大样本数据进行实证，也是非常值得深入研究的方向。

其次，传统的空间计量方法只能判断空间溢出的方向和显著性，无法真正度量空间溢出的大小，本书利用前沿的空间计量理论，创新性地将生态效率空间溢出细分为对称空间溢出和非对称空间溢出，并将其高位压力和低位吸力两种力量进行了量化，为研究生态效率空间溢出的驱动机制提供了可能。然而，是否还有其他更加科学和合理的度量空间溢出的方法？如果有，利用全新的空间溢出度量方法并深入研究生态效率空间溢出的途径，以深化研究结论和丰富研究内容，是将来研究的主要方向。

最后，宏观的城市层面数据与微观的企业层面数据进行匹配，从更加微观的视角研究企业行为（出口、扩张和并购、加大环保节能技术改进等）如何通过影响城市环境质量和污染排放，进而影响城市生态效率提升。采用行为经济学、准自然实验和实验经济学的方法设计出与生态环境有关的研究方案，借此探究个体行为影响城市生态效率的理论机理和实证检验，也将推动这一研究领域的发展。深入研究各类机制如何通过产业转移、价值链重构的途径和载体来影响生态效率，这也是本书作者重点关注和期待参与的研究方向。

参考文献

〔1〕 Afsharian M. and Podinovski V. V.. A Linear Programming Approach to Efficiency Evaluation in Nonconvex Metatechnologies 〔J〕. European Journal of Operational Research , 2018, 268（1）: 268-280.

〔2〕 Afsharian M.. Metafrontier Efficiency Analysis with Convex and Non-convex Metatechnologies by Stochastic Nonparametric Envelopment of Data 〔J〕. Economics Letters, 2017, 160: 1-3.

〔3〕 Andersen P. and Petersen N. C.. A Procedure for Ranking Efficient Units in Data Envelopment Analysis 〔J〕. Management Science, 1993, 39（10）: 1261-1264.

〔4〕 Angulo-Meza L., González-Araya M., Iriarte A., et al. A Multiobjective DEA Model to Assess the Eco-efficiency of Agricultural Practices within the CF + DEA Method 〔J〕. Computers and Electronics in Agriculture, 2019, 161: 151-161.

〔5〕 Anselin L.. Spatial Econometrics: Methods and Models 〔J〕. Economic Geography, 1988, 65（2）: 160-162.

〔6〕 Arabi B., Munisamy S., Emrouznejad A., et al. Power Industry Restructuring and Eco-efficiency Changes: A New Slacks-based Model in Malmquist-Luenberger Index Measurement 〔J〕. Energy Policy, 2014, 68: 132-145.

〔7〕 Arellano M. and Bond S.. Some Tests of Specification for Panel Data: Monte Carlo Evidence and an Application to Employment Equations 〔J〕. Review of Economic Studies, 1991, 58（2）: 277-297.

〔8〕 Arrow K. J.. The Economic Implications of Learning by Doing〔J〕. The Review of Economic Studies, 1962, 29（3）: 155-173.

〔9〕 Avadí A., Vázquez-Rowe I. and Fréon P et al. Eco-efficiency Assessment of the Peruvian Anchoveta, Steel and Wooden Fleets Using the LCA+DEA Framework 〔J〕. Journal of Cleaner Production, 2014, 70: 118-131.

〔10〕 Ayres I. and Levitt S. D.. Measuring Positive Externalities from Unobservable Victim Pre-caution: An Empirical Analysis of Lojack 〔J〕. The Quarterly Journal of Economics, 1998, 113: 43-77.

〔11〕 Bai C. E., Ma H. and Pan W.. Spatial Spillover and Regional Economic

Growth in China [J]. China Economic Review, 2012, 23 (4): 982−990.

[12] Banerjee A., Duflo E. and Qian N. On the Road: Access to Transportation Infrastructure and Economic Growth in China [J]. SSRN Electronic Journal, 2012, 11 (1): 1−53.

[13] Baron R. M. and Kenny D. A.. The Moderator−mediator Variable Distinction in Social Psychological Research: Conceptual, Strategic and Statistical Considerations [J]. Journal of Personality and Social Psychology, 1986, 51, 1173−1182.

[14] Barro R. J., Blanchard O. J. and Hall R. E.. Convergence Across States and Regions [J]. Brookings Papers on Economic Activity, 1991 (1): 107−182.

[15] Baum−Snow N. and Turner M.. Transport Infrastructure and the Decentralization of Cities in the People's Republic of China [J]. Asian Development Review, 2017, 34 (2): 25−50.

[16] Baum−Snow N. Matthew A. T. Transportation and the Decentralization of Chinese Cities [C] // 2012, 680−683.

[17] Beltrán−Esteve M., Reig−Martínez E. and Estruch−Guitart V.. Assessing Eco−efficiency: A Metafrontier Directional Distance Function Approach Using Life Cycle Analysis [J]. Environmental Impact Assessment Review, 2017, 63: 116−127.

[18] Blackman A. and Kildegaard A.. Clean Technological Change in Developing−country Industrial Clusters: Mexican Leather Tanning [J]. Environmental Economics & Policy Studies, 2010, 12 (3): 115−132.

[19] Blanchard O. and Shleifer A.. Federalism with and without Political Centralization: China Versus Russia [J]. IMF Economic Review, 2001, 48 (1): 171−179.

[20] Boarnet M. G.. Spillovers and Locational Effects of Public Infrastructure [J]. Journal of Regional Science, 1998, 38 (3): 381−400.

[21] Boyle G. E., Mccarthy T G. A Simple Measure of β−Convergence [J]. Oxford Bulletin of Economics & Statistics, 1997, 59 (2): 257−264.

[22] Brandt L., Henderson J. V., Turner M A, et al. Roads, Railroads, and Decentralization of Chinese Cities [J]. Review of Economics & Statistics, 2017, 99 (3): 435−448.

[23] Brun J., Combes J. and Renard M.. Are there Spillover Effects between the Coastal and Noncoastal Regions in China? [J]. China Economic Review, 2002, 13: 161−169.

[24] Caneghem J. V., Block C., Hooste H. V., et al. Eco−efficiency Trends of the Flemish Industry: Decoupling of Environmental Impact from Economic Growth [J]. Journal of Cleaner Production, 2010, 18 (14): 1349−1357.

[25] Cantos P., Gumbau-Albert M. and Maudos J.. Transport Infrastructures, Spillover Effects and Regional Growth: Evidence of the Spanish Case [J]. Transport Reviews, 2005, 25 (1): 25-50.

[26] Chandra A. and Thompson E.. Does Public Infrastructure Affect Economic Activity: Evidence from the Rural Interstate Highway System [J]. Regional Science and Urban Economics, 2000, 30 (4): 457-490.

[27] Chang C. C.. Influences of Knowledge Spillover and Utilization on the NIS Performance: A Multi-stage Efficiency Perspective [J]. Quality & Quantity, 2015, 49 (5): 1945-1967.

[28] Chen C.. Evaluating Eco-efficiency with Data Envelopment Analysis: An Analytical Reexamination [J]. Annals of Operations Research, 2014, 214 (1): 49-71.

[29] Chu J., Wu J., Zhu Q., et al. Analysis of China's Regional Eco-efficiency: A DEA Two-stage Network Approach with Equitable Efficiency Decomposition [J]. Computational Economics, 2016 (02), 1-23.

[30] Clarke S. E. and Gaile G. L.. The Work of Cities [M]. University of Minnesota Press, Minneapolis, 1998.

[31] Cleff T. and Rennings K.. Determinants of Environmental Product and Process Innovation [J]. Environmental Policy and Governance, 1999, 9 (5): 191-201.

[32] Conley T. G. and Ligon E.. Economic Distance and Cross-Country Spillovers [J]. Journal of Economic Growth, 2002, 7 (2): 157-187.

[33] Cutler D. M. and Llerasmuney A.. Understanding Differences in Health Behaviors by Education [J]. Journal of Health Economics, 2010, 29 (1): 1-28.

[34] Dai Z., Guo L. and Jiang Z., et al. Study on the Industrial Eco-efficiency in East China based on the Super Efficiency DEA Model: An Example of the 2003-2013 Panel Data [J]. Applied Economics, 2016 (04), 1-7.

[35] Dietz T. and Rosa E. A.. Effects of Population and Affluence on CO_2 Emissions [J]. Proceedings of National Academy of Science, 1997, 94 (1): 175-179.

[36] Dietz T. and Rosa E. A.. Rethinking the Environmental Impacts of Population Affluence and Technology [J]. Human Ecology Review, 1994, 1 (2): 277-300.

[37] Donaldson D. and Hornbeck R.. Railroads and American Economic Growth: A "Market Access" Approach [J]. The Quarterly Journal of Economics, 2016, 131 (2): 799-858.

[38] Douven R. and Peeters M.. GDP-spillovers in Multi-country Models [J]. Economic Modelling, 1998, 15 (2): 163-195.

［39］EEA. Waste from Electrical and Electronic Equipment (WEEE). European Environment Agency, Copenhagen, 2003.

［40］Elhorst J. P. and Fréret S.. Evidence of Political Yardstick Competition in France Using a Two-regime Spatial Durbin Model With Fixed Effects ［J］. Journal of Regional Science, 2009, 49 (5): 931-951.

［41］Elhorst J. P. and Gross M., Tereanu Eugen. Spillovers in Space and Time: Where Spatial Econometrics and Global VAR Models Meet. ECB Working Paper No. 2134, ISBN: 978-92-899-3239-4. Available at SSRN: https://ssrn.com/abstract=3134525.

［42］Elhorst J. P.. Dynamic Models in Space and Time ［J］. Geographical Analysis, 2001, 33 (2): 119-140.

［43］Elhorst J. P.. Spatial Econometrics: From Cross-Sectional Data to Spatial Panels ［M］. Berlin, Germany, 2014.

［44］Fernández-Viñé M. B., Gómez-Navarro T. and Capuz-Rizo S. F.. Assessment of the Public Administration Tools for the Improvement of the Eco-efficiency of Small and Medium Sized Enterprises ［J］. Journal of Cleaner Production, 2013, 47 (5): 265-273.

［45］Fogel R. W.. A Quantitative Approach to the Study of Railroads in American Economic Growth: A Report of Some Preliminary Findings ［J］. Journal of Economic History, 1962, 22 (2): 163-197.

［46］Fredriksson P. G. and Millimet D. L.. Strategic Interaction and the Determination of Environmental Policy across U. S. States ［J］. Journal of Urban Economics, 2002, 51 (1): 101-122.

［47］Fujii H. and Managi S.. Determinants of Eco-efficiency in the Chinese Industrial Sector ［J］. Journal of Environmental Sciences, 2013, 25 (S1): S20-S26.

［48］Geary R. C.. The Contiguity Ratio and Statistical Mapping ［J］. Incorporated Statistician, 1954, 5 (3): 115-146.

［49］Giordano P., Caputo P. and Vancheri A.. Fuzzy Evaluation of Heterogeneous Quantities: Measuring Urban Ecological Efficiency ［J］. Ecological Modelling, 2014, 288 (5): 112-126.

［50］Glass A., Kenjegalieva K. and Sickles R C. Estimating Efficiency Spillovers with State Level Evidence for Manufacturing in the US ［J］. Economics Letters, 2014, 123 (2): 154-159.

［51］Goldar B. and Banerjee N.. Impact of Informal Regulation of Pollution on

Water Quality in Rivers in India [J]. Journal of Environmental Management, 2004, 73 (2): 117-130.

[52] Gómez-Limón J. A., Picazo-Tadeo A. J. and Reig-Martínez E.. Eco-efficiency Assessment of Olive Farms in Andalusia [J]. General Information, 2012, 29 (2): 395-406.

[53] Gorodnichenko Y., Svejnar J. and Terrell K.. When does FDI Have Positive Spillovers? Evidence from 17 Transition Market Economies [J]. Journal of Comparative Economics, 2014, 42 (4): 954-969.

[54] Groenewold N., Lee G. and Chen A.. Inter-regional Spillovers in China: The Importance of Common Shocks and the Definition of the Regions [J]. China Economic Review, 2008, 19 (1), 32-52.

[55] Grosskopf S.. Some Remarks on Productivity and its Decompositions [J]. Journal of Productivity Analysis, 2003, 20 (3): 459-474.

[56] Hirschman A. O.. The Strategy of Economic Development [M]. Boulder: Yale University Press, 1988: 1331-1424.

[57] Holdren J. P. and Ehrlich P. R.. Human Population and The Global Environment: Population Growth, Rising Per Capita Material Consumption, and Disruptive Technologies Have Made Civilization a Global Ecological Force [J]. American Scientist, 1974, 62 (3): 282-292.

[58] Holl A. Highways and Productivity in Manufacturing Firms [J]. Journal of Urban Economics, 2016, 93: 131-151.

[59] Honkasalo N., Rodhe H. and Dalhammar C.. Environmental Permitting as a Driver for Eco-efficiency in the Dairy Industry: A Closer Look at the IPPC Directive [J]. Journal of Cleaner Production, 2005, 13 (10): 1049-1060.

[60] Huang C. W. and Lin C. T.. Measuring Non – Convex Metafrontier Efficiency in International Tourist Hotels [J]. Journal of the Operational Research Society, 2013, 64 (2): 250-259.

[61] Huang J., Xia J., Yu Y., et al. Composite Eco-efficiency Indicators for China based on Data Envelopment Analysis [J]. Ecological Indicators, 2018a, 85: 674-697.

[62] Huang J. and Xia J.. Regional Competition, Heterogeneous Factors and Pollution Intensity in China: A Spatial Econometric Analysis [J]. Sustainability, 2016, 8 (2): 171.

[63] Huang J., Yang X., Cheng G., et al. A Comprehensive Eco-efficiency

Model and Dynamics of Regional Eco-efficiency in China [J]. Journal of Cleaner Production, 2014, 67 (3): 228-238.

[64] Huang J., Yu Y. and Ma C.. Energy Efficiency Convergence in China: Catch-Up, Lock-In and Regulatory Uniformity [J]. Environmental & Resource Economics, 2018b, 70 (1): 107-130.

[65] Huppes G. and Ishikawa M. A Framework for Quantified Eco-efficiency Analysis [J]. Journal of Industrial Ecology, 2010, 9 (4): 25-41.

[66] Islam N.. Growth Empirics. A Panel Approach [J]. Quarterly Journal of Economics, 1995, 110 (4): 1127-1170.

[67] Jaunky V. C. and Zhang L. Convergence of Operational Efficiency in China's Provincial Power Sectors [J]. Energy Journal, 2016, 37 (SI1): 3-27.

[68] Kelejian H. H. and Prucha I. R.. Spatial Models with Spatially Lagged Dependent Variables and Incomplete Data [J]. Journal of Geographical Systems, 2010, 12 (3): 241-257.

[69] Kielenniva N., Antikainen R. and Sorvari J. Measuring Eco-efficiency of Contaminated Soil Management at the Regional Level [J]. Journal of Environmental Management, 2012, 109 (109): 179-188.

[70] Konisky D. M.. Regulatory Competition and Environmental Enforcement: Is There a Race to the Bottom? [J]. American Journal of Political Science, 2007, 51 (4): 853-872.

[71] Krugman P.. Increasing Returns and Economic Geography [J]. Journal of Political Economy, 1991, 99 (3): 483-499.

[72] Kuo C. and Yang C.. Knowledge Capital and Spillover on Regional Economic Growth: Evidence from China [J]. General Information, 2008, 19 (4): 594-604.

[73] Kuosmanen T. and Kortelainen M.. Measuring Eco-efficiency of Production with Data Envelopment Analysis [J]. Journal of Industrial Ecology, 2005, 9 (4): 59-72.

[74] Laurini M. P. and Pereira P. L. V.. Conditional Stochastic Kernel Estimation by Nonparametric Methods [J]. Economics Letters, 2009, 105 (3): 234-238.

[75] Lee L. F. and Yu J. H.. QML Estimation of Spatial Dynamic Panel Data Models with Time Varying Spatial Weights Matrices [J]. Spatial Economic Analysis, 2012, 7 (1): 31-74.

[76] LeSage J. P. and Chih Y. Y.. Interpreting Heterogeneous Coefficient Apatial Autoregressive Panel Models [J]. Economics Letters, 2016, 142: 1-5.

[77] LeSage J. P. and Pace R. K.. The Biggest Myth in Spatial Econometrics

［J］. Econometrics, 2014, 2（4）: 217-249.

［78］ Levin A., Lin C. F. and Chu C. S. J.. Unit Root Tests in Panel Data: Asymptotic and Finite-sample Properties［J］. Journal of Econometrics, 2002, 108（1）: 1-24.

［79］ Li H. and Zhou L.. Political Turnover and Economic Performance: the Incentive Role of Personnel Control in China［J］. Journal of Public Economics, 2005, 89（9-10）: 1743-1762.

［80］ Li L. and Hu J.. Ecological Total-factor Energy Efficiency of Regions in China［J］. Energy Policy, 2012, 46: 216-224.

［81］ Li Y., Luo E., Zhang H., et al. Measuring Interregional Spillover and Feedback Effects of Economy and CO_2 Emissions: A Case Study of the Capital City Agglomeration in China［J］. Resources, Conservation and Recycling, 2018, 139: 104-113.

［82］ Li Z., Ouyang X., Du K., et al. Does Government Transparency Contribute to Improved Eco-efficiency Performance? An Empirical Study of 262 Cities in China［J］. Energy Policy, 2017, 110: 79-89.

［83］ Liu Y., Song Y. and Hans Peter. Examination of the Relationship between Urban form and Urban Eco-efficiency in China［J］. Habitat International, 2012, 36（1）: 171-177.

［84］ Long X., Zhao X. and Cheng F.. The Comparison Analysis of Total Factor Productivity and Eco-efficiency in China's Cement Manufactures［J］. Energy Policy, 2015, 81: 61-66.

［85］ Lorenzo-Toja Y., Vã z. I., Chenel S., et al. Eco-efficiency Analysis of Spanish WWTPs Using the LCA + DEA Method［J］. Water Research, 2015, 68（68）: 651-666.

［86］ Lucas R. E.. On the Mechanisms of Economic Eevelopment［J］. Journal of Monetary Economics, 1988,（22）: 1-42.

［87］ Luo Z., Wan G., Wang C., et al. Urban Pollution and Road Infrastructure: A Case Study of China［J］. China Economic Review, 2018, 49: 171-183.

［88］ Ma S., Hu S., Chen D., et al. A Case Study of A Phosphorus Chemical Firm's Application of Resource Efficiency and Eco-efficiency in Industrial Metabolism Under Circular Economy［J］. Journal of Cleaner Production, 2015, 87: 839-849.

［89］ Maddala G. S. and Wu S.. A Comparative Study of Unit Root Tests with Panel Data and a New Simple Test［J］. Oxford Bulletin of Economics & Statistics,

1999, 61 (S1): 631-652.

[90] Martínez C. I. P.. An Analysis of Eco-efficiency in Energy Use and CO_2, Emissions in the Swedish Service Industries [J]. Socio-economic Planning Sciences, 2013, 47 (2): 120-130.

[91] Mickwitz P., Melanen M., Rosenström U., et al. Regional Eco-efficiency Indicators-A Participatory Approach [J]. Journal of Cleaner Production, 2006, 14 (18): 1603-1611.

[92] Moran P. A.. A Test for the Serial Independence of Residuals. [J]. Biometrika, 1950, 37 (1/2): 178-181.

[93] Myrdal G.. Economic Theory and Under-Development Regions [M]. New York: Harper & Row, 1957.

[94] OECD. Eco-efficiency. Paris: OECD, 1998.

[95] Orea L. and Wall A.. A Parametric Approach to Estimating Eco-efficiency [J]. Journal of Agricultural Economics, 2017, 68 (3): 901-907.

[96] Orea L. and Wall A.. Measuring Eco-efficiency Using the Stochastic Frontier Analysis Approach [M]. Advances in Efficiency and Productivity. 2016.

[97] Pang J., Chen X., Zhang Z., et al. Measuring Eco-efficiency of Agriculture in China [J]. Sustainability, 2016, 8 (4): 398.

[98] Peng L. and Hong Y.. Productivity Spillovers among Linked Sectors [J]. China Economic Review, 2013, 25 (1): 44-61.

[99] Picazo-Tadeo A. J., Beltrán-Esteve M. and Gómez-Limón J. A.. Assessing Eco-efficiency with Directional Distance Functions [J]. European Journal of Operational Research, 2012, 220 (3): 798-809.

[100] Qin Y.. 'No county left behind?' The Distributional Impact of High-speed Rail Upgrades in China [J]. Journal of Economic Geography, 2017, 17 (3): 685-707.

[101] Quah D. T.. Empirics for Growth and Distribution: Stratification, Polarization, and Convergence Clubs [J]. Journal of Economic Growth, 1997, 2 (1): 27-59.

[102] Rao D. S. P., O'Donnell C. J. and Battese G. E.. Metafrontier Functions for the Study of Inter-regional Productivity Differences [J]. Cepa Working Papers, 2003, 1-35.

[103] Ren S., Li X., Yuan B., et al. The Effects of Three Types of Environmental Regulation on Eco-efficiency: A Cross-Region Analysis in China [J]. Journal of Cleaner Production, 2018, 173: 245-255.

［104］ Romer P.. Endogenous Technological Change ［J］. Journal of Political E-conomy, 1990, 98 （5）: 71-102.

［105］ Rosano-Peña C. and Daher C. E.. The Impact of Environmental Regula-tion and Some Strategies for Improving the Eco-efficiency of Brazilian Agriculture ［M］//Decision Models in Engineering and Management. Springer International Pub-lishing, 2015: 295-322.

［106］ Santore R., Robison H. D. and Klein Y.. Strategic State-Level Environ-mental Policy with Asymmetric Pollution Spillovers ［J］. Journal of Public Economics, 2001, 80 （2）: 199-224.

［107］ Schaltegger S. and Sturm A.. ÖkologischeRationalität （ German/in English: Environmental rationality） ［J］. Die Unternehmung, 1990, 4 （4）: 117-131.

［108］ Scherngell T., Borowiecki M. and Hu Y.. EfFects of Knowledge Capital on Total Factor Productivity in China: A Spatial Econometric Perspective ［J］. China Economic Review, 2014, 29: 82-94.

［109］ Sinkin C., Wright C. J., Burnett R. D., et al. Eco-efficiency and Firm Value ［J］. Journal of Accounting and Public Policy, 2008, 27 （2）: 167-176.

［110］ Song M., Zhang L., An Q., et al. StaTistical Analysis and Combination Forecasting of Environmental Efficiency and Its Influential Factors Since China Entered the WTO: 2002-2010-2012 ［J］. Journal of Cleaner Production, 2013, 42 （3）: 42-51.

［111］ Spiekerman K., Wegener M.. The Shrinking Continent: New Time-space Maps of Europe ［J］. Environment and Planning B: Planning and Design, 1994, 21 （6）: 653-673.

［112］ Sun C., Luo Y. and Li J.. Urban Traffic Infrastructure Investment and Air Pollution: Evidence from The 83 Cities in China ［J］. Journal of Cleaner Production, 2018, 172: 488-496.

［113］ Sun C., Zhao L., Zou W., et al. Water Resource Utilization Efficiency And Spatial Spillover Effects In China ［J］. Journal of Geographical Sciences, 2014, 24 （5）: 771-788.

［114］ Tiedemann T., Francksen T. and Latacz-Lohmann U.. Assessing the Perform-ance of German Bundesliga, Football Players: A Non-Parametric Metafrontier Approach ［J］. Central European Journal of Operations Research, 2011, 19 （4）: 571-587.

［115］ Tone K.. A Slacks-Based Measure of Efficiency in Data Envelopment Analysis ［J］. European Journal of Operational Research, 2001, 130 （3）: 498-509.

[116] Tyteca D.. On the Measurement of the Environmental Performance of Firms—A Literature Review and a Productive Efficiency Perspective [J]. Journal of Environmental Management, 1996, 46 (3): 281-308.

[117] Urdiales M. P., Lansink A. O. and Wall A.. Eco-efficiency among Dairy Farmers: The Importance of Socio-economic Characteristics and Farmer Attitudes [J]. Environmental and Resource Economics, 2016, 64 (4): 1-16.

[118] Vickerman R.. High-speed Rail in Europe: Experience and Issues for Future Development [J]. Annals of Regional Science, 1997, 31 (1): 21-38.

[119] Vogtländer J. G., Bijma A. and Han C. B.. Communicating the Eco-efficiency of Products and Services by Means of the Eco-costs/value Model [J]. Journal of Cleaner Production, 2002, 10 (1): 57-67.

[120] Wachsmuth D.., Cohen A. D. and Angelo H.. Expand the Frontiers of Urban Sustainability [J]. Nature, 2016, 536 (7617): 391-393.

[121] Walheer B.. Aggregation of Metafrontier Technology Gap Ratios: the Case of European Sectors in 1995-2015 [J]. European Journal of Operational Research, 2018, 269 (3): 1013-1026.

[122] Wan J., Baylis K., Mulder P.. Trade-Facilitated Technology Spillovers in Energy Productivity Convergence Processes across EU Countries [J]. Energy Economics, 2015, 48: 253-264.

[123] Wang Y., Liu J., Hansson L., et al. Implementing Stricter Environmental Regulation to Enhance Eco-efficiency and Sustainability: A Case Study of Shandong Province's Pulp and Paper Industry, China [J]. Journal of Cleaner Production, 2011, 19 (4): 303-310.

[124] Wang Y., Sun M., Wang R., et al. Promoting Regional Sustainability by Eco-province Construction In China: A Critical Assessment [J]. Ecological Indicators, 2015a, 51: 127-138.

[125] Wang Z., Zhao L., Mao G., et al. Eco-efficiency Trends and Decoupling Analysis of Environmental Pressures in Tianjin, China [J]. Sustainability, 2015b, 7 (11): 15407-15422.

[126] WBCSD. Measuring Eco-efficiency. A Guide to Reporting Company Performance. World Business Council for Sustainable Development, Geneva, 2000.

[127] Wursthorn S., Poganietz W. R. and Schebek L.. Economic-environmental Monitoring Indicators for European Countries: A Disaggregated Sector-based Approach for Monitoring Eco-efficiency [J]. Ecological Economics, 2011, 70 (3): 487-496.

［128］ Yin K., Wang R., An Q., et al. Using Eco-efficiency as an Indicator for Sustainable Urban Development: A Case Study of Chinese Provincial Capital Cities ［J］. Ecological Indicators, 2014, 36: 665-671.

［129］ Ying L. G.. Measuring the Spillover Effects: Some Chinese Evidence ［J］. Papers in Regional Science, 2000, 79 (1): 75-89.

［130］ Yu Y., Chen D., Zhu B., et al. Eco-efficiency Trends in China, 1978-2010: Decoupling Environmental Pressure from Economic Growth ［J］. Ecological Indicators, 2013, 24 (1): 177-184.

［131］ Yu Y. and Choi Y.. Measuring Environmental Performance Under Regional Heterogeneity in China: A Metafrontier Efficiency Analysis ［J］. Computational Economics, 2015, 46 (3): 1-14.

［132］ Yu Y., Huang J. and Luo N.. Can More Environmental Information Disclosure Lead to Higher Eco-efficiency? Evidence from China ［J］. Sustainability, 2018a, 10 (2), 528.

［133］ Yu Y., Huang J. and Zhang N.. Industrial Eco-efficiency, Regional Disparity, and Spatial Convergence of China's Regions ［J］. Journal of Cleaner Production, 2018b, 204: 872-887.

［134］ Yu Y., Peng C. and Li Y.. Do Neighboring Prefectures Matter in Promoting Eco-efficiency? Empirical Evidence from China ［J］. Technological Forecasting & Social Change, 2018c, 3: 21.

［135］ Yuan B., Ren S. and Chen X.. Can Environmental Regulation Promote the Coordinated Development of Economy and Environment in China's Manufacturing Industry? -A Panel Data Analysis of 28 Sub-Sectors ［J］. Journal of Cleaner Production, 2017, 149: 11-24.

［136］ Yue S., Yang Y. and Pu Z.. Total-factor Ecology Efficiency of Regions in China ［J］. Ecological Indicators, 2017, 73: 284-292.

［137］ Zhang B., Bi J., Fan Z., et al. Eco-efficiency Analysis of Industrial System in China: A Data Envelopment Analysis Approach ［J］. Ecological Economics. 2008, 68 (1-2): 306-316.

［138］ Zhang J., Chang Y., Zhang L., et al. Do Technological Innovations Promote Urban Green Development? —A Spatial Econometric Analysis of 105 Cities in China ［J］. Journal of Cleaner Production, 2018, 182: 395-403.

［139］ Zhang J., Liu Y., Chang Y., et al. Industrial Eco-efficiency in China: A Provincial Quantification Using Three-stage Data Envelopment Analysis ［J］. Journal of Cleaner Production, 2017, 143: 238-249.

［140］Zhang N. and Choi Y.. Anote on the Evolution of Directional Distance Function and Its Development in Energy and Environmental Studies 1997-2013 ［J］. Renewable & Sustainable Energy Reviews, 2014, 33 (2): 50-59.

［141］Zhang N., Kong F. and Yu Y.. MeasuriNg Ecological Total-factor Energy Efficiency Incorporating Regional Heterogeneities in China ［J］. Ecological Indicators, 2015, 51: 165-172.

［142］Zhang Q. and Felmingham B.. The Role of FDI, Exports and Spillover Effects in the Regional Development of China ［J］. Journal of Development Studies, 2002, 38 (4): 157-178.

［143］毕国华, 杨庆媛, 刘苏. 中国省域生态文明建设与城市化的耦合协调发展 ［J］. 经济地理, 2017, 37 (1): 50-58.

［144］陈傲. 中国区域生态效率评价及影响因素实证分析——以 2000～2006 年省际数据为例 ［J］. 中国管理科学. 2008, (S1): 572-576.

［145］陈超凡. 中国工业绿色全要素生产率及其影响因素——基于 ML 生产率指数及动态面板模型的实证研究 ［J］. 统计研究, 2016, 33 (3): 53-62.

［146］陈林心, 何宜庆, 程家鼎. 创新、创业与生态效率提升研究——基于长江中游城市群的空间面板模型 ［J］. 华东经济管理, 2016, 30 (10): 87-94.

［147］陈诗一. 能源消耗、二氧化碳排放与中国工业的可持续发展 ［J］. 经济研究, 2009 (4): 41-55.

［148］陈诗一. 中国的绿色工业革命: 基于环境全要素生产率视角的解释 (1980-2008) ［J］. 经济研究, 2010, (11): 21-34.

［149］陈潭, 刘兴云. 锦标赛体制、晋升博弈与地方剧场政治 ［J］. 公共管理学报, 2011, 8 (2): 21-33.

［150］陈钊, 徐彤. 走向 "为和谐而竞争": 晋升锦标赛下的中央和地方治理模式变迁 ［J］. 世界经济, 2011 (9): 3-18.

［151］陈真玲. 生态效率、城镇化与空间溢出——基于空间面板杜宾模型的研究 ［J］. 管理评论, 2016, 28 (11): 66-74.

［152］程令国, 张晔, 沈可. 教育如何影响了人们的健康?——来自中国老年人的证据 ［J］. 经济学 (季刊) 2015 (1): 305-330.

［153］崔许锋. 土地利用效率的空间格局与溢出效应 ［J］. 经济与管理, 2014 (5): 19-25.

［154］戴永安, 张友祥. 中国城市群内部与外围的效率差异及其影响因素——基于 DEA 模型的分析 ［J］. 当代经济研究, 2017 (1): 64-71.

[155] 邓波, 张学军, 郭军华. 基于三阶段 DEA 模型的区域生态效率研究 [J]. 中国软科学, 2011 (1): 92-99.

[156] 方创琳, 关兴良. 中国城市群投入产出效率的综合测度与空间分异 [J]. 地理学报, 2011 (8): 1011-1022.

[157] 方红生, 张军. 中国地方政府竞争、预算软约束与扩张偏向的财政行为 [J]. 经济研究, 2009 (12): 4-16.

[158] 付京燕. 环境规制与产业竞争力 [M]. 北京: 经济科学出版社, 2006.

[159] 付丽娜, 陈晓红, 冷智花. 基于超效率 DEA 模型的城市群生态效率研究——以长株潭 "3+5" 城市群为例 [J]. 中国人口·资源与环境, 2013, 23 (4): 169-175.

[160] 傅强, 朱浩. 中央政府主导下的地方政府竞争机制——解释中国经济增长的制度视角 [J]. 公共管理学报, 2013, 10 (1): 19-30.

[161] 高明, 郭施宏, 夏玲玲. 大气污染府际间合作治理联盟的达成与稳定——基于演化博弈分析 [J]. 中国管理科学, 2016, 24 (8): 62-70.

[162] 高翔, 龙小宁, 杨广亮. 交通基础设施与服务业发展——来自县级高速公路和第二次经济普查企业数据的证据 [J]. 管理世界, 2015 (8): 81-96.

[163] 龚锋, 卢洪友. 公共支出结构、偏好匹配与财政分权 [J]. 管理世界, 2009 (1): 10-21.

[164] 关伟, 许淑婷. 中国能源生态效率的空间格局与空间效应 [J]. 地理学报, 2015, 70 (6): 980-992.

[165] 郭莉, Malesu L, 胡筱敏. 环境技术创新对产业生态管理的影响 [J]. 中国人口·资源与环境, 2009, 19 (2): 78-82.

[166] 郭庆旺, 贾俊雪. 地方政府间策略互动行为、财政支出竞争与地区经济增长 [J]. 管理世界, 2009, 21 (10): 17-27.

[167] 韩永辉, 黄亮雄, 王贤彬. 产业结构优化升级改进生态效率了吗? [J]. 数量经济技术经济研究, 2016 (4): 40-59.

[168] 何宜庆, 陈林心, 焦剑雄, 等. 金融集聚的时空差异与省域生态效率关系研究 [J]. 数理统计与管理, 2017 (1): 162-174.

[169] 胡敏, 王铮. 基于 GDP 溢出理论的国际地缘政治经济分析 [J]. 技术经济, 2015, 34 (1): 125-131.

[170] 胡煜, 李红昌. 交通枢纽等级的测度及其空间溢出效应——基于中国城市面板数据的空间计量分析 [J]. 中国工业经济, 2015 (5): 32-43.

[171] 黄建欢, 方霞, 黄必红. 中国城市生态效率空间溢出的驱动机制: 见贤思齐 VS 见劣自缓 [J]. 中国软科学, 2018b (3): 97-109.

[172] 黄建欢, 吕海龙, 王良健. 金融发展影响区域绿色发展的机理——基于生态效率和空间计量的研究 [J]. 地理研究, 2014b, 33 (3): 532-545.

[173] 黄建欢, 谢优男, 余燕团. 城市竞争、空间溢出与生态效率: 高位压力和低位吸力的影响 [J]. 中国人口·资源与环境, 2018a, 28 (3): 1-12.

[174] 黄建欢, 许和连. 区域绿色效率的测度方法、模式跃迁和增长动力 [C]. 2013.

[175] 黄建欢, 许和连. 中国区域生态效率的时空演变和提升机制 [J]. 湖南大学学报 (社会科学版), 2016, 30 (1): 60-70.

[176] 黄建欢, 杨晓光, 成刚, 等. 生态效率视角下的资源诅咒: 资源开发型和资源利用型区域的对比 [J]. 中国管理科学, 2015, 23 (1): 34-42.

[177] 黄建欢, 杨晓光, 胡毅. 资源、环境和经济的协调度和不协调来源——基于 CREE-EIE 分析框架 [J]. 中国工业经济, 2014a (7): 17-30.

[178] 黄建欢. 区域异质性、生态效率与绿色发展 [M]. 北京: 中国社会科学出版社, 2016.

[179] 姬晓辉, 汪健莹. 基于面板门槛模型的环境规制对区域生态效率溢出效应研究 [J]. 科技管理研究, 2016, 36 (3): 246-251.

[180] 贾军, 张卓. 中国高技术产业技术创新与能源效率协同发展实证研究 [J]. 中国人口·资源与环境, 2013, 23 (2): 36-42.

[181] 贾善铭, 覃成林. 国外高铁与区域经济发展研究动态 [J]. 人文地理, 2014 (2): 7-12.

[182] 姜德波. 地区本位论 [M]. 北京: 人民出版社, 2004.

[183] 靳巧花, 严太华. 国际技术溢出与区域创新能力——基于知识产权保护视角的实证分析 [J]. 国际贸易问题, 2017 (3): 14-25.

[184] 柯善咨, 向娟. 1996—2009 年中国城市固定资本存量估算 [J]. 统计研究, 2012, 29 (7): 19-24.

[185] 孔元, 冯冰. 经贸、地理关联与地区间环境效率溢出 [J]. 南方经济, 2012 (2): 27-38.

[186] 寇宗来, 刘学悦.《中国城市和产业创新力报告 2017》, 复旦大学产业发展研究中心, 2017.

[187] 匡远凤, 彭代彦. 中国环境生产效率与环境全要素生产率分析 [J]. 经济研究. 2012 (7): 63-75.

[188] 赖苹, 曹国华, 朱勇. 基于合作博弈的流域水污染治理成本分摊研究 [J]. 生态与农村环境学报, 2011, 27 (6): 26-31.

[189] 李斌, 彭星, 欧阳铭珂. 环境规制、绿色全要素生产率与中国工业发

展方式转变——基于 36 个工业行业数据的实证研究 [J]. 中国工业经济, 2013 (4): 56-68.

[190] 李惠娟, 龙如银, 兰新萍. 资源型城市的生态效率评价 [J]. 资源科学, 2010, 32 (7): 1296-1300.

[191] 李佳佳, 罗能生. 中国区域环境效率的收敛性、空间溢出及成因分析 [J]. 软科学, 2016, 30 (8): 1-5.

[192] 李兰冰, 刘秉镰. 中国区域经济增长绩效、源泉与演化: 基于要素分解视角 [J]. 经济研究, 2015 (8): 58-72.

[193] 李胜兰, 初善冰, 申晨. 地方政府竞争、环境规制与区域生态效率 [J]. 世界经济, 2014 (4): 88-110.

[194] 李小建, 樊新生. 欠发达地区经济空间结构及其经济溢出效应的实证研究——以河南省为例 [J]. 地理科学, 2006, 26 (1): 1-6.

[195] 李小胜, 安庆贤. 环境管制成本与环境全要素生产率研究 [J]. 世界经济, 2012 (12): 23-40.

[196] 李小胜, 余芝雅, 安庆贤. 中国省际环境全要素生产率及其影响因素分析 [J]. 中国人口·资源与环境, 2014, 24 (10): 17-23.

[197] 李晓西, 刘一萌, 宋涛. 人类绿色发展指数的测算 [J]. 中国社会科学, 2014 (6): 69-95.

[198] 李煜伟, 倪鹏飞. 外部性、运输网络与城市群经济增长 [J]. 中国社会科学, 2013 (3): 22-42.

[199] 李在军, 姚云霞, 马志飞, 等. 中国生态效率的空间格局与影响机制分析 [J]. 环境科学学报, 2016, 36 (11): 4208-4217.

[200] 连平, 周昆平, 唐建伟, 刘学智. 新时代中国经济发展趋势展望 [J]. 科学发展, 2018 (1): 14-20.

[201] 梁星, 卓得波. 中国区域生态效率评价及影响因素分析 [J]. 统计与决策, 2017 (19): 143-147.

[202] 林春艳, 孔凡超. 技术创新、模仿创新及技术引进与产业结构转型升级——基于动态空间 Durbin 模型的研究 [J]. 宏观经济研究, 2016 (5): 106-118.

[203] 林光平, 龙志和, 吴梅. 我国地区经济收敛的空间计量实证分析: 1978-2002 [C] // 厦门大学宏观经济研究中心授牌仪式暨 "转轨时期中国宏观经济理论与政策" 学术研讨会论文集. 2005.

[204] 刘丙泉, 吕高羊, 于晓燕. 基于超效率 DEA 的中国区域生态效率评价与时空分异研究 [J]. 中国石油大学学报 (社会科学版) 2014 (4): 15-19.

[205] 刘丙泉, 于晓燕, 李永波. 基于共同前沿模型的中国区域生态效率差

异研究 [J]. 科技管理研究, 2016, 36 (5): 211-214.

[206] 刘红刚, 陈新庚, 彭晓春. 基于合作博弈论的感潮河网区污染物排放总量削减分配模型研究 [J]. 生态环境学报, 2011, 20 (3): 456-462.

[207] 刘华军, 刘传明, 杨骞. 环境污染的空间溢出及其来源——基于网络分析视角的实证研究 [J]. 经济学家, 2015 (10): 28-35.

[208] 刘佳, 吴建南, 马亮. 地方政府官员晋升与土地财政——基于中国地市级面板数据的实证分析 [J]. 公共管理学报, 2012, 09 (2): 11-23.

[209] 刘生龙, 胡鞍钢. 基础设施的外部性在中国的检验: 1988—2007 [J]. 经济研究, 2010 (3): 4-15.

[210] 龙如银, 周颖. OFDI 逆向技术溢出对区域碳生产率的影响研究 [J]. 生态经济, 2017 (1): 58-62.

[211] 龙志和, 蔡杰. 知识动态溢出对产业发展的影响——来自中国省级面板数据的证据 [J]. 南方经济, 2006 (4): 5-14.

[212] 卢燕群, 袁鹏. 中国省域工业生态效率及影响因素的空间计量分析 [J]. 资源科学, 2017, 39 (7): 1326-1337.

[213] 罗能生, 李佳佳, 罗富政. 中国城镇化进程与区域生态效率关系的实证研究 [J]. 中国人口·资源与环境, 2013, 23 (11): 53-60.

[214] 罗能生, 王玉泽. 财政分权、环境规制与区域生态效率——基于动态空间杜宾模型的实证研究 [J]. 中国人口·资源与环境, 2017, 27 (4): 110-118.

[215] 罗能生, 余燕团. 创新对中国城市生态效率的影响研究——基于空间溢出分解的视角 [J]. 环境经济研究, 2018, 2 (3): 27-44.

[216] 吕健. 政绩竞赛、经济转型与地方政府债务增长 [J]. 中国软科学, 2014 (8): 17-28.

[217] 马青, 傅强. 地方政府竞争与区域发展差异: 基于贸易开放的实证研究 [J]. 经济问题探索, 2016 (4): 97-105.

[218] 马述忠, 柴宇曦. 科技创新、资源配置与技术效率——以浙江省高技术产业为例 [J]. 中共浙江省委党校学报, 2016, 32 (1): 60-66.

[219] 马卫, 白永平, 冯海红等. 2003—2012 年中国城市化效率与生态效率的动态耦合研究 [J]. 资源开发与市场, 2014, 30 (12): 1425-1428.

[220] 马勇, 刘军. 长江中游城市群产业生态化效率研究 [J]. 经济地理, 2015, 35 (6): 124-129.

[221] 齐亚伟, 陶长琪. 区域经济发展和环境治理的合作博弈分析 [J]. 统计与决策, 2013 (20): 42-44.

[222] 齐亚伟. 区域经济合作中的跨界环境污染治理分析——基于合作博

弈模型 [J]. 管理现代化, 2013 (4): 43-45.

[223] 任海军, 姚银环. 资源依赖视角下环境规制对生态效率的影响分析——基于 SBM 超效率模型 [J]. 软科学, 2016, 30 (6): 35-38.

[224] 任胜钢, 蒋婷婷, 李晓磊, 等. 中国环境规制类型对区域生态效率影响的差异化机制研究 [J]. 经济管理, 2016 (1): 157-165.

[225] 任宇飞, 方创琳. 京津冀城市群县域尺度生态效率评价及空间格局分析 [J]. 地理科学进展, 2017, 36 (1): 87-98.

[226] 邵军, 徐康宁. 我国城市的生产率增长、效率改进与技术进步 [J]. 数量经济技术经济研究, 2010 (1): 58-66.

[227] 邵帅, 李欣, 曹建华, 等. 中国雾霾污染治理的经济政策选择——基于空间溢出效应的视角 [J]. 经济研究, 2016 (9): 73-88.

[228] 沈坤荣, 金刚, 方娴. 环境规制引起了污染就近转移吗? [J]. 经济研究, 2017 (5): 44-59.

[229] 沈能, 王群伟. 考虑异质性技术的环境效率评价及空间效应 [J]. 管理工程学报, 2015, 29 (1): 162-168.

[230] 沈能. 环境规制对区域技术创新影响的门槛效应 [J]. 中国人口·资源与环境, 2012, 22 (6): 12-16.

[231] 沈能. 基于地理溢出的我国研发效率的时空演化特征 [J]. 科研管理, 2013, 34 (4): 123-130.

[232] 施震凯, 邵军, 浦正宁. 交通基础设施改善与生产率增长: 来自铁路大提速的证据 [J]. 世界经济, 2018 (6): 127-151.

[233] 石广明, 王金南, 董战峰, 等. 跨界流域污染防治: 基于合作博弈的视角 [J]. 自然资源学报, 2015, 30 (4): 549-559.

[234] 史丹, 王俊杰. 基于生态足迹的中国生态压力与生态效率测度与评价 [J]. 中国工业经济, 2016 (5): 5-21.

[235] 孙露, 耿涌, 刘祚希, 等. 基于能值和数据包络分析的城市复合生态系统生态效率评估 [J]. 生态学杂志, 2014, 33 (2): 462-468.

[236] 孙耀华, 仲伟周. 中国省际碳排放强度收敛性研究——基于空间面板模型的视角 [J]. 经济管理, 2014 (12): 31-40.

[237] 孙智君, 李响. 文化产业集聚的空间溢出效应与收敛形态实证研究 [J]. 中国软科学, 2015 (8): 173-183.

[238] 滕丽, 王铮. 区域溢出 [M]. 北京: 科学出版社, 2010.

[239] 涂正革, 刘磊珂. 考虑能源、环境因素的中国工业效率评价——基于 SBM 模型的省级数据分析 [J]. 经济评论, 2011 (2): 55-65.

[240] 汪克亮, 孟祥瑞, 杨宝臣, 等. 技术异质下中国大气污染排放效率的区域差异与影响因素 [J]. 中国人口·资源与环境, 2017a, 27 (1): 101-110.

[241] 汪克亮, 孟祥瑞, 杨力, 程云鹤. 生产技术异质性与区域绿色全要素生产率增长——基于共同前沿与 2000-2012 年中国省际面板数据的分析 [J]. 北京理工大学学报 (社会科学版), 2015, 17 (1): 23-31.

[242] 汪克亮, 王丹丹, 孟祥瑞. 基于技术差距的中国地区工业生态效率研究 [J]. 安徽理工大学学报 (社会科学版), 2016b, 18 (4): 25-31.

[243] 汪克亮, 王丹丹, 孟祥瑞. 技术的异质性、技术差距与中国区域大气环境效率 [J]. 华东经济管理, 2017b, 31 (5): 48-55.

[244] 汪克亮, 杨力, 孟祥瑞. 中国大气环境绩效的空间差异、动态演进及其驱动机制——基于 2006—2014 年省际面板数据的实证分析 [J]. 山西财经大学学报, 2016a, 38 (9): 13-24.

[245] 王兵, 黄人杰. 中国区域绿色发展效率与绿色全要素生产率: 2000—2010 年——基于参数共同边界的实证研究 [J]. 产经评论, 2014, 5 (1): 16-35.

[246] 王兵, 吴延瑞, 颜鹏飞. 中国区域环境效率与环境全要素生产率增长 [J]. 经济研究, 2010 (5): 95-109.

[247] 王兵. 环境约束下中国经济绩效研究: 基于全要素生产率的视角 [M]. 北京: 人民出版社, 2013.

[248] 王恩旭, 武春友. 基于超效率 DEA 模型的中国省际生态效率时空差异研究 [J]. 管理学报, 2011, 08 (3): 443-450.

[249] 王宏志, 高峰, 刘辛伟. 基于超效率 DEA 的中国区域生态效率评价 [J]. 环境保护与循环经济, 2010, 30 (6): 64-67.

[250] 王杰, 刘斌. 环境规制与企业全要素生产率——基于中国工业企业数据的经验分析 [J]. 中国工业经济, 2014 (3): 44-56.

[251] 王瑾. 工业技术与资源环境协调发展的实证研究——基于超效率 DEA 生态效率和区域面板数据 [J]. 科技管理研究, 2014 (22): 208-212.

[252] 王守坤. 空间计量模型中权重矩阵的类型与选择 [J]. 经济数学, 2013, 30 (3): 57-63.

[253] 王贤彬, 徐现祥. 地方官员晋升竞争与经济增长 [J]. 经济科学, 2010 (6): 42-58.

[254] 王小艳, 陈文婕, 陈晓春. 基于 E-NSBM 模型的中国省际资源环境效率动态评价 [J]. 湖南大学学报 (社会科学版), 2016, 30 (3): 101-107.

[255] 王亚平, 任建兰, 程钰. 科技创新对绿色发展的影响机制与区域创新体系构建 [J]. 山东师范大学学报 (人文社会科学版), 2017, 62 (4): 68-76.

[256] 王永芹. 对创新驱动绿色发展的思考 [J]. 河北学刊, 2014 (2): 222-225.

[257] 王铮, 武巍, 吴静. 中国各省区经济增长溢出分析 [J]. 地理研究, 2005, 24 (2): 243-252.

[258] 王志平, 陶长琪, 习勤. 基于四阶段 DEA 的区域技术效率分析 [J]. 数学的实践与认识, 2013, 43 (17): 1-8.

[259] 魏楚, 沈满洪. 结构调整能否改善能源效率: 基于中国省级数据的研究 [J]. 世界经济, 2008 (11): 77-85.

[260] 魏楚, 沈满洪. 能源效率研究发展及趋势: 一个综述 [J]. 浙江大学学报 (人文社会科学版), 2009, 39 (3): 55-63.

[261] 温忠麟, 叶宝娟. 中介效应分析: 方法和模型发展 [J]. 心理科学进展, 2014, 22 (5): 731-745.

[262] 温忠麟, 张雷, 侯杰泰, 等. 中介效应检验程序及其应用 [J]. 心理学报, 2004, 36 (5): 614-620.

[263] 吴玉鸣, 李建霞. 中国区域工业全要素生产率的空间计量经济分析 [J]. 地理科学, 2006, 26 (4): 385-391.

[264] 吴玉鸣. 中国区域研发、知识溢出与创新的空间计量经济研究 [M]. 北京: 人民出版社, 2007.

[265] 武春友, 于文嵩, 郭玲玲. 基于演化理论的生态效率影响因素研究 [J]. 技术经济, 2015, 34 (5): 63-69.

[266] 武春友, 岳良文, 张米尔. 基于 MFA 和 DEA 的煤炭资源效率测算方法的研究 [J]. 中国人口·资源与环境, 2012, 22 (12): 135-142.

[267] 许光清, 董小琦. 基于合作博弈模型的京津冀散煤治理研究 [J]. 经济问题, 2017 (2): 46-50.

[268] 严耕, 吴明红, 林震等编. 生态文明绿皮书: 中国省域生态文明建设评价报告 (ECI 2014) [M]. 社会科学文献出版社, 2014.

[269] 颜根根, 安虎森. 中国分割的经济空间: 基于区域间经济增长溢出的实证研究 [J]. 当代经济科学, 2014, 36 (4): 47-57.

[270] 杨保军. 我国区域协调发展的困境及出路 [J]. 城市规划, 2004 (10): 26-34.

[271] 杨海生, 陈少凌, 周永章. 地方政府竞争与环境政策——来自中国省份数据的证据 [J]. 南方经济, 2008 (6): 15-30.

[272] 杨佳伟, 王美强. 基于非期望中间产出网络 DEA 的中国省际生态效率评价研究 [J]. 软科学, 2017, 31 (2): 92-97.

[273] 杨开忠. 谁的生态最文明——中国各省区市生态文明大排名 [J]. 中国经济周刊, 2009 (32): 8-12.

[274] 杨凯, 王要武, 薛维锐. 区域梯度发展模式下我国工业生态效率区域差异与对策 [J]. 系统工程理论与实践, 2013, 33 (12): 3095-3102.

[275] 杨孟禹, 张可云. 中国城市扩张的空间竞争实证分析 [J]. 经济理论与经济管理, 2016 (9): 100-112.

[276] 杨世迪, 韩先锋, 宋文飞. 对外直接投资影响了中国绿色全要素生产率吗 [J]. 山西财经大学学报, 2017, 39 (4): 14-26.

[277] 叶依广, 孙林. 资源效率与科技创新 [J]. 中国人口资源与环境, 2002 (6): 17-19.

[278] 于斌斌, 金刚. 中国城市结构调整与模式选择的空间溢出效应 [J]. 中国工业经济, 2014 (2): 31-44.

[279] 余姗, 张文彬. FDI 是否促进了生态效率的提高——来自我国省际数据的考察 [J]. 国际商务 (对外经济贸易大学学报), 2016 (1): 60-69.

[280] 余泳泽. 中国省际全要素生产率动态空间收敛性研究 [J]. 世界经济, 2015 (10): 30-55.

[281] 张炳, 黄和平, 毕军. 基于物质流分析和数据包络分析的区域生态效率评价——以江苏省为例 [J]. 生态学报, 2009, 29 (5): 2473-2480.

[282] 张浩然, 衣保中. 地理距离与城市间溢出效应——基于空间面板模型的经验研究 [J]. 当代经济科学, 2011, 33 (3): 117-123.

[283] 张华, 丰超. 扩散还是回流: 能源效率空间交互效应的识别与解析 [J]. 山西财经大学学报, 2015, 37 (5): 50-62.

[284] 张欢, 徐康宁. 外资 (FDI) 知识技术溢出与金融市场的中介作用——基于引入地理距离矩阵的空间 GMM 分析 [J]. 南京财经大学学报, 2016 (1): 8-16.

[285] 张军. 为增长而竞争: 中国之谜的一个解读 [J]. 东岳论丛, 2005, 26 (4): 15-19.

[286] 张军涛, 刘建国. 城市效率及其溢出效应——以东北三省 34 个地级市为例 [J]. 经济地理, 2011, 31 (4): 578-583.

[287] 张可, 汪东芳. 经济集聚与环境污染的交互影响及空间溢出 [J]. 中国工业经济, 2014 (6): 70-82.

[288] 张可云, 王裕瑾, 王婧. 空间权重矩阵的设定方法研究 [J]. 区域经济评论, 2017 (1): 19-25.

[289] 张克中, 陶东杰. 交通基础设施的经济分布效应——来自高铁开通的

证据 [J]. 经济学动态, 2016, (6): 62-73.

[290] 张文彬, 张理芃, 张可云. 中国环境规制强度省际竞争形态及其演变——基于两区制空间 Durbin 固定效应模型的分析 [J]. 管理世界, 2010 (12): 34-44.

[291] 张学良. 中国交通基础设施促进了区域经济增长吗——兼论交通基础设施的空间溢出效应 [J]. 中国社会科学, 2012 (3): 60-77.

[292] 张勋, 乔坤元. 中国区域间经济互动的来源: 知识溢出还是技术扩散? [J]. 经济学: 季刊, 2016, 15 (3): 1629-1652.

[293] 张艳艳, 于津平, 李德兴. 交通基础设施与经济增长: 基于"一带一路"沿线国家铁路交通基础设施的研究 [J]. 世界经济研究, 2018 (3): 56-68.

[294] 张玉明, 李凯. 基于知识溢出的中国省际区域经济增长收敛性实证研究 [J]. 管理学报, 2011, 08 (5): 745-751.

[295] 张子龙, 王开泳, 陈兴鹏. 中国生态效率演变与环境规制的关系——基于 SBM 模型和省际面板数据估计 [J]. 经济经纬, 2015, 32 (3): 126-131.

[296] 赵良仕, 孙才志, 郑德凤. 中国省际水资源利用效率与空间溢出效应测度 [J]. 地理学报, 2014, 69 (1): 121-133.

[297] 周昌林, 魏建良. 产业结构水平测度模型与实证分析——以上海、深圳、宁波为例 [J]. 上海经济研究, 2007 (6): 15-21.

[298] 周浩, 郑筱婷. 交通基础设施质量与经济增长: 来自中国铁路提速的证据 [J]. 世界经济, 2012 (1): 78-97.

[299] 周虹, 喻思齐. 基于 DEA 法的城市圈生态效率对比研究——以长株潭城市群和武汉城市圈为例 [J]. 区域经济评论, 2014 (5): 146-150.

[300] 周黎安. 中国地方官员的晋升锦标赛模式研究 [J]. 经济研究, 2007 (7): 36-50.

[301] 周荣荣. 长三角产业结构优化调整与经济转型升级 [J]. 统计科学与实践, 2012 (7): 6-10.

[302] 周伟铎, 庄贵阳, 关大博. 雾霾协同治理的成本分担研究进展及展望 [J]. 生态经济, 2018 (3): 147-155.

[303] 朱平辉, 袁加军, 曾五一. 中国工业环境库兹涅茨曲线分析——基于空间面板模型的经验研究 [J]. 中国工业经济, 2010 (6): 65-74.

[304] 诸大建, 邱寿丰. 作为我国循环经济测度的生态效率指标及其实证研究 [J]. 长江流域资源与环境, 2008, 17 (1): 1-5.

[305] 诸大建, 朱远. 生态效率与循环经济 [J]. 复旦学报 (社会科学版), 2005 (2): 60-66.

后 记

本书是根据我的博士学位论文修编而成的，全书通过对中国城市生态效率及其空间溢出驱动机制的考察而构建了生态效率内在的基本框架，试图厘清和探索生态效率及其空间溢出的理论内涵和测度方法，识别和检验生态效率空间溢出的驱动机制和驱动效果。首先，在充分考虑异质性技术、跨期可比和有效决策单元的排序等问题后，本书参考已有文献提出了同时考虑非凸共同前沿、非期望产出和超效率的 SBM/DDF 模型，以更好地测算城市生态效率，该方法相对综合、精确。其次，借鉴前沿的空间计量理论和方法，提出了城市生态效率对称空间溢出和非对称空间溢出的测度方法，并对生态效率空间溢出的区域差异进行了深入分析。最后，基于生态效率空间溢出驱动机制的理论分析，实证检验了经济交往、交通发展、区域创新和环境规制通过生态效率空间溢出的途径进而影响生态效率提升的机制，研究了不同城市类型和城市规模下生态效率空间溢出的变化情况和有效作用边界，并基于理论和实证结果提出了完善机制优化溢出促进城市生态效率提升的对策建议。尽管书中难免存在各种不足，但是本人非常期待这本书能够帮助读者更全面、细致和深刻地认识和理解中国各区域内城市的绿色发展现状、城市生态效率的时空演化和收敛特征、生态效率空间溢出的概念内涵和测度方法、生态效率空间溢出的驱动机制等问题，为推进生态文明建设提供一些参考价值。

本书即将付梓之际，我特别感谢博士导师黄建欢教授。黄老师将我引入效率与生产率分析这一研究领域，并且在我博士论文的选题、框架设计、数据采集和论文撰写等一系列工作中进行了悉心指导。每当在数据采集、理论模型和研究思路等方面遇到困难时，黄老师第一个帮助我指点迷津，每次和他讨论完，都会有质和量的进步。感谢黄老师给予我学习和研究上的指导，并利用课题经费资助我参加各种国际（内）学术会议，开拓了我的研究视野和人际关系。

感谢博士导师罗能生教授。罗老师高尚的品格、深厚的学术功底、广博的学识以及为人处世的哲学等都深深地影响着我，是我终身学习的典范。感谢罗老师在我的博士论文章节和结构安排、论文撰写和修改等方面给予的指导和帮助。不仅仅在学术上，在生活上、做人方面，罗老师对我也帮助很多，使我受益匪浅。

感谢博士后合作导师张宁教授。感谢张老师在资源环境政策与管理以及论文撰写等方面给予的指导和鼓励！张老师为人正直，待人谦和，思维敏锐，学识渊博，是我们学习的楷模！张老师给我们提供了一生都受益的精神财富！

感谢暨南大学马春波教授，湖南大学李琳教授、邹璇教授和谢里教授，长沙理工大学尹筑嘉教授，亚洲开发银行黄必红教授，鲍德温华莱士大学陈旭东教授，北京科技大学邵燕敏教授，上海立信会计金融学院张云教授，南京审计大学彭冲博士和嘉兴学院李玉双博士以及河海大学方琳博士等论文合作者的辛勤付出！

最后，还要特别感谢我的家人。特别要感谢我的父母、岳父母对我的学习和研究以及生活上的鼎力相助！感谢我的爱人古媛媛和儿子余伟霖的理解和支持！感谢他们对我无私的爱和一直以来的陪伴！

谨以此书献给所有关心我的人，谢谢！

余燕团
2019 年 11 月于暨南大学